Christiane Zschirnt

Wir Schönheits-Junkies

Plädoyer für eine gelassene Weiblichkeit

Christiane Zschirnt

Wir Schönheits-Junkies

Plädoyer für eine
gelassene Weiblichkeit

Goldmann Verlag

FSC

Mix
Produktgruppe aus vorbildlich
bewirtschafteten Wäldern und
anderen kontrollierten Herkünften
Zert.-Nr. SGS-COC-1940
www.fsc.org
© 1996 Forest Stewardship Council

Verlagsgruppe Random House FSC-DEU-0100
Das für dieses Buch verwendete FSC-zertifizierte Papier *Munken Premium*
liefert Arctic Paper Munkedals AB, Schweden.

1. Auflage
Copyright © 2008
by Wilhelm Goldmann Verlag, München,
in der Verlagsgruppe Random House GmbH
Lektorat: Frauke Brodd / write & read
Satz: Uhl + Massopust, Aalen
Druck und Einband: GGP Media GmbH, Pößneck
ISBN 978-3-442-31110-1

www.goldmann-verlag.de

Für Martina

»Du siehst gut aus«.

»Genau. So sehe ich aus. Stimmt nur leider nicht«, sagte Zora und zog traurig an ihrem Herren-Nachthemd. Aus diesem Grund hatte Kiki nie Mädchen haben wollen. Sie wusste, dass sie sie nicht vor diesem Selbstekel schützen konnte. Deshalb durften die Kinder, als sie klein waren, auch kein Fernsehen gucken. Deshalb hatte sie nie einen Lippenstift benutzt, und Frauenzeitschriften waren ihr nicht ins Haus gekommen. Doch alle diese Vorsichtsmaßnahmen hatten nichts genutzt. Der Hass, den Frauen im Hinblick auf ihren Körper entwickelten, er lag in der Luft, er kroch durch jede Ritze. Die Leute schleppten ihn an den Schuhen mit ins Haus, atmeten ihn ein, sobald sie nur die Zeitung aufschlugen. Man entrann ihm nicht.

Zadie Smith
Von der Schönheit

Inhalt

Ein Bauch

Als ich dieses Buch vorbereitete, beobachtete ich folgende Szene.

Ich saß vor einem Café, schräg daneben war eine Bushaltestelle, in der hinter Glas ein Werbeplakat für Unterwäsche hing. Es zeigte ein blondes Model in einem nachtblauen Ensemble aus BH und Slip. Nichts Besonderes also. Ungewöhnlich war, dass das Model einen *Bauch* hatte. Und zwar seltsamerweise einen völlig künstlich aussehenden, einen schönen, glatten, nur leicht gewölbten, strammen Bauch, der geradezu penetrant nach *Bauch* aussah, aber überhaupt nicht nach *Fett*, ohne eine einzige Falte, geschweige denn ein einziges Speckröllchen – was bei einem sitzenden Menschen völlig unmöglich ist. Es sei denn, der Bauch verdankt seine Existenz einem Bildbearbeitungsprogramm.

Ich vermutete, dieser merkwürdige Bauch entstammte möglicherweise einem neuen Trend zum »realistischen« Körper in der Werbung. Die *Dove*-Kampagne »Für wahre Schönheit« hatte ja 2005 damit begonnen, pummelige, alte und sommersprossige Frauen und Mädchen für Lotions und Cremes werben zu lassen, und weltweit nicht nur den begeisterten Zuspruch von Kundinnen geerntet, sondern auch noch viel Geld damit gemacht. Vielleicht kopierten andere Werbekampagnen jetzt dieses Erfolgsrezept.

Wie dem auch sei. Während ich also gegen Mittag vor dem Café saß und darüber nachdachte, warum das Unterwäschemodel diesen seltsamen Bauch hatte, kam eine Gruppe von sieben Grundschülern die Straße entlang. Vier kleine Jungen, ein paar Schritte hinterher drei kleine Mädchen. Sieben Kinder aus einem gediegenen Berliner Stadtteil mit vielen Ökoläden und Architekturbüros in den Ladenwohnungen; die Jungen in Jacken mit mehr oder weniger coolen Aufdrucken, die Mädchen in einem hohen Aufgebot von Rosa, alle niedlich und natürlich in Schuhen mit Klettverschlüssen.

Als die Jungen die Bushaltestelle mit dem Unterwäscheplakat erreicht hatten, blieben sie davor stehen und gaben schlaue Kommentare ab. War der Busen des Models zu klein, war er zu groß? War es toll, dass sie blond war, war es blöd? Die Jungens spielten coole Macker, die Busen kommentierten, so wie sie in anderen Situationen Gangsta-Rapper spielen würden oder Tierschützer oder Fußballstar. Da von dem Model in seinem zweidimensionalen Zustand hinter Glas keine allzu große Gefahr ausging, ließ es sich sogar ohne drohenden Gesichtsverlust anmachen. Einer der Jungen breitete seine Arme aus und presste sich an das Plakat, als wolle er sich an der Superfrau reiben. Die anderen quittierten die Geste mit *bo-a* und *o-oo*, und, o nein, der Busen wurde für nicht zu groß befunden; die kleinen Typen fanden das alles toll, und am tollsten fanden sie augenblicklich natürlich sich selbst.

»Aber sie hat einen Bauch!«, bemerkte plötzlich einer. Ein anderer rief empört: »Sie sieht ja aus wie schwanger!« Aus der kindlichen Perspektive eines Zweitklässlers war damit keineswegs gemeint, dieser Bauch führe eine vorübergehende und damit durchaus entschuldbare Existenz – ganz im Gegenteil, gemeint war damit, dass es sich um einen wirklich *ungeheuerlichen*, einen *skandalös dicken* Bauch handelte.

Inzwischen waren die Mädchen herangekommen. Sie blieben stehen, sahen auf das Plakat und hörten, was die Jungen

12

dazu zu sagen hatten. War sie sexy oder nicht? Und was war mit dem Bauch? War er okay oder nicht?

Im Gegensatz zu der lauten, verspielten Selbstgewissheit der Jungen wirkten die Mädchen etwas ernster. Sie guckten betreten auf das Model, und es sah fast so aus, als hätten sie in diesem Moment eine leise Ahnung, dass es früher oder später sie selbst sein könnten, deren Busen und Bauch hier beurteilt wurden.

Sie verteidigten den Bauch des Models. »Einen Bauch zu haben ist doch nicht schlimm«, sagte eine zaghaft; »Frauen sehen doch so aus«, versuchte eine andere tapfer gegenzuhalten. Aber weder das eine noch das andere klang besonders überzeugt. Die Jungen zogen weiter; und als sie an mir vorbeigingen, unterhielten sie sich schon wieder über etwas ganz anderes, schließlich sind Busen und Bauch so interessant ja nun auch nicht für Siebenjährige.

Die Mädchen blieben noch eine Weile vor dem Plakat stehen. Sie wirkten ratlos. Sie wussten, dass sie im Recht waren, wenn sie sagten, einen Bauch zu haben sei nicht schlimm. Aber sie hatten bereits verstanden, dass ihnen diese Einsicht nicht viel nützen würde. Sie würden selber alles daransetzen, schön zu sein. Dünn, vollbusig, 90-60-90-sanduhrförmig, rapunzelhaft langhaarig, großäugig, volllippig, kleinärschig – und selbstverständlich flachbäuchig.

Einleitung

Heute können Frauen alles. Regieren, trösten, managen, kochen, entscheiden, lieben, die besten Abis machen und die Fußballweltmeisterschaft gewinnen. Alles auf einmal. Und sie können herrlich unzufrieden mit ihrem Körper sein.

Kennen Sie eine Frau, die sich nicht regelmäßig fragt, ob sie gut genug aussieht? Gut genug *wofür*? Für eine Party, ein Date? Ach was, die Frage bedarf keiner besonderen Anlässe. Sie ist gewissermaßen existenziell. Gut genug fürs Leben.

Die Frauen, über die ich hier schreibe, sind keine Models. Sie verdienen ihr Geld nicht mit ihrem guten Aussehen. Ich schreibe von Frauen, die Kinder erziehen, öffentliche Gebäude konstruieren, Arbeit vermitteln, Depressionen behandeln oder Durchfall, die Grundschülern Schreiben beibringen, Yoga unterrichten, den Teleprompter einer Nachrichtensendung bedienen oder dafür sorgen, dass beim Foto-Shooting die Models auch tatsächlich zur Stelle sind. Die Frage, wie fantastisch diese Frauen aussehen, ist für die Bewältigung ihres täglichen Lebens eher zweitrangig. Ob sie in ihren Beziehungen glücklich sind oder nicht, ob sie mit Kindern oder ohne leben möchten, ob sie stabile Freundschaften pflegen, ob ihre Arbeit sie chronisch unterfordert oder erfüllt, hängt nicht von der Zahl ihrer Krähenfüße oder der Größe ihrer Brüste ab. Aber der Gedanke, nicht schön genug zu sein, beschäftigt sie. Stört. Ständig. Die Rede ist natürlich von uns, von Ihnen und von mir, denn wir sind besessen von Schönheit, hysterisiert von Schönheit, ob wir das wollen oder nicht. Wir opfern ihr Zeit, Geld, Nerven, gute Laune, innere Freiheit, unser halbes Leben.

Wenig verunsichert die gestandene Powerfrau so sehr wie die Befürchtung, nicht gut genug auszusehen. Nichts kränkt das Alphamädchen so tief, wie in den Verdacht zu geraten, nicht sexy zu sein. Kaum etwas setzt der »starken Frau« so stark zu wie ein sichtlich geblähter Bauch. Drei Jahrzehnte nachdem Frauen in New York, London, Paris und sogar in Bonn für mehr Rechte, mehr Selbstbewusstsein und dieselbe Moral für beide Geschlechter auf die Straßen gingen, stehen wir Gewinnerinnen der Emanzipation vor dem Spiegel und fühlen uns miserabel, weil wir nicht aussehen wie 14-jährige Models.

Mit sechs Jahren sollen die Haare blond und lang und lockig sein statt ziselig und graubraun. Mit zwölf ist die Nase zu groß. Mit 14 der Hintern zu dick. Mit 18 der Busen zu klein. Mit 22 befällt uns die moderne Version der Pest (eine furchtbare Krankheit namens Cellulite). Mit 26 erscheinen die ersten ernst zu nehmenden Falten. Mit 28 werden die ersten Haare grau. Mit 30 sind aus Falten irreversible Einkerbungen geworden. Nun stellt sich zum ersten Mal so etwas wie Panik ein. Mit 35 ein erster Besenreiser in der Kniekehle. Und dann geht es immer schneller. Ein Bauch und Hüften, die nie mehr verschwinden werden, ganz egal wie oft diätet wird, wohingegen die Augen nun tatsächlich unter Schlupflidern verschwinden. Haut, die, wenn man hineinkneift, nicht mehr wie ein amerikanisches Toastbrot in ihre ursprüngliche Form zurückschnellt, sondern einfach so stehen bleibt wie die Falte in einem Samtkissen. Und die ganze Zeit über, vom achten Geburtstag an, bis zu jenem Moment, an dem das Bewusstsein für immer schwindet, ganz egal, wie viel oder wie wenig wir gerade wiegen, sind wir natürlich immer zu fett.

Schönheitswahn und Frauenpower

Der Siegeszug der Massenmedien und der Erfolg des Feminismus sind in den vergangenen 30 Jahren eine komplizierte Allianz eingegangen. An jeder Straßenecke, mit jeder Werbung und mit jedem Kinoplakat, mit jedem Pop-up-Fenster, mit jedem Zeitschriftencover, mit jedem Buchumschlag, mit jeder Fernsehsendung, 24 Stunden am Tag, sieben Tage die Woche, suggerieren die mächtigen Massenindustrien, dass sich der Erfolg einer Frau an ihrer Fähigkeit bemisst, in jeder Lebenslage gut auszusehen. Das Kino, der Kosmetikmarkt, die Mode, die Popmusik, die Printmedien, das Internet bombardieren uns mit Bildern hochattraktiver Frauen. Wir sehen natürlich ständig die Boulevard-Ikonen – Salma Hayek schulterfrei, Keira Knightley in Chiffon und Lindsay Lohan in türkisfarbenen Hotpants –, aber wir sehen auch: die supersexy Erfolgsanwältin in der US-Soap, die schöne Studentin auf dem Flyer der örtlichen Sparkasse, die blonde, junge Unternehmerin in einer Werbung für eine teure Damenuhr, die sagenhaft hübsche Abiturientin mit den schönen langen braunen Haaren auf der Sonderpublikation für Studienanfänger, die schlanke, hübsche Ärztin im Apothekenratgeber, die hochattraktive Politikerin auf dem Wahlplakat, die makellos aussehende, schmalhüftige Mutter aus der Welt der Frauenzeitschriften. Das sind starke Bilder für »starke« Frauen. Sie transportieren – neben allen Klischees, die sie abbilden – Selbstbewusstsein, Lebensfreude, Hoffnungen und Wünsche. Deshalb erreichen diese Bilder uns. Sie erzählen: In einem tollen Körper fühlt sich die moderne Frau unschlagbar, so potent wie Männer schon lange nicht mehr, so selbstbewusst, so begehrt und so klug. Aber sie haben noch eine *zweite*, versteckte Botschaft. Sie führen uns auch vor Augen, dass Intelligenz, Qualifikation und

Ehrgeiz an einer Frau erst dann so recht zur Geltung kommen, wenn sie auch fantastisch aussieht. Und das ist eine beunruhigende Beobachtung. Denn wenn Photoshop, Schönheitschirurgie und ein energisches »Du kannst alles aus dir machen« die Vorstellungen allmählich ins Unerreichbare treiben und jede Frau immer zu dick, zu unsexy, zu flach oder zu rund und früher oder später zu alt sein wird, dann ist sie nie gut genug.

Dieses Buch über Schönheit hat keine Bilder. Sämtliche Bilder, die ich in diesem Buch hätte abbilden können, haben wir ohnehin jederzeit abrufbar in unseren Köpfen. Ich muss keine Barbie und kein Playmate zeigen, damit Sie wissen, wie die aussehen. Ich muss Ihnen auch kein Foto von Heidi Klum oder Cate Blanchett zeigen, damit Sie vor Augen haben, welche Gesichter die Hochglanzmagazine vergöttern. Ich muss keine Dessouswerbung abdrucken lassen, damit Sie wissen, wie der perfekte Busen und Po auszusehen haben, und ich muss hier nicht die Sommerkampagne von H&M abbilden, damit Sie sich vorstellen können, welchen Bronzeton und welche Oberflächenbeschaffenheit Ihre Haut idealerweise haben sollte, wenn Sie einen Bikini anziehen möchten. Ich muss Ihnen nicht erklären, dass Models immer sehr lange, dünne Beine haben und Staranwältinnen im Kino grundsätzlich lange Haare.

Jenseits der mächtigen Bilder und verführerischen Fiktionen geht die Gleichung Schönheit = weibliche Souveränität nie ganz so glatt auf. Ich habe mit vielen Frauen gesprochen, mit meinen Freundinnen und deren Töchtern, mit Studentinnen, mit Frauen auf Liegewiesen, mit Müttern auf Spielplätzen, mit den Besucherinnen eines Modehappenings und vielen anderen – und keine, *nicht eine einzige*, sagte, dass sie sich durch verinnerlichte Schönheitsideale nicht gelegentlich darin gehemmt sieht, ganz alltägliche, banale Dinge zu tun. Ein paar Mal gestanden mir eloquente, kluge Studentinnen, sie gingen nicht aus dem Haus, wenn sie sich nicht attraktiv genug dazu fühlen, weil die Haare nicht mehr gut aussehen oder die Haut unrein ist, die Augenbrauen nicht mehr gezupft und die Nägel nicht maniküt sind. Ein paar Mädchen sagten mir, dass sie den Sommer regelrecht hassten. Alle Frauen sagten, schön sein zu müssen bedeute eine Einschränkung ihrer Lebensqualität (eine rief: »dieses Scheiß-Rasieren!«). Der großartige Erfolg der Frauenbewegung in sagenhaft kurzen 30 Jahren hat uns in die Lage versetzt, allein die Welt zu umreisen oder mit der eigenen Firma für LKW-Kühlboxen nach China zu expandieren – und nichts davon wird heute noch als Bedrohung der sozialen (oder einer vermeintlich »natürlichen«) Ordnung betrachtet. Aber warum sind wir eigentlich nicht in der Lage, das Haus auch dann noch zu verlassen, wenn die Haare schlecht sitzen?

Eine lange abendländische Tradition verbindet Weiblichkeit mit Schönheit. Seit Platon wurde die Schönheit der Frau idealisiert. Es gibt wenig, was im Namen der weiblichen Schönheit nicht gemacht, gedacht oder behauptet wurde. Die Schönheit der Frau wurde besungen, verehrt, vergöttert, gefürchtet, gehasst und begehrt, sie wurde für wert befunden, darum zu kämpfen und sogar dafür zu sterben. Der weibliche Akt in Malerei und Bildhauerei verkörperte Schönheit in ihrer reinsten Form. Künstler, Dichter und Gelehrte zerlegten den schönen weiblichen Körper andächtig in seine Einzelteile (sie taten das mit Worten und in Gedanken, nicht mit dem Skalpell). Er wurde betrachtet, er wurde vermessen – und blieb doch ein unlösbares Rätsel. Er galt als Inbegriff der guten Natur, und er wurde gleichzeitig ständig durch Kultur geformt, verbessert, beobachtet und bewertet. Die schöne Muse war Inspiration für die Kunst, die schöne Gattin garantierte ein behagliches Heim.

Von der Schönheit hieß es: sie steigert den Wert einer Frau. Doch sie wurde zur Bedrohung, wenn ihre Wirkung so überwältigend war, dass Männer bei ihrem Anblick den Verstand verloren. Die Schönheit der Frau war Inbegriff der weiblichen Tugend und trotzdem immer dem argwöhnischen Blick der Moral ausgesetzt, denn allzu gutes Aussehen konnte auch das Verderben derjenigen sein, die darüber verfügte. Schönheit verlieh einer Frau Macht und verdammte sie zur Ohnmacht, denn die schöne Frau musste in ständiger Angst leben, das zu verlieren, was sie stark machte. Schönheit konnte Staaten in den Untergang führen – und sie war doch nicht mehr als frivol, oberflächlich, eine Nebensache. Ganz egal, was über die Schönheit gesagt wurde – früher oder später galt immer auch das Gegenteil. Schönheit war stets alles und nichts, und jede Frau, die um ihrer Schönheit willen begehrt und geliebt wurde, musste befürchten, *nur* derentwegen begehrt und geliebt zu werden.

Schönheit und Weiblichkeit traten immer als Paar auf: Fehlte es an der Schönheit, fehlte es auch an der Weiblichkeit, und umgekehrt. Diese enge Verbindung gilt noch heute. Wenige Frauen lässt der Vorwurf unberührt, sie seien unweiblich. Und um weiblich zu sein, und das schreibt die Tradition genauso vor wie inzwischen die *Gala*, muss eine Frau schön sein. Wobei die Tradition nicht besonders hilfreich ist, um dem Begriff »Weiblichkeit« Kontur zu geben. Weiblichkeit konnte über die Jahrhunderte, genauso wie die Schönheit, nahezu alles Mögliche bedeuten. Weiblich waren das Verderben und die Tugend, weiblich waren die reine Natur und die frivole Mode, weiblich waren die Unvernunft und die Berechnung, weiblich waren der Narzissmus und die Selbstvergessenheit, weiblich war die Macht, Leben zu geben, und weiblich war der Tod. Es gibt in der abendländischen Kultur, trotz aller Definitionsversuche, »die definitive Schönheit« genauso wenig wie »die definitive Weiblichkeit«, sondern nur wechselnde Vorstellungen von Schönheit und Weiblichkeit. Ich vermute, der Sinn eines derart hochelastischen Konzepts von Schönheit/Weiblichkeit lag darin, dass sich damit jederzeit die irrsinnige Irrationalität von Lust und Begehren begründen ließ. Machte eine Frau einen Mann todunglücklich, lag es sicher an ihrer schrecklichen Schönheit; machte sie ihn glücklich, lag es bestimmt an ihrer wunderbaren Schönheit. Erfüllte sich das Glück einer Frau in der Liebe, lag es sicher daran, dass sie so himmlisch schön war, endete sie aber im Unglück, war sie sicher durch ihre Schönheit verdorben worden.

Was immer man dann darunter verstand: weibliche Identität und Schönheit gehören seit Jahrhunderten zusammen. Insofern ist es nicht verwunderlich, dass Schönheit immer noch eine so zentrale Rolle in unserem Leben spielt. Die Frage ist nur, zu welchen Bedingungen sie das tut, nun, seitdem sich die Vorstellungen von »Weiblichkeit« so fundamental verändert haben.

Schönheits-Junkies

Wir leben bekanntlich in Zeiten des Schönheitswahns. Wir sind gewissermaßen Schönheits-Junkies, und um zu sehen, dass wir auf die ständige Beschäftigung mit Schönheit schlecht verzichten können, müssen wir nicht erst zu denen gehören, die alle Vierteljahre zum Schönheitschirurgen rennen, um sich eine neue Brust oder eine schöne neue Nase machen zu lassen. Wir verzehren uns nach Beautytipps, nach Patentrezepten gegen Falten und Cellulite, nach einer brauchbaren Diät und halbjährlichen Modespecials, und wir verzichten nur ungern auf unser wöchentliches Fitnesstraining für die Wohlfühlschönheit. Denn ständig kreisen wir in Gedanken um die Frage:»Wie sehe ich aus?«

Ich glaube allerdings nicht, dass wir einfach aufhören können, schön sein zu wollen. Das Bedürfnis, den Körper der Kultur unterzuordnen, ihn schön *zu machen*, koste es, was es wolle, gab es zu jeder Zeit, in allen Kulturen. Auf der ganzen Welt, seit Jahrtausenden, fummeln die Menschen aufwändig an sich herum, beschmieren sich mit Lehm oder Creme, drehen glattes Haar zu Locken auf, glätten gelocktes Haar, ritzen Haut, bräunen Haut, bleichen Haut, hungern, fressen, betonen das Gesäß, betonen die Brust, betonen die Augen, betonen die Geschlechtsteile. Der weibliche Körper wurde in Lederschatullen eingenäht, Zehen wurden gebrochen, Taillen mit Walfischknochenstäbchen in Form gebracht – ein rechtes Maß schien es nie gegeben zu haben. Seit Menschengedenken geht das so. Da fällt es schwer zu sagen: Jetzt hören wir einfach mal damit auf.

Und doch ist heute alles auch völlig anders. Noch nie in der Geschichte der Menschheit hatten so viele Mädchen und Frauen die Möglichkeit, sich von morgens bis abends kosmetischen Prozeduren zu unterziehen. Der emotionale, zeitliche und finanzielle Aufwand, den Frauen jeden Alters, quer durch alle Schichten, heute mit Schönheit treiben, ist mit nichts in der Geschichte zu vergleichen. Sicher, die kosmetischen Prozeduren, die die modebewussten Männer und Frauen am Hof Ludwigs XVI über sich ergehen ließen, hatten dramatische Effekte: die gekalkten Gesichter, die leuchtend rot geschminkten Münder, die riesigen Perücken und hohen Schuhe, auf denen man nicht laufen konnte. Doch dies waren die modischen Exzesse einer verschwindend kleinen Gruppe der Gesamtbevölkerung, einiger Tausend Männer und Frauen, die nicht zu arbeiten brauchten und die es sich daher leisten konnten, Kleidung zu tragen, in der man sich nicht bewegen konnte. Und was bedeutet es schon, sich jeden Morgen ein Pfund Mehl über die Perücke stäuben zu lassen, ansonsten aber unter seiner Kleidung bestialisch zu stinken, gegen den Aufwand, den wir heute betreiben – nur um uns auf die Straße zu trauen. Duschen, cremen, Haare waschen, stylen, färben, Make-up, Augenbrauen zupfen, Fingernägel maniküren, Fußnägel lackieren, Hornhaut entfernen (lassen), rasieren oder wachsen, Wohlfühlprogramme und Fitness einplanen, den Kleiderschrank aktuell halten – für den Anfang.

Schönheit ist heute überall. Noch nie waren wir so vollständig von Bildern umgeben, die uns permanent zeigen, wie konventionelle Schönheit aussieht (und es sind zum größten Teil Bilder von Frauen). Noch nie schien Schönheit so erreichbar. Noch nie wurde der bloßen Tatsache, im »richtigen« Körper zu stecken, so viel Bedeutung verliehen. Nie zuvor galt ein perfekter Körper als Lösung aller Probleme. Er soll heute die Antwort auf Identitätskrisen, Leistungsschwächen, Selbstachtungsdefizite, Einsamkeit, Lieblosigkeit sein. All das wird verschwinden, so das große Versprechen, wenn wir erst im richtigen Körper stecken, dann kommen auch der richtige Partner, die richtigen Freunde, der richtige Job und das richtige Leben. Und noch nie zuvor war Schönheit ein moralischer Imperativ. Wenn heute eine Frau sagt:»Ich nehme ab«,»Ich ändere meine Nase« oder»Ich vergrößere meine Brüste«, dann teilt sie uns mit:»Ich möchte ein besserer Mensch werden.«

Psychologen erklären den Ansturm auf die Praxen und Kliniken der kosmetischen und ästhetischen Chirurgie mit dem Begriff von der »Arbeit an der eigenen Identität«. Endlich kann man sein, wer man *wirklich* ist, weil nun der Körper der richtige ist. Endlich kann man sich »mit sich selbst identisch fühlen«. Noch nie wurde von Schönheit so viel erwartet. Es sind vor allem Frauen, die sich die größten Hoffnungen machen. Es sind vor allem sie, die fürchten, sie müssten erst eine schöne Gestalt annehmen, um »Ich« sagen zu dürfen.

Frauenthema Schönheit

Dies ist ein Buch über Frauen und für Frauen. Ich sage damit nicht, dass Männer nicht auch schön sein können und dass ihr Aussehen für sie keine Rolle spielt. Natürlich existiert Schönheit auch an jenem Geschlecht, das nie »das schöne« hieß, und natürlich hat der Anblick, den ein Mann bietet, zu allen Zeiten eine Bedeutung gehabt. Das gilt heute umso mehr, da der Kosmetikmarkt und die Schönheitsindustrie Männer als potenzielle Konsumenten entdeckt haben. Vorbei die Zeiten, in denen ein Mann für die Pflege seines Körpers nicht mehr als ein herb alkoholisch riechendes Rasierwasser benötigte. Heute wählt er aus zahllosen Pflegeserien. Wenn er möchte, kann er sein morgendliches Duschritual um eine halbstündige Ganzkörperrasur verlängern, und gelegentlich ist er metrosexuell. Von Bildern besessen, wie wir es nun mal sind, haben wir längst auch das Bild vom perfekten Mann im Kopf: Es ist der gestählte Kerl unter der Dusche, der erst in einen Anzug springt und dann in ein tolles Auto und der am Wochenende ein klein gemustertes Designer-Herrenhemd locker über seinem Waschbrettbauch trägt. In zunehmendem Maße sehen sich auch junge Männer Erwartungen ausgesetzt, die sie ebenso wenig erfüllen können wie wir Frauen die weiblichen Idealbilder.

Wenn ich hier trotzdem nur am Rande über Männer schreibe, dann deshalb, weil Männerschönheit und Frauenschönheit zwei völlig unterschiedliche Dinge sind. Damit ist nicht bloß gemeint, dass es im ersten Fall um Sixpacks und im anderen um Oberweiten geht. Männerschönheit hat ihre eigene Logik, ihre eigene Terminologie und ihre eigene Geschichte. Selbst in Zeiten von MTV und den Top-Ten der *sexiest men* scheuen wir uns immer noch, vom »schönen Mann« zu reden, so, als sei es zu anzüglich, einem Mann in demselben Maße auf den Leib zu rücken wie einer Frau. Wir sprechen stattdessen lieber von männlicher »Attraktivität« und meinen in aller Regel *Status* damit. Männliche Schönheit hat etwas mit Kraft zu tun, aber diese Kraft muss nicht unbedingt körperlich sein. Nach der Attraktivität-ist-Status-Logik kann es dann sogar sein, dass ein sexy, muskulöser Gerüstbauer für weniger attraktiv gehalten wird als ein offensichtlich schon etwas aus dem Leim gegangener Bundespolitiker, weil der eine Macht verkörpert und der andere nur einen perfekten Körper hat. Es gibt also genau genommen zwei Sorten von männlicher Ansehnlichkeit: die Schönheit seines Körpers und die Attraktivität seines Status, und im Idealfall besitzt ein Mann dann beide Eigenschaften. (Mit derselben Logik beschrieb sich jüngst ein 57-jähriger Liebessuchender in einer Partnerschaftsanzeige in der *Zeit* ohne jeden Anflug von Ironie: »Ich habe dunkelbraunes Haar, leuchtend blaue Augen und ein großes Anwesen auf Sylt«).

Erstaunlicherweise wird die Besonderheit, dass Männerschönheit aus der Kombination von schönem Körper und Machtsymbolen besteht, in der modernen Wissenschaft von der Schönheit, der so genannten Attraktivitätsforschung, geflissentlich ignoriert. Man schreibt dort von der »Schönheit« des Mannes und meint eigentlich seinen sozialen Status, oder man schreibt von der »Attraktivität« prestigeträchtiger »Männerberufe« und tut dann so, als sei eine Führungsposition bei der *Deutschen Bank* dasselbe wie ein knackiger Po. So liest man dann auch mit zuverlässiger Regelmäßigkeit, die Körpergröße sei ein männliches Attraktivitätsmerkmal (und meint damit, dass größere Männer schneller mehr Eindruck schinden als kleine), doch ist Größe allein noch nicht für jede Frau attraktiv – wie Tom Cruise (1,69 Meter) und Boris Karloff als Frankensteins Monster oder sein Nachfolger Hulk recht gut veranschaulichen können.

Für Frauen gilt immer: Schönheit und Attraktivität sind für sie dasselbe. Weil Männerschönheit immer von zwei Seiten gesehen werden kann und Frauenschönheit dagegen in unserer Kultur immer nur die eine Frage beinhaltet: »Wie sieht sie aus?«, ist es nahezu unmöglich, Männer- und Frauenschönheit eins-zu-eins zu vergleichen. Eine schöne Frau verliert nicht an Attraktivität, wenn sie ohnmächtig ist, und eine mächtige Frau wird nicht dadurch attraktiver, dass sie Status hat oder eine Villa auf Sylt. Es gibt viele Unterscheidungen zwischen Männer- und Frauenschönheit, aber der entscheidende Unterschied liegt in der Bedeutung des Körpers. Keine Frau gilt als attraktiv, wenn sie nicht gut aussieht.

Wir wissen, dass immer mehr Schönheitsoperationen an Männern vorgenommen werden, realistischen Schätzungen zufolge sind das in Deutschland zwischen 10 und 15 Prozent. Wir wissen auch, dass 10 Prozent der Jugendlichen mit Essstörungen Jungen sind. Amerikanische Studien haben gezeigt, dass Jungen, die regelmäßig mit absurd bemuskelten Actionpuppen spielen, genauso unter verzerrter Körperwahrnehmung leiden können wie Mädchen, die mit Barbies groß werden. Das sind ernst zu nehmende Entwicklungen, und vielleicht sind die jetzt 12-jährigen Jungen tatsächlich auf dem besten Weg, massenhaft Schönheits-Junkies zu werden, die sich irgendwann den ganzen Tag, ihr ganzes Leben lang, mit dem Zustand ihres Körpers beschäftigen werden müssen. Und insofern kann dann auch vieles, was in diesem Buch über unseren Umgang mit Schönheit gesagt wird, auch für Männer gelten, aber nicht alles.

Denn noch sind 85 bis 90 Prozent aller Kunden beim Schönheitschirurgen Frauen, und noch sind 90 Prozent der Patienten mit Essstörungen junge Frauen. Noch bekommen fünfjährige Jungen keine pinkfarbenen Beautysets aus Plastik geschenkt (oder welche aus Holz für 82,50 Euro, wenn die Erziehung eher in Richtung Waldorf und Montessori tendiert). Noch ist Schönheit *das* Frauenthema. Noch trennen Welten die männlichen und weiblichen Celebrities in der *Gala*. Noch tragen die Gesichter der Männer in den Hochglanzmagazinen Individualitätsmerkmale, sie haben Falten, schmale Lippen, breite Nasen, große Nasen, runde Nasen, dicke Haare, dünne Haare, graue Haare, keine Haare, lauter Dinge, die man an den Gesichtern der Frauen vergeblich sucht. Frauenzeitschriften schreiben gelegentlich in einem »recht-so« Tonfall darüber, dass nun auch die Männer ran müssen. Diese Schadenfreude ist ein Trugschluss. Denn *de facto* liegt eine bittere Ironie darin, dass nun, da das Aussehen für Männer wichtiger wird, Schönheit für Frauen lebensnotwendig geworden ist. Wenn wir die 2000 Jahre alte Tradition nicht einfach kappen, die Weiblichkeit und Schönheit zusammenschweißt (und warum sollten wir uns ausgerechnet in Zeiten des Schönheitswahns davon verabschieden?), gilt auch für die Zukunft: *Eine*

Frau muss immer drei- bis viermal so viel Aufwand treiben wie ein Mann. Und wenn die Männer so weitermachen, kommt einiges auf die Frauen zu. Schönheit ist wichtiger geworden. Für Männer *und* für Frauen.

Als ich für dieses Buch recherchierte und die Literatur zum Thema las, fiel mir auf, dass es Männern, die über Schönheit sprechen oder schreiben, leicht fällt, von ihr zu schwärmen. Sie idealisieren dann in der Regel schöne Frauen und versenken sich träumerisch und einfallslos zugleich in die Halsbeuge eines Mädchens im Sommerkleid.

Frauen schwärmen nicht von Schönheit. Sie sprechen darüber, was sie kostet, wie es sich anfühlt, toll auszusehen, und sie zerbrechen sich den Kopf darüber, ob es verwerflich ist, sich operieren zu lassen, oder unverzeihlich, es nicht zu tun. Schönheit ist für uns unglaublich konkret. Sie ist eine der unmittelbarsten Erfahrungen in unserem Leben. Wir haben ständig mit ihr zu tun. Wir kämpfen mit ihr, wir quälen uns für sie, wir genießen sie, wir fürchten, sie zu verlieren. Da fällt es schwer, Schönheit zu idealisieren.

Der Feminismus glaubte einst an die Utopie der besseren Schönheit. Vor 40 Jahren schwebte den Feministinnen vor, Frauen würden eine Schönheit neu erfinden können, die schmerzfrei, bequem und unpornografisch ist, und die ein Körpergefühl garantiert, mit dem man sich immer großartig und attraktiv findet. Dies hätte vorausgesetzt, dass es eine Stunde Null gibt, zu der wir uns verabreden können, um zu beschließen, was von nun an frauenfreundliche Schönheit ist. Doch diese Stunde Null gibt es nicht. Wir können Kultur nicht einfach verlassen, und wir können auch nicht so tun, als habe es die Geschichte der Schönheit nie gegeben. Wir können nicht die *Venus von Milo* loswerden oder die Odalisken von Ingres oder Marilyn Monroe oder Barbie. Wir können auch nicht, genauso wenig wie Männer, die Eigendynamik der Schönheitsindustrie unter Kontrolle bringen und sie in etwas verwandeln, das ausschließlich zu unseren Gunsten funktioniert. Wir können uns in einer Medienwelt nicht der Bilder entziehen und der großen Versprechungen, und gelegentlich fehlt es am Ende eines anstrengenden Arbeitstages vielleicht schlicht an der Kraft, die es braucht, um sich beim Durchblättern der *Vogue* zu fragen, ob die Anti-Aging-Creme, die Falten »kaschieren« soll, wirklich halten kann, was sie verspricht. Wir können nicht ändern, dass seit mindestens 2000 Jahren Weiblichkeit an Schönheit gekoppelt ist. Und wir können auch nicht ändern, dass jedes Kunstmuseum und fast jede Weltliteratur daran erinnert, dass es in der westlichen Tradition nur dem Mann gestattet war, seinen (schönen oder hässlichen) Körper zu transzendieren, um die Welt wie Gott aus der Sicht eines körperlosen Subjekts zu betrachten.

Aber wir können natürlich eine ganze Menge anderer Dinge tun. Wir können uns mit dieser Tradition auseinandersetzen. Wir können den Schönheitswahn und seine Zumutungen kritisieren. Wir können den Skandal beim Namen nennen: Gesagt zu bekommen, sie sei unattraktiv, trifft jede Frau ungeschützt, ganz egal, wie souverän sie sonst ist. Wir können uns gleichzeitig ruhig zum grandiosen Scheitern hochtrabender Absichten bekennen (»Nie wieder unbequeme Schuhe!«). Wir können verstehen, wie der Schönheitswahn funktioniert, wo er uns schadet. Aber auch, wo wir mit ihm ein konspiratives Verhältnis eingehen, weil es uns nützt. Wir können auch erkennen, dass sich unschöne Paradoxien ergeben, wenn in einer pornografischen Kultur Sexiness zum Inbegriff von weiblichem Selbstbewusstsein wird. Wir müssen auch nicht alles glauben, was wir über eine angeblich genetisch fixierte Präferenz des Mannes für junge, dünne Blondinen lesen. Wir können wissen, dass jedes Plakat, von dem uns ein perfektes Gesicht anstrahlt, keine reale Frau zeigt. Wir können trotzdem gern ein Leben lang nach Perfektion *strebon*, allerdings sollten wir dabei nicht vergessen, dass wir Perfektion nie *erreichen* können. Wir können uns, nach Abwägung der Kosten, dem Schönheitswahn auch verweigern. Wir müssen nicht alles ausprobieren, was uns angeblich schöner macht, und wir müssen vor allem nicht alles kaufen. Am Ende können wir aufgeklärte Entscheidungen treffen. Wir können jedoch nicht darauf hoffen, aus dem Schönheitswahn entlassen zu werden. Aber wir sind fähig, damit umzugehen. Und da wir sowieso immer zu dick sind, können wir jetzt erst mal etwas essen, bevor es weitergeht.

1
Emanzipiert

Als im März 2007 Madonnas H&M-Kollektion in die Filialen kam, fand dazu im traditionsreichen Londoner Luxushotel *Langham* eine Präsentation statt. Aus gegebenem Anlass gewährte Madonna einigen ausgewählten Journalisten kurze Interviews. Auch Christoph Amend von der Wochenzeitung *Die Zeit* war angereist. Sein Artikel über »15 Minuten mit Madonna« beginnt mit einem ersten Eindruck: Madonna ist 48 Jahre alt und wirkt wie 30. Nur ihre Hände sehen älter aus. Der Journalist erinnert daran, Madonna habe einmal gesagt, schön zu sein bedeute für sie ständige Arbeit. Sie sei, wie sie das nannte, eine »aktive Schönheit«, jemand, der immer etwas tun müsse, um gut auszusehen, um in Form zu bleiben – Yoga, Pilates, Work-out –, im Unterschied zu den »passiven Schönheiten«, jenen Frauen, denen die Natur Schönheit einfach mitgegeben habe.

Dann erwähnt Amend einen Gedanken, der ihm gekommen ist, während er noch in der Bar des Hotels auf sein Interview gewartet hat. Die eintreffenden Gäste und Journalisten sind von Models umgeben, die die neue Madonna-Kollektion am Leib tragen. Die Schönheiten stehen mit ihren makellosen, dürren Zweimeterkörpern herum, tun, als würden sie sich miteinander unterhalten, und lassen sich bewundern. Während der Redakteur also auf Madonna wartet und die Models die edle Bar dekorieren, geht ihm folgende Frage durch den Kopf: »Wie betritt eine ›aktive Schönheit‹ mit 1,60 Meter

Körpergröße einen Raum, von dem sie weiß, dass dort ›passive Schönheiten‹ mit 1,80 auf sie warten, die nicht einmal halb so alt sind?«

Aha. Der größte lebende Popstar der Gegenwart wurde in einem der vornehmsten Hotels der Welt von ein paar handverlesenen Journalisten erwartet. Sie ließ die Presse warten, natürlich, was sonst. Madonna, der einzige Star des Musikgeschäfts, der ohne große Peinlichkeiten seit über 20 Jahren im Geschäft ist. Reich, berühmt, glamourös, einschüchternd erfolgreich, mit knapp 50 in dem Körper einer jungen Frau. Die bestbezahlte Frau in einem Geschäft, in dem die Summen nicht eben kläglich sind. Das Idol von Teenies und Feministinnen, eine Diva, die Hof hält, die Interviews *gewährt*. Ein Phänomen, das Seminararbeiten und *Madonna-Studies* an amerikanischen Unis ausgelöst hat. Die Stilikone der 80er, deren Kreuz um den Hals und deren Korsagen alle Frauen unter 25 trugen, die Frau, die über ein Jahrzehnt lang Moderedakteurinnen auf die Sprünge half, wenn denen nichts mehr einfiel. Die später einer ganzen Generation trendiger Großstädterinnen beibrachte, dass sich Mutterschaft und Popkultur vertragen. Die Virtuosin der fortwährenden Selbstinszenierung und der größte lebende Bewies dafür, dass eine Frau alles sein kann, was sie sein will. Und in jenem Moment soll die größte Sorge dieser Frau gewesen sein: *Wie muss ich einen Raum betreten, in dem sich eine Gruppe unbedeutender Frauen befindet, deren Namen nie jemand kennen wird, die jünger, etwas schöner und größer sind als ich?!* Das Schlimmste an der Beobachtung von Christoph Amend ist, dass wir ihm gedanklich durchaus folgen können.

Natürlich wissen wir eigentlich, dass es keinen Sinn macht, den Megastar Madonna mit bedeutungslosen Models zu vergleichen, die kurz zuvor noch beim Casting um einen Job gezittert haben. Aber wir können uns das trotzdem alles lebhaft vorstellen: die angespannte Erwartungshaltung, eine steife Atmosphäre, und mitten darin, in den Köpfen der Anwesenden, ein Gedanke, den sich kaum jemand so recht einzugestehen wagt: »Wird es ihr gelingen, gegen *diese* Konkurrenz anzukommen?« Niemand würde damit unterstellen wollen, dass Madonna nicht prinzipiell toll in Form sei – oder hässlich. Oder gar, dass Madonna nicht die Hauptperson sei. Nein, Madonna hat sich fabelhaft gehalten. Aber etwas fehlt, etwas reicht nicht mehr ganz, etwas ist nicht in Ordnung, irgendetwas verursacht eine leichte Beunruhigung. Etwas lässt befürchten, ganz flüchtig nur, eine kleine Blamage stehe bevor. Diese Frau, *fast 50!* – diese jungen Gazellen! Kann das gut gehen? Drei Jahrzehnte erfolgreicher Emanzipation haben den Skandal nicht zu beseitigen vermocht: Ganz egal, wie kompetent, reich, berühmt, klug oder mächtig eine Frau heute ist – es gibt Situationen, in denen das alles nicht reicht. Ihr Körper, ihr Alter, ihr Gewicht, ihre Haare werden sie selbst und ihre Umwelt ein Leben lang in ständige Sorge versetzen. Denn wenn das alles nicht mehr gut ist – wie will sie eine Heldin unserer Zeit sein können?

Vor 40 Jahren wollte der Feminismus, dass Schönheit, Sexiness, Alter keine zentralen Themen mehr im Leben von Frauen zu sein brauchen. Niemand wird bezweifeln wollen, dass die Frauenbewegung eine der großen Erfolgsgeschichten des 20. Jahrhunderts ist, aber ihre große Hoffnung, Frauen könnten lernen, ihre Falten und ihre Dehnungsstreifen zu lieben, hat sich nicht erfüllt. Nein, der Wunsch, Frauen sollten sich in Zukunft nicht mehr dem »Diktat der Schönheit« beugen, ist nicht in Erfüllung gegangen. Im Gegenteil. Wir sind in Sachen Schönheit biegsam geblieben, um nicht zu sagen: wir sind ausgesprochen gelenkig geworden.

»Schönheit ist der neue Feminismus« nennt die New Yorker Journalistin Alex Kuczynski diese neue Gelenkigkeit. Sie entstammt nicht feministischen Seminaren, sondern der Popkultur, und man erringt sie nicht durch öffentliche Protestmärsche, sondern durch disziplinierte Arbeit an der Oberschenkelmuskulatur und regelmäßige Investitionen in neue Verschönerungspraktiken. Das Credo dieses Schönheits-Feminismus ist: Ich kann alles machen, ich kann alles haben. Ich kann alles sein, arbeiten wie ein Mann, aussehen wie eine Frau.

Das Verhältnis zwischen Feminismus und Schönheit ist bekanntermaßen schwierig. Wer gar nichts oder wenig über den Feminismus weiß, meint zumindest, dies über ihn sagen zu können: Feministinnen trugen lila Latzhosen, verbrannten ihre BHs und benutzten kein Make-up. Wenn heute Frauen den berühmten Satz sagen: »Klar bin ich emanzipiert, ABER…«, dann meinen sie damit in aller Regel: »…ABER ich trage trotzdem hohe Schuhe und kurze Röcke und lackiere mir die Fingernägel.«

Der Mythos von der hässlichen Emanze hält sich gerade in Zeiten des Schönheitswahns immer noch so beharrlich, dass es vielleicht doch notwendig ist, das Selbstverständliche auszusprechen: Der Feminismus verfolgte nicht das Ziel, Frauen hässlich aussehen zu lassen, und seine Wortführerinnen sahen auch nicht aus wie Schreckschrauben. Die viel beschworenen lila Latzhosen trug schon vor 35 Jahren so gut wie niemand, und falls tatsächlich jemals so viele BHs verbrannt worden wären, wie im Rückblick auf die späten 60er Jahre gern behauptet wird, hätten halb Europa und die gesamte Westküste der USA monatelang unter schwarzen Rauchwolken verschwunden sein müssen. Tatsächlich wurde nie ein einziger BH verbrannt. Auf amerikanischen Blogs findet man immer noch regelmäßig

Aufrufe von Wissenschaftlerinnen, die Zeitzeugen suchen – es meldet sich nie jemand.

Die Wahrheit ist: Aktivistinnen warfen anlässlich einer legendären Demonstration gegen die Miss-Amerika-Wahl in Atlantic City (1968) Nylonstrümpfe, BHs und Mieder in eine große Mülltonne. Als die Presse am nächsten Tag davon berichtete, hieß es, die Demonstrantinnen hätten ihre BHs »verbrannt« – und das damit heraufbeschworene Bild war so stark, dass es emblematisch für die ganze Bewegung wurde. Die Vorstellung von einer Horde aufgebrachter Frauen, die sich in Rage ihre Kleidung vom Leib reißt und barbusig neben lodernden Feuern steht, war genau das, was die Gegner brauchten. Ihnen konnte nichts lieber sein, als den Feminismus lächerlich aussehen zu lassen. Auf der anderen Seite war die Frage »BH – ja oder nein?« bei weitem nicht so trivial, wie es auf den ersten Blick den Anschein haben konnte – und insofern konnte man das angebliche Verbrennen der Unterwäsche genauso gut als ein Zeichen für eine mutige, rebellische Freiheitsbewegung sehen. Keinen BH zu tragen war ein politisches Statement. Die junge Frau ohne BH signalisierte, dass sie sich gegen eine Moral stemmte, die von Frauen alles andere erwartete, als ihre erigierten Brustwarzen unter einer Bluse zu zeigen. Wer morgens den BH wegließ, zeigte, dass sie es vorzog, bequeme Kleidung zu tragen statt einengender – und einengende Kleidung stand für eine einengende Frauenrolle. Eine Frau ohne BH demonstrierte, dass sie über ihren Körper und ihre Sexualität selbst bestimmte.

Wie kompliziert das alles sehr schnell werden konnte, zeigte sich im Laufe der 70er Jahre. Kaum war der befreite, BH-lose Look als Rebellion gegen das unerträgliche Modediktat des Patriarchats entdeckt worden, legte die Modeindustrie mit leichten »weich umhüllenden« BHs nach, die – auch ganz praktisch – den Busen »leicht halten« konnten. Bereits 1970 brachte die *Brigitte* unter der wunderbaren Überschrift: »Zurück zum Busen der Natur« ein paar Seiten über modische Dessous. Dazu gab es die kurze Erklärung: »Jahrelang galt es als besonders erstrebenswert, dass der Busen fest und spitz wirkte und sehr hoch saß. Dementsprechend wurden Büstenhalter mit Einlagen und Stangen angefertigt und spitz zugeschnitten. Die Mode von heute will es anders.« *Die MODE von heute will es anders?!* Zwei Jahre zuvor war das »Verbrennen« von BHs noch ein politischer Akt gewesen, der sich gegen modische Zwänge gerichtet hatte! Und nun war es Mode, einen BH zu tragen, der so aussah, als würde man keinen BH tragen! Im Handumdrehen hatte die Modeindustrie den Trend zum »natürlichen« Busen ausgemacht und in eine Geldquelle verwandelt. Jetzt konnte jede Frau den *happy body* von Triumph kaufen, in dem sie sich »nackt und frei« fühlen würde, wie die Werbung versprach: »Unter einem modischen Kleid können Sie nichts anderes tragen.« Damit das klar war. Und schon kauften unsere Mütter, oder wenigstens unsere linksliberalen jüngeren Tanten, transparente BHs, vollelastisch und mit Tüll, für damals immerhin stolze 19,50 Mark. Oder den »extra weichen« Bodystocking von einer Firma namens van Raalte, der, laut Werbung, den Busen »etwas abflacht«, weil der Hippie-Look Androgynität schick machte. Eins zu null für die Modeindustrie.

Die Kritik des Feminismus an *Miss*-Wettbewerben, die Frauen nach ihrer Schönheit sortieren, sowie die Kritik an unbequemen Kleidungsstücken, die den Körper der Frau in eine Form bringen, die er von Natur aus nicht hat, galt einer Gesellschaft, in der Frauen nur ihres Aussehens wegen geschätzt werden, und nicht für das, was sie können oder sind oder denken. Sie galt jenem Frauenbild in der bürgerlichen Gesellschaft, das besagte: Ein Mann macht sich Gedanken über die Welt, eine Frau macht sich hübsch. Er hat Status, sie einen Schrank voller Kleider. Er trägt Verantwortung, sie die Farben der Saison.

Da die moderne Frau inzwischen ihre Freiheit nicht länger auf der Straße erkämpfen muss, sondern im Beratungsambiente eines Schönheitschirurgen bekommen kann, müssen wir wohl noch einmal kurz in eine fast 40 Jahre alte Zeitschrift gucken, um zu sehen, worum es damals eigentlich ging. Zum Beispiel in eine *Petra* von 1969. Darin gab es einen Test, mit dem die Leserin überprüfen konnte, ob sie denn eine ebenso gute Beifahrerin sei, wie ihr Mann ein 1A-Autofahrer ist: Sie sollte ihn weder mit der Frage nerven, ob er gerade auch »das niedliche Kälbchen« gesehen habe, noch den Rückspiegel während der Fahrt verdrehen oder sagen: »Du bummelst.« Die Welt der Reklame lockte mit schicken Etuikleidern der Firma *S-Modell,* die der »Frau um 30« für jede Lebenslage das richtige Outfit versprachen. Es gab die Modelle »Kommen-Sie-bitte-zum-Diktat«, »Einkaufsbummel«, »Mutti-geh-mit-mir-spazieren« und »Wir-haben-heute-Abend-Gäste«. Die Firma Rowenta warb für Lockenwickler (»Ihr Entwicklungsstudio«) und hatte sich dazu den Slogan einfallen lassen: »Es gibt Situationen, in denen Ihr Kopf wichtiger ist als der Ihres Mannes.« Das war tatsächlich völlig ironiefrei gemeint und durch das Foto einer Frau mit enormer Lockenpracht illustriert, die von zwei Herren bewundert wird, weil sie so schöne Haare hat. Links unten auf der Anzeige befand sich ein gestricheltes Herz zum Ausschneiden, und darin stand ein an den Ehemann gerichteter Text:»Schenke mir doch bitte die neuen Rowenta Hair Curler«. Dazu die Aufforderung an die Leserin:»Kleben Sie Ihm [»ihm« groß geschrieben!] am besten das hübsche Herzchen an den Spiegel. Das hilft.« – Kein Wunder, dass Mode, Make-up und Figurprobleme als zu trivial galten, um sich als Feministin ernsthaft damit zu beschäftigen. In einer Welt, in der die Bedeutung des weiblichen Kopfes von einer sich darauf befindenden Frisur abhing, schlossen sich eine aufgeklärte politische Haltung und das Interesse an Mode gegenseitig aus.

Dann kam noch etwas anderes hinzu: Bis in die 70er herrschte eine Kleiderordnung, mit deren Hilfe man so genannte Jungfern von verheirateten Frauen und Müttern unterscheiden konnte. Ich erinnere mich, wie meine Mutter einmal von einem sommerlichen Kaffeeklatsch bei einer Nachbarin zurückkam und erzählte, es habe beinahe einen Eklat gegeben, weil eine der Eingeladenen mit *nackten* Beinen unter ihrem Sommerkleid gekommen war. Alle anderen hatten sich selbstverständlich auch bei 40 Grad im Schatten Perlonstrümpfe angezogen. Schließlich waren sie ja verheiratete Frauen. Gegen solche respektablen Dresscodes waren die neuen Outfits gerichtet: Jeans, selbst gebatikte T-Shirts, offene Haare, kein BH und kein Make-up. Dieser Look wurde von der Avantgarde der Modeleute regelrecht gefeiert. Und daran hat sich im Grunde nichts geändert. Doch auf das Bürgertum in den 70er Jahren wirkte diese Montur doch wohl eher wie eine Kriegserklärung an die traditionellen Vorstellungen von Weiblichkeit und wie ein regelrechtes Schönheitsverbot. Wo waren die Wespentaillen und die ausgestopften Busen, die hübschen Kleider und die eleganten Handtaschen geblieben? Was war bloß aus dem »schönen Geschlecht« geworden?

Den Ruf, unattraktiv zu sein, bekamen Feministinnen nicht, weil sie es tatsächlich waren, sondern weil ihre Vorstellungen von weiblicher Schönheit wie ein Bürgerschreck wirkte: unkonventionell, provokativ, unbürgerlich und etwas beängstigend. Warum wollten diese Frauen nicht hübsch sein? Verführerisch? Warum wollten sie sich nicht wie Frauen zurechtmachen? Das dümmste aller Vorurteile ist hinlänglich bekannt (und ich fürchte, es ist immer noch nicht aus der Welt): Frauen engagierten sich nur deshalb politisch, weil sie eigentlich zu hässlich seien, um die entscheidende aller Schlachten im Leben einer Frau zu schlagen: sich einen Mann auf dem Heiratsmarkt zu ergattern. Wer das dachte, hatte allerdings nicht begriffen, dass der Feminismus eine politische Bewegung war (und ist). Es ging nun mal nicht darum, dass unverheiratete Frauen sich ihr Privatleben irgendwie schönreden mussten. Es ging – mit allem Pathos – um eine bessere Gesellschaft.

Als die Feministinnen Stöckelschuhe und Lippenstifte aus dem Leben der Frauen zu verbannen versuchten, schufen sie die Utopie von der moralisch wertvollen Schönheit. Ihnen schwebte eine Schönheit vor, die Frauen selbstbestimmt aussehen ließe und mit der sie – und nur sie! – darüber entscheiden würden, was als schön, weiblich und als sexy zu gelten habe. Das neue Schönheitsideal feierte die Natürlichkeit unrasierter Achseln, naturbelassener Gesichter und BH-loser Brüste. Es plädierte für die schiere Pragmatik flachen Schuhwerks, dessen Vorteile darin bestehen, dass es weniger Blasen verursacht, die Bänder nicht verkürzt, die Knie nicht ruiniert und überdies die Flucht vor einem Vergewaltiger ermöglicht. Es lobte den Spareffekt ungefärbter – oder, wenn überhaupt, nur mit selbst gemachten Hennapackungen behandelter – Haare. Es verwies auf die Zeit- und Geldersparnis und den Zugewinn an Lebensqualität durch einen übersichtlich gehaltenen Kleiderschrank, dessen Inhalt nicht spätestens alle sechs Monate komplett ausgiebigen Shoppingtouren zum Opfer fiel.

Die neue Schönheitsutopie hoffte auf den Stolz der Frauen, ihren eigenen Körper präsentieren zu können, so wie er ist. Sie freute sich auf ihre Erleichterung darüber, ihn von Gängeleien wie Korsagen und Miederhosen befreien zu können. Sie wollte Frauen die Bürde der ständigen Befürchtung nehmen, nicht zu gefallen. Sie wollte, dass eine Frau auch ohne die Maske des Make-ups selbstbewusst auf die Straße gehen kann. Das waren mutige Gedanken von beeindruckender Schönheit. Die guten Absichten waren nur leider nicht zu verwirklichen.

Der Mythos Schönheit

Vor fast zwei Jahrzehnten, 1990, erschien ein wütendes Buch über die Unterdrückung der Frau durch den Schönheitsterror. Es hieß *Der Mythos Schönheit* und stammte von der Amerikanerin Naomi Wolf. Es wurde in den USA ein Bestseller und machte die damals erst 28-jährige Autorin quasi über Nacht zum neuen Star der amerikanischen Frauenbewegung. Viele Leserinnen erfuhren von Naomi Wolf zum ersten Mal etwas über Bulimie und Anorexie, und einige Leserinnen entlastete die Lektüre von dem Gefühl, noch dünner, jünger, schöner sein zu müssen. Auf amerikanischen Blogs stößt man noch heute gelegentlich auf *Dieses-Buch-hat-mein-Leben-verändert*-Bekenntnisse.

Der Mythos Schönheit war eines der letzten großen Bücher des Feminismus nach altem Stil. Es gehörte zu jener Art feministischer Lektüre, die man gelegentlich aufgewühlt zur Seite legen musste, um sich von den darin dokumentierten Ungeheuerlichkeiten und Ungerechtigkeiten zu erholen. Darin lag die Stärke dieses Buches: Es war extrem emotional. Außerdem war es polarisierend und ließ wenig Zweifel, mit welcher

Seite man sich identifizieren sollte. Die Fronten waren klar gesteckt. Es gab das Patriarchat, und es gab Frauen. Es gab eine Seite, die war gut, und auf der stand die ideale, natürliche, freie, ihren eigenen Bedürfnissen verpflichtete Frau. Und es gab eine Seite, die war schlecht, auf der stand die reale Frau im Minirock mit lackierten Nägeln, die aufgrund der gesellschaftlichen Realität nicht anders konnte, als sich dem vorherrschenden Schönheitsdiktat zu beugen.

Wolf erklärte 1990 den Schönheitswahn als eine Rückschlagsbewegung (»backlash«) gegen die Errungenschaften der Frauenbewegung. Ein von Männern (Dozenten, Schönheitschirurgen, Stripclubbesuchern, Juristen, Fotografen etc.) dominiertes Gesellschaftssystem halte Frauen von der Macht fern, indem es sie zwinge, um jeden Preis schön zu sein. Der moderne Schönheitswahn sei eine aggressive Gegenreaktion des Patriarchats auf die gelungene Emanzipation. Wenn Frauen gezwungen seien, sich dünn zu hungern, ihren Körper ständig mit Argwohn zu betrachten, Schmerzen und Unbequemlichkeiten hinzunehmen und sich vor dem Älterwerden zu fürchten, dann, um sie der Erfolge des Feminismus zu berauben und im Namen der Schönheit ohnmächtig und unterlegen zu halten.

Das war eine eindrucksvolle These. Aber auch ein außerordentlich trostloser Blick in die Zukunft. Denn was nun? Wenn eine patriarchalische Verschwörung die emanzipierte Frau zum Schönsein zwingt und niederdrückt, kaum, dass sie sich vom ersten eigenen Gehalt ein Businessoutfit von Armani geleistet hat – welchen Sinn macht es dann noch, morgens das Bett zu verlassen, geschweige denn, eine eigene Karriere anzustreben? Ich habe nie so recht verstanden, warum viele Frauen dieses Buch so liebten. Selbst wenn Wolf mit ihrer These recht gehabt hätte – sie ließ Frauen ohnmächtig aussehen und ohne echte Hoffnung auf Besserung ihrer Lage.

Sehen wir noch einmal genau zu, wie Wolf argumentierte. Sie schrieb:»Wenn eine brillante Studentin und schöne Frau (was meine Rangfolge der Qualitäten ist, aber nicht unbedingt die des Dozenten) sich schwarze hochhackige Wildlederpumps anzieht und Lippenstift auflegt, ehe sie einen einflussreichen Professor bittet, ihre Doktorarbeit zu betreuen, ist sie dann ein Flittchen? Oder tut sie nur, in klarsichtiger Einschätzung eines feindlichen oder indifferenten Milieus, ihre Pflicht sich selbst gegenüber, indem sie sich bemüht, ihre wahre Begabung unter dem Schutzmantel ihrer akzidentiellen Gaben zu hegen und zu entfalten? Ist es freier Wille, wenn sie sich einen sinnlichen Lippenstiftmund aufmalt? Sie muss es ja nicht tun […]« Muss sie es wirklich nicht tun?«

Mal ganz abgesehen davon, dass wir schwarze Wildlederpumps heute nicht mehr unbedingt mit dem Vorwurf»Flittchen« assoziieren – meinte Wolf wirklich, dass eine Frau, die einen Lippenstift benutzt, nicht selbst darüber entscheiden kann, ob sie das will oder nicht? Wenn wir annehmen müssen, dass alle Frauen, die sich schminken, sich modisch anziehen und eine Diät machen (sogar Alice Schwarzer hat ein paar Mal diätet!), dies nur tun, weil die unsichtbare Hand des Patriarchats ihre Bewegungen und Gedanken kontrolliert – wie sollen wir dann glauben können, dass Frauen eigene, aufgeklärte Entscheidungen treffen können? Und das tun sie natürlich. *Nein*, keine Schönheitsoperation. *Ja*, Highheels. *Nein,* keine Diät. *Doch*, ganz enge T-Shirts. *Nein*, nicht mit»Schlampe« darauf. Oder: *Ja*, eine Schönheitsoperation. *Nein*, keine Highheels. Und so weiter.

Die hoffnungslose Ohnmacht, die Wolf beschrieb, fiel vielleicht deshalb kaum auf, weil Wolf mit einer lauten, kriegerischen Prosa gegensteuerte. Sie formulierte donnernde Sätze wie diese:»Der Schönheitsmythos ist die jüngste Version eines gesellschaftlichen Rückschlagreflexes, der sich seit der industriellen Revolution eingespielt hat. In dem Maß, wie es Frauen gelang, sich vom Kinder-Küche-Kirche-Weiblichkeitswahn frei zu machen, übernahm der Schönheitsmythos dessen Funktion als Instrument sozialer Kontrolle.« Sie verglich Schönheitsoperationen mit der entsetzlichen Praxis, Sklaven Brandzeichen aufzuprägen. Sie erklärte, das kapitalistische Wirtschaftssystem sei »auf Sklaverei aufgebaut«, weil der Markt darauf basiere, dass Frauen gezwungen sind, Unmengen von Geld für Kosmetik, Mode etc. ausgeben.

Wolf bestärkte in dem Gefühl, die konventionellen Schönheitserwartungen der westlichen Kulturen seien unerträglich (womit sie recht hatte). Wenn sie auf diese Weise vielen Frauen in den USA und Europa aus dem Herzen sprach, war das eine wunderbare Sache. Aber sie erklärte nicht, wie wir mit dem Schönheitswahn vernünftig umgehen können. Stattdessen knüpfte sie an die utopischen Vorstellungen an, wie sie ihre Vorgängerinnen in den 60ern und 70ern formuliert hatten. Wolf plädierte dafür, den Schönheitswahn zu überwinden. Im Wesentlichen wünschte sie sich dazu drei Dinge: Erstens sollen Frauen sich auch dann schön finden können, wenn sie nicht schön sind: »So wie sich der Schönheitsmythos nicht darum gekümmert hat, wie die Frauen aussahen, Hauptsache, sie fanden sich hässlich, müssen wir, um ihn zu überwinden, erkennen, dass es egal ist, wie Frauen aussehen, Hauptsache sie finden sich schön«. Das klang großartig, war aber allzu optimistisch gedacht und geht natürlich nicht. Um sich schön zu finden, kann es einem nun mal nicht egal sein, wie man aussieht. Es kann einem auch nicht egal sein, wie man von anderen gesehen wird. Deshalb zupfen, cremen und lasern wir noch heute, was das Zeug hält.

Zweitens ermunterte Wolf Frauen dazu, »schamlos zu sein«.

Sie sollten die Provokation suchen: die Schlampe spielen und das böse Mädchen. Diese Hoffnung ist ja nun mehr schlecht als recht realisiert worden, wie die Kleiderordnung an jeder beliebigen Gesamtschule zeigt. Doch wenn heute 12-jährige Mädchen Jeans tragen, auf deren Po »sexy« steht, mischt sich für die meisten von uns ein wenig Unbehagen in die Überzeugung, provokante Sexiness mache Frauen stark und autonom. Eine amerikanische Redakteurin kommentierte kürzlich süffisant, Wolf habe ihre Forderung inzwischen ohnehin modifiziert – als Mutter einer pubertierenden Tochter.

Drittens beschwor Wolf die Utopie von der moralisch wertvollen Schönheit. Sie stellte sich vor, Frauen würden zu ihren eigenen Konditionen schön sein können. Sie erklärte allerdings nicht, wie das gehen sollte, wenn der Schönheitswahn die emanzipierte Frau in einem »patriarchalischen System« gefangen hielt, das sie, wie Wolf auf 400 Seiten beschrieben hatte, gar nicht verlassen konnte. Sie hoffte: Frauen sollten »die Neudefinition von Schönheit« übernehmen. Frauen sollten eine gute, freie, glücklich machende, schmerzlose Schönheit erfinden. Aber das war, wie wir mittlerweile am eigenen Kleiderschrank und den Gerätschaften für die Enthaarungsprozeduren feststellen können, eine völlig utopische Vorstellung. Wir können unsere Gesellschaft nicht kurz verlassen, eine bessere Schönheit erfinden und damit dann zurückkehren. Wir sind Tag für Tag den Verlockungen des Konsumterrors und der Unterhaltungsindustrie ausgesetzt. Wir können allenfalls lernen, den Versprechungen von ewiger Jugend, grenzenlosem Glück und leidenschaftlicher Liebe mit einer gesunden Mischung aus Resignation, Pragmatismus und hier und da einem entschiedenen »Nein« zu begegnen.

Superschöne Powerfrauen

In ihrem 2005 erschienenen Buch über die Krise des Feminismus schrieb die *Zeit*-Redakteurin Susanne Gaschke:»Das Niveau der ›kulturellen Repräsentanz‹ von Frauen in Romanen und Zeitschriften ist, freundlich ausgedrückt, unterirdisch: auf die Bewusstseinsindustrie mit der Zielgruppe ›Frauen‹ haben Jahrzehnte des Feminismus, jedenfalls in Deutschland, kaum Wirkung gehabt. Als dominierendes Rollenbild finden wir unverändert das Dummchen, das gern besser aussehen möchte und einen Mann sucht.« Nun kann man sich zunächst darüber streiten, ob die Suche nach einem Mann bereits ein Zeichen mangelnder Emanzipiertheit ist (allerdings proklamierte der Feminismus tatsächlich jahrzehntelang das Leben als Singlefrau als souveränste aller Lebensformen). Nicht streiten kann man sich aber im anderen Punkt: Der Feminismus *hat* seine Wirkung auf die Populärkultur gehabt, in Deutschland, in den USA, in Frankreich, in Großbritannien, in Italien, in Skandinavien, überall dort, wo die Frauen in den letzten 30 Jahren ihre traditionellen Rollen verlassen haben, und wo in jedem Wohnzimmer ein Fernseher steht, auf dem 45 Kanäle laufen, und wo an jedem Kiosk 35 verschiedene Lifestylemagazine liegen. Die Wirkung des Feminismus in der Popkultur ist geradezu durchschlagend, auch wenn das, was dabei herausgekommen ist, gewiss nicht die reine Lehre der Old-school-Feministinnen ist. Aber Frauenzeitschriften haben feministische Themen ja längst integriert: sexuelle Selbstverwirklichung, die eigene Karriere, Beruf-und-Kinder, Lebenshilfe für komplexe Lebenskrisen – Scheidung, Unfruchtbarkeit, Trennung, Verlust –, wie bescheuert die dann vorgeschlagenen Instant-Lösungen gelegentlich auch mal sein mögen. Das Besondere ist ja gerade, dass man heute in Frauenmagazinen so gut wie überhaupt keine »Dummchen« findet, die bloß »besser aussehen wollen«, sondern hyperpotente, hochattraktive Alleskönnerinnen.

Sehen wir uns die großen Ziele des Feminismus noch ein mal an: Alle Frauen sollten durch Gleichberechtigung in die Lage versetzt werden, sich alles zuzutrauen und das Meiste davon dann auch zu verwirklichen. Sie sollten Abitur machen können, Männern angstfrei ihre Meinung sagen, Kinder haben und einen Beruf, ohne an der Doppelbelastung kaputtzugehen. Sie sollten sexuelle Erfahrungen machen dürfen, ohne eine Moral fürchten zu müssen, die für Männer nicht gilt, und sie sollten Männern auf Augenhöhe begegnen können (und Männer ihnen). Und sie sollten nicht wie kleine Kinder warten müssen, bis »Er« ihnen den *Rowenta Hair Curler* schenkt, weil sie kein eigenes Geld haben. Diese Überzeugungen sind nun glücklicherweise keineswegs spurlos an der Popkultur vorbeigegangen. Im Gegenteil, eher könnte man sagen, die Popkultur sei etwas übers Ziel hinausgeschossen.

Die Antwort der Popkultur auf den Feminismus ist die »Powerfrau«. Gelegentlich begegnet diese Spezies uns auch in Gestalt der so genannten »starken Frau«. Sie bevölkert Frauenmagazine zuhauf. Sie kann alles, hat alles und ist alles. Sie arbeitet in einem prestigeträchtigen, hippen Beruf und verdient viel Geld, gelegentlich hat sie auch ein abgeschlossenes Hochschulstudium und trägt einen akademischen Titel. Sie ist mit einem gut aussehenden Mann verheiratet, der kein Hausmann ist, sondern einer, der selbst Karriere gemacht hat – und sie ist glücklich mit ihm. Sie hat natürlich trotzdem ein aufregendes Sexleben, dank ihrer zahlreichen interessanten Verehrer, zu denen unter anderem ein französischer Vulkanologe gehört sowie ein komplizierter, aber genialer 28-jähriger New Yorker Künstler. Sie hat außerdem vier bis dreizehn hinreißend aussehende Kinder, die sie im Speckgürtel einer Trend-metropole zu hochzufriedenen, hochbegabten Menschen heranwachsen sieht, wobei ihr ein paar intelligente, hübsche, Mandarin sprechende Babysitter zur Seite stehen. Sie ist gebildet, sportlich und modisch immer auf der Höhe, sie ist gesellig, kritisch und beliebt, sie hat Geschmack und Stil und natürlich hat sie auch einen Bestseller geschrieben und war wochenlang in allen Talkshows. Sie hat mit 40 den Körper einer 25-Jährigen und sie trägt (»starke Frau« hin oder her) die Konfektionsgröße ihrer 14-jährigen Tochter. Und sie hat irgendetwas an sich machen lassen, nichts Großes natürlich, irgendwas nach der Geburt des neunten Kindes, oder mit Mitte 30, ja, warum auch nicht. Habe ich schon erwähnt, dass sie fantastisch aussieht?

Längst sind es nicht mehr die »Dummchen« in der Welt der Frauenzeitschriften, Frauenromane, TV-Soaps und Hochglanzmagazinen, die gern besser aussähen. Ganz im Gegenteil. Es sind Frauen, für die »Tipps« erfunden werden, die das harmlose Dummchen auf Männerfang heillos überfordern würden.

»Stecken Sie ein Top und die Stilettos gleich freitagmorgens mit in die Laptoptasche, dann können Sie direkt in den Club, wenn es im Office wieder spät wird.« Es sind Frauen, die »bequeme Business-Outfits« für die Geschäftsreise brauchen und Schwangerschaftsmode, in der man auch noch im neunten Monat eine Kundenpräsentation durchziehen kann. Denen zwischen der Werbung für Lippenstift und der Melonen-Wasser-Diät erklärt wird, wie sie sich selbständig machen oder ins Ausland gehen oder Aktien anlegen. Denen Schminktipps genauso weiterhelfen wie Autokritiken. Und die selbstverständlich nicht warten müssen, bis ihr Mann ihnen Jimmy Choos kauft oder 12-Zentimeter-Highheels aus Eidechsenhaut von Christian Louboutin.

Es ist also viel komplizierter. Schönheit ist nicht die Zwillingsschwester der Dummheit, der Ohnmacht oder der Unterlegenheit. Sie ist nicht das, was eine Frau hat, die sonst nichts hat. Wäre sie das, hatten wir wohl kaum ein Problem damit. Dann würde Schönheit nämlich die wenigsten von uns interessieren. Ich würde meine kostbare, dem Beruf und der Familie abgerungene Freizeit nicht damit verbringen, mit meiner besten Freundin zu erörtern, ob schönheitschirurgische Eingriffe die ultimative Lösung sind oder ein Platz am Rand der Vorhölle. Die Zahl der Mädchen mit Essstörungen würde zurückgehen, weil Dünnsein nur noch eine Lebensaufgabe für Models und Primaballerinas wäre und nicht das universale Erkennungszeichen der intelligenten, erfolgreichen, hochdisziplinierten Karrierefrau. 19-Jährige würden beschließen, die Superheldin der hippsten Anwaltskanzlei der Welt zu werden, was wunderbar ist, aber nicht im selben Gedankengang finden, sie müssten dann auch in Kleidergröße 34 passen, weil zwar die Zukunftspläne der Powerfrauen, aber nicht deren Konfektionsgrößen gewaltig sein dürfen. Es sind mitnichten nur »die Dummchen«, die gern besser aussähen, es sind die emanzipierten Töchter und Enkelinnen des Feminismus. Schönheit ist heute das Zeichen weiblicher Souveränität über das eigene Leben. Sie ist das Symbol dafür, dass Frauen dort angekommen sind, wo sie vor 30 Jahren hinwollten, und jetzt alles im Griff haben. Ihr Leben. Ihren Körper.

Nicht einmal mehr die Old-school-Feministinnen halten sich heute noch an jenen Purismus, den sie vor 30 Jahren predigten. In der *Emma* konnte man im Frühjahr 2003 im Dossier »Schönheitsterror« einen Bericht über eine Facelifting-Operation lesen, dessen Autorin, Petra Reski, in einem hinreißend komischen Artikel sehr dezent durchblicken ließ, dass sie es zwar eklig fand, die Prozedur im OP live angucken zu müssen, aber eigentlich nichts dagegen einzuwenden hätte, wenn dasselbe unter Umständen irgendwann mal an ihr selbst vorgenommen werde. Dann in Vollnarkose, natürlich.

Meine Freundin Sabine war die erste Person in meiner Umwelt, die vor über 20 Jahren konsequent feminine Endungen verwendete, und sie tut es immer noch. Sie stöbert noch heute unentwegt beunruhigende Informationen auf und schickt mir Links auf feministische Blogs. Und sie macht natürlich Pilates und Yoga, und fährt Fahrrad, sie hat mindestens eine Diät hinter sich, sie zupft, cremt und rasiert, sie kauft Modemagazine, wenn darin von den *Prêt-à-porter*-Schauen berichtet wird, und sie ist immer viel, viel modischer gekleidet als ich – wenn ich es recht überlege, ist sie sogar die am besten angezogene Frau, die ich kenne. Sie besitzt selbstverständlich Lippenstifte und hält für besondere Gelegenheiten Push-ups parat, und sie ist auf ihr enzyklopädisches Wissen so stolz wie auf ihre schönen Beine, und ich habe sie mal sagen hören, sie würde sich Besenreiser sofort entfernen lassen, falls sie mal welche bekäme. *SO-FORT.*

Die FDP-Politikerin Silvana Koch-Mehrin, die ihre eigene Attraktivität, Weiblichkeit und Emanzipiertheit stets selbstbewusst in Szene gesetzt hat (sie posierte unter anderem mit kugelrundem Babybauch für den *Stern*), macht auf einen anderen Aspekt aufmerksam, anhand dessen sie erklärt, warum Highheels und Lippenstift auch 30 Jahre nach der Frauenbewegung noch so wichtig sind. Sie sagt:»Auch Männer haben ihre eigenen Rituale der Körperlichkeit, von denen Frauen völlig ausgeschlossen sind, sie können sich beispielsweise breitbeinig hinsetzen, um Raum einzunehmen. Insofern finde ich es völlig in Ordnung, wenn auch Frauen ihre Weiblichkeit instrumentalisieren – wie gesagt, Männer tun das auch und verwenden ihre Männlichkeits-Signale.« Sie kann sich sogar vorstellen, ein konspiratives Verhältnis mit dem Schönheitswahn einzugehen, ihn also für die eigenen Zwecke zu nutzen. Statistiken würden zeigen, dass die weiblichen Gäste in Talkshows häufiger eingeblendet werden als Männer, Frauen sind dann also für die Zuschauer präsenter. In einer Medienwelt, in der es um optische Präsenz geht, kann das auch mal ein Vorteil sein.

Seit Naomi Wolf den Schönheitswahn als Unterdrückungsinstrument des Patriarchats geißelte, hat sich also viel getan. Das Klima zwischen den Geschlechtern ist gemäßigter. Frauen und Männer sind so schönheitsbesessen wie noch nie zuvor. Die Leser von *Men's Health* lernen im Grundkurs Schönheit, dass ihr Eau de Toilette lieber aus der gleichen Serie sein sollte wie ihr After Shave und was ein Nagelhautstäbchen ist. Der Boss beim *Playboy* ist jetzt eine Frau – und die Bunnys sehen trotzdem immer noch so aus wie zuvor. Nur etwas künstlicher. In Deutschland hingegen bekleidet eine Politikerin das mächtigste Amt im Staat, die sich jahrelang konsequent dem Schönheitswahn verweigerte und sich nicht im Geringsten um den Zustand ihrer Haare scherte. (Und Angela Merkel wird vermutlich als die Frau in die Geschichte der Kostümkunde eingehen, der es gelungen ist, sich eine feminine Montur zu eigen zu machen, die genauso hundertprozentig uniformiert ist wie der anthrazitfarbene Anzug ihrer männlichen Kollegen.) Eine Umfrage der britischen Mitte-links-Zeitung *The Observer* unter neun jungen Feministinnen zwischen 19 und 26 ergab, dass keine von ihnen die Existenz von Stripclubs als Rückschlag auf die Errungenschaften des Feminismus betrachtet – wobei sich gleichwohl alle im Klaren darüber sind, dass der Grad der Selbstverwirklichung einer Stripperin stark von den Umständen abhängt. Auf die Frage: »Was macht dich wütend?«, antwortete eine von ihnen: »Die Annahme, dass Frauen immer bloß über Make-up und anderer Leute Probleme lesen wollen, nervt mich total. Aber versteh mich nicht falsch: Ich mag Schuhe! Ich will nur nichts über sie lesen.«

Der Feminismus dieser jungen Frauen ist pragmatisch geworden und weniger polarisierend. Für sie gibt es kein moralisch wertvolles, flaches und verwerfliches, hohes Schuhwerk, sondern nur solches, das ihnen gefällt, und solches, das ihnen nicht gefällt. Ich bin mir nicht einmal ganz sicher, ob Wolf heute selbst noch etwas mit ihrer These anfangen kann, der »Mythos Schönheit« sei der »letzte ideologische Komplex«, der dafür sorge, »dass die männliche Vorherrschaft unangetastet bleibt«. Vor 18 Jahren verglich sie den Kapitalismus mit einem Sklavenmarkt, der Frauen ihrer Freiheit beraube, indem er sie zwinge, gegen ihren Willen und gegen besseres Wissen Pumps und Lippenstift zu kaufen. Vor vier Jahren lobte sie die US-Serie *Sex and the City* dafür, dass selbstbewusste Frauen darin locker 400 Dollar für Schuhe ausgeben dürfen, ohne dass jemand ihnen Vorwürfe deswegen macht.

Für verhältnismäßig unbequeme Schuhe.

Schönheit bedeutet Konsum

Womit wir dann mitten in der Gegenwart angekommen wären. Was immer Schönheit ist oder in der Vergangenheit war – Ausstrahlung, Machtinstrument, blonde Echthaar-Extensions oder Nofretete – Schönheit ist heute vor allem: hochdifferenzierter Konsum. Schönheit ist heute ständiges Kaufen-müssen, alles mitbekommen, jeden Trend erkennen, alle revolutionären Creme-Innovationen ausprobieren, Power-Yoga, Bikram-Yoga, Yoga im Büro. Und – das ist entscheidend! – dabei immer wissen, was man da gerade tut. Was will ich haben?

Was will ich sein? Wie will ich wirken? Schönheit bedeutet, sich und seinen Körper permanent im besten Licht zu präsentieren und alle Mittel auszuschöpfen, die einem dabei helfen könnten. Das kostet Zeit – aber vor allem: Geld.

Zu keiner Zeit haben Menschen je so viel Produkte und Angebote konsumiert, die darauf abzielen, sie besser aussehen zu lassen, wie heute. Das reicht von der Anti-Aging-Creme über das Bildbearbeitungsprogramm bis hin zur Schönheitsoperation. Die enge Verbindung von Schönheit und Konsum geht jedoch, historisch gesehen, zurück auf die Entstehungszeit der Konsumgesellschaft in der ersten Hälfte des 20. Jahrhunderts.

Als die *Vogue* Ende der 20er Jahre ihren Status als die eleganteste Frauenzeitschrift der Welt etablierte, begann sie zunächst als eine Illustrierte, die der Mittelschicht zeigte, wie die Damen der oberen Zehntausend leben: was die Herzogin von Marlborough und der Superstar Isadora Duncan tragen (Kleider von der Schneiderin, natürlich), wo sie ihren Urlaub verbringen und was sie mit der Unmenge von Freizeit anstellen, über die sie verfügen. Die Leserin konnte erfahren, dass die Gräfin von Alba eine Halskette mit Smaragden und Diamanten *um ihr Handgelenk* gewickelt trug! Sie konnte über solchen Mut der Reichen zur Unkonventionalität staunen und von unerreichbarem Luxus träumen. Die Schönheit, die die *Vogue* in diesen Jahren dokumentierte, war exklusiv, sie war nicht für jede Frau, und das machte sie so besonders. Sie war eine Frage der richtigen Klasse; und die Trennlinie, die dabei gezogen wurde, verlief nicht zwischen den Schönen und nicht so Schönen, sondern zwischen den oberen Zehntausend und den weniger Begüterten. Für jede Sekretärin, Lehrerin oder Ehefrau eines Durchschnittsverdieners war das, was die *Vogue* zeigte, völlig unerreichbar. Nicht einmal im Traum dachten sie daran, selbst so auszusehen.

Zehn Jahre später jedoch war die Schönheit, die die *Vogue* proklamierte, demokratisiert geworden. Jetzt wurde der Leserin nicht mehr eine Wunderwelt der Reichen und Berühmten vorgeführt, sondern es wurde ihr gezeigt, welchen Look und welche Kleider sie selbst kaufen musste, um gut auszusehen. Die Mittel waren bescheidener, die Ketten aus Strass und die Kleider von der Stange – aber die Botschaft lautete: Jede Frau kann schön sein, wenn sie das Richtige kauft. Schönheit war jetzt eine Frage der richtigen Kaufentscheidungen. Damit war Schönheit für nahezu alle erreichbar, vorausgesetzt, man war bereit, Geld auszugeben. Das galt sogar noch für Kleinverdienerinnen: »Schicke Mode für das kleine Gehalt«, »Schönheit für weniger als einen Dollar« lauteten Überschriften bereits Ende der 30er Jahre.

Die entscheidende Veränderung betraf das Verhältnis von Schönheit und Status. Gutes Aussehen war immer ein Statusfaktor. Lange war »Status durch Schönheit« aber nur den Reichen vorbehalten, weil nur sie sich die schönen Stoffe und guten Cremes leisten konnten und vielleicht eine Bedienstete, die beim Ankleiden und Frisieren half. Mit dem Wandel hin zur Konsumgesellschaft entstehen in der ersten Hälfte des letzten Jahrhunderts Warenhäuser mit halbwegs erschwinglichen Kollektionen von der Stange; es gibt industriell gefertigte Hautcremes und Puder, die sich auch eine Frau der Mittelschicht leisten kann; es gibt Modemagazine, und es gibt nun vor allem Werbung, die das Blaue vom Himmel verspricht, wenn man konsumiert.

Als Schönheit ihren exklusiven Anspruch verlor und zu dem wurde, was sich jede Sekretärin und jede Ehefrau in jedem Warenhaus kaufen konnte, bedeutete dies, dass fortan auch ganz normale Frauen im Wettbewerb um sozialen Status mitmachen konnten, wenn sie sich gut anzogen. Sie kauften sich dann natürlich keine Diamanten und Pelzmäntel. Aber wenn sie sich modische Kleider, elegante Schuhe und Handtaschen kauften, um sich schöner zu machen, konnten sie zeigen, dass sie Geschmack hatten, Eleganz besaßen (oder einen reichen Ehemann). Oder auch: dass sie sich mit einfachen Mitteln geschickt zu kleiden wussten und sich in der Mode auskannten. All das verschaffte Respekt in der Öffentlichkeit.

Solange der Großteil aller Frauen aber noch kein eigenes Geld hatte, hingen ihre Einkäufe (und damit ihr Status) von den finanziellen Möglichkeiten ihrer Eltern oder ihres Ehemanns ab. Entweder griff die Familie unverheirateter Töchter ins Portemonnaie, oder der Ehemann selbst wurde zur Kasse gebeten. Unter diesen Umständen konnte es sein, dass eine Mutter dann aber sagte: »Das Kleid von Dior bezahle ich dir, nicht aber die passenden Schuhe, denn dann bleiben für deine jüngeren Schwestern nur noch selbst geschneiderte Baumwollröcke übrig.« Ein Ehemann konnte sagen: »Ich finde dich mit glatten Haaren viel attraktiver, die Lockenwickler brauchst du doch gar nicht.«

Sobald Frauen wirtschaftlich unabhängig sind, bestimmen sie ihren Status weitgehend selbst. Kein Wunder also, dass die Frage »Wie gut sehe ich aus?« auch für die emanzipierte Frau mit eigenem Geld enorm wichtig bleibt. Wir kaufen uns vom eigenen Geld Manolo Blahniks oder, je nach Finanzlage, die neue Kollektion von *Zara*. Oder wir kaufen uns gar nichts, aber auch das entscheiden wir dann selbst. Und selbst wenn Frauen heute kein eigenes Geld verdienen, weil sie gerade Kinder erziehen, hat die Emanzipation dafür gesorgt, dass sie ihren Ehemännern nicht länger Bittgesuche an den Badezimmerspiegel kleben müssen. *Schenk mir doch bitte...* so würde man sich heute wohl nur noch erniedrigen, wenn es um einen Porsche oder eine kleine Yacht ginge, aber nicht für ein paar Lockenwickler. Als Konsumentinnen in Sachen Schönheit handeln wir heute in eigener Regie. Wir entscheiden, wie wir wirken wollen und was wir dazu benötigen: Highheels oder Wildlederpumps, eine schöne Handtasche von Gucci oder H&M, glatte junge Haut oder sichtbare Sommersprossen. Nichts verbindet uns noch mit der *Petra*-Leserin und deren rührenden Zettelchen am Badezimmerspiegel.

Denken wir stattdessen kurz an Carrie Bradshaw und ihre drei Freundinnen aus *Sex and the City*. Sie shoppen, shoppen und shoppen, gehen aus, gehen zur Maniküre, zur Pediküre, gehen zum Yoga, und anschließend shoppen sie wieder. Selten sieht man die vier zu Hause, so gut wie nie sieht man sie arbeiten, gelegentlich liegen sie im Bett, aber ständig, ständig, ständig sieht man sie konsumieren. Sie leben unabhängig, sind frei von familiären Verpflichtungen und können sich alles Mögliche kaufen, sogar Schuhe im Wert einer halben Monatsmiete. Und indem sie das tun, signalisieren sie: Ich kann alles bekommen, und von allem nur das Beste. Das ist Eins-A-Feminismus für die Popkultur.

Adieu Briefumschlag in der Wäscheschublade, in den jeden Monat das abgezählte Haushaltsgeld wanderte. Adieu selbst angerührte Quarkmaske, Sonntagsbraten und selbst bestickte Tischdecke. Die moderne Frau hat eigenes Geld, und in den meisten Fällen ist es selbst verdientes Geld. Mit jeder Kaufentscheidung für oder gegen Prada zeigt sie, wer sie ist und wie sie gesehen werden möchte. »Das *sind* Sie!«, kommentieren hochprofessionelle Verkäuferinnen gelegentlich in anerkennendem Tonfall, und man hat dann nur die Möglichkeit, das Geschäft fluchtartig zu verlassen oder das gerade Anprobierte auf der Stelle zu kaufen.

Mehr als je zuvor hängt Schönheit heute in erheblichem Maß

von der Fähigkeit ab, aus dem überbordenden Angebot der Schuhe, Lippenstifte, Frisuren, Wohlfühlaromen, Trainingsprogramme, Diäten, der Filler von Collagen bis Eigenfett sowie der Brustgrößen von B bis Doppel-D die richtige Wahl zu treffen. Wer schön sein will, ist unentwegt damit beschäftigt, Kaufentscheidungen zu treffen. Entscheidungen, die Geschmack beweisen, Kompetenz hinsichtlich Mode und Makeup, Modernität, die Fähigkeit, Weiblichkeit zu inszenieren, und die Bereitschaft, »etwas für sich zu tun«. Das Ergebnis dieser Bemühungen sieht man dann unter anderem an den halb verbrauchten, längst verkrusteten Nagellackfläschchen im Kühlschrank, an den Abbuchungsbelegen für Fitnesskurse, die wir nie besucht haben, und an unserer halbjährlich zusammengestellten Kollektion von Fehlkäufen für die Rote-Kreuz-Tonne.

Selbst die schönsten Frauen, jene, von denen wir geneigt sind zu glauben, sie müssten »nichts an sich machen«, treffen unentwegt Entscheidungen über ihr tolles Aussehen, die *de facto* bedeuten: die richtigen Dinge zu kaufen. In den 80ern wurde es unter Topmodels schick, sich privat ausgesprochen underdressed zu geben (wobei die Bezeichnung »privat« etwas irreführend ist, weil bald Millionen von Bildern von Models in dieser Kluft durch die Medien schwirrten): Jeans, T-Shirt, Schuhe und Handtasche. Nur sehr, sehr ahnungslose Zeitgenossen werden an dieser Stelle glauben, dass es mit *irgendeiner* Jeans getan ist sowie mit einem rostfarbenen T-Shirt der Größe XXL und dem Aufdruck »Rudis Baumarkt«. Nein, ohne eine sehr genaue Vorstellung davon, was man über sich sagen bzw. von sich zeigen möchte, funktioniert dieses Outfit überhaupt nicht und sieht im schlimmsten Fall sogar an der schönsten Frau nur erbärmlich aus. Damit das modische Understatement auch eins wird, muss man zuvor eine ganze Reihe wichtiger Entscheidungen getroffen haben, die paradoxerweise voraussetzen, dass man sich verdammt gut auskennt: Nimmt man ein klassisches Jeans-Label wie *Levis* oder etwas Hippes von *Rock and Republic* oder etwas Exklusives von *Adriano Goldschmied*? Ausgewaschen oder dunkelblau? Gerades Bein oder hauteng? Sollen die Gesäßtaschen mit Strasssteinchen verziert sein? Was möchte man zeigen: seinen Status, seinen Po – oder beides? Und dann: Gürtel? Hohe Schuhe, flache Schuhe, offene Schuhe? Weißes T-Shirt, bedrucktes T-Shirt? Offene Haare, geföhnte Haare, Strähnchen? Dezentes Makeup? Lippenstift? Und wo bekommt man das alles? Das Taschenproblem heben wir uns für ein anderes Buch auf.

Female bonding

Wenn ich Frauen fragte, für wen sie sich schön machen, antworteten sie:»Für Männer. Für mich. Und für andere Frauen«. Ich wollte genauer wissen, was sie damit meinten. Im ersten Fall und zweiten Fall schien die Sache relativ klar, jedenfalls bekam ich immer die gleichen Antworten. Wenn sie sich für Männer schön machten, wollten sie sich vor allem begehrt fühlen. Wenn sie sich für sich selbst schön machten, wollten sie sich selbstbewusst fühlen. Aber was war mit der Antwort »für Frauen?« Meinten sie, die anderen als pozentielle Konkurrentinnen im Auge behalten zu müssen? Ja.

Und Nein. Es war noch etwas komplizierter. Wie sich herausstellte, ging es nicht nur darum, mit Lippenstift und Minirock die begrenzte Ressource Mann zu ködern. Im Gegenteil. Es ging gleichzeitig auch um den *Ausschluss* der Männerwelt. Es ging um *female bonding*, also um den Versuch, ein starkes »Wir-Gefühl« unter Frauen zu festigen. Wenn Frauen sich »für Frauen« schön machen, bedeutet das, die anderen nicht nur als potenzielle Konkurrentinnen, sondern auch als Mitwisserinnen einzubeziehen. Man beweist sich gegenseitig Kompetenz, aber damit das möglich ist, muss den Mitstreiterinnen Expertise unterstellt werden. Was hilft es, wenn ich 400 Euro in eine Jeans investiere, und niemand zeigt sich von dem Logo beeindruckt? Wenn meine Freundin aus London ein Vintage-Modell von Chanel mitbringt, und wir halten es für Second-Hand-Mode? Eine Studentin erzählte mir: »Gestern sah ich eine Frau mit einem Wahnsinns-Hut. Ich habe ihr gesagt, wie toll der ist. Sie hatte ihn selbst gemacht.« Jede Frau hat so etwas schon erlebt: ein Schal, ein Mantel, ein Paar Schuhe, eine Frisur, für die sie von anderen Frauen ein Kompliment bekommen hat. Ich bin jahrelang auf eine Tasche angesprochen worden. Solche Gespräche haben nichts mit Neid und Missgunst zu tun. Sie finden grundsätzlich auf Augenhöhe statt. Sie bezeugen gegenseitige Anerkennung. Auch deshalb ist Mode für Frauen so wichtig. Es geht um mehr als eine Frivolität, und es geht auch nicht nur darum, Männern einen Gefallen zu tun. Die meisten Männer verstehen ja eh nichts von Mode und Styling. Von den beiden überzeugtesten Feministinnen, die ich kenne, sammelt die eine Kochbücher, während die andere jeden Modetrend aufschnappt, bevor er noch die Frauenzeitschriften erreicht. Natürlich wissen beide, was sie tun. Sie bekennen sich zu weiblichen Traditionen und führen sie unter ganz neuen Vorzeichen fort.

Sich schön zu machen, stärkt die weibliche Identität. Inzwischen haben wir so häufig von irgendwelchen Jäger-Männern gelesen, die seit Urzeiten angeblich die schönste Partnerin suchen, dass wir dies völlig aus dem Auge verloren haben: sich schön zu machen, ist nicht nur eine Frage der Konkurrenz unter Frauen. Sich schön zu machen, stärkt weibliche Identität nicht nur nach außen (in der Abgrenzung von den Männern), sondern auch nach innen. Es zeigt: *WIR* sind weiblich. Wir kennen uns da aus. Wir können das besser als die Männer. Wir kennen die Tricks. Wir wissen, wie sich Riemchenschuhe anfühlen. Wir sind stark, wenn wir uns schön finden. Wir gehören zusammen.

Deshalb löste *Sex and the City* unter den Zuschauerinnen diese unglaubliche Euphorie aus. Wir sahen moderne Heldinnen des späten 20. Jahrhunderts: intelligente, selbstbewusste Frauen mit hohen Ansprüchen. Die vier Frauen zeigten uns: Wir können arbeiten und Sex haben wie Männer. Wir können shoppen gehen, und wir reden wie Frauen. Eine der Stärken der Serie lag zweifellos in der Art und Weise, wie sie vorführte, dass Frauen, sogar wenn sie emanzipiert sind, auch Dinge tun, die dumm, banal und völlig unnötig sind. Dass sie Sex mit einem Idioten haben, einen Orgasmus faken oder eben shoppingsüchtig sind.

Allerdings war die Shoppingsucht mehr als eine Marotte. Sie war das zentrale Thema der Serie. Sich ständig Dinge, und zwar *teure* Dinge, kaufen zu können, hieß: Macht zu haben. Sich vom eigenen Geld ein Paar Schuhe kaufen zu können, die man nicht braucht, hieß: weibliche Potenz zu zeigen. Sich Schuhe zu kaufen, die man sich eigentlich gar nicht leisten kann, bedeutete: zeigen zu können, wie unabhängig man lebt und wie souverän man sich über Regeln hinwegsetzen kann. Niemand sagte zu Carrie: »Du musst sparsam sein!« oder »Du musst bescheiden sein!«, und wenn es jemand getan hätte, hätte sie sich nicht darum geschert. Sich Schuhe zu kaufen, in denen man nicht laufen kann, hieß, sich so stark und so souverän zu fühlen, dass man auch etwas tun konnte, das unvernünftig war. Carries berüchtigte Schuhkäufe zeigten: Es gibt weder Eltern noch einen Ehemann noch eine Ideologie, die mich an *irgendetwas* hindern können.

Wenn die Serie als »feministisch« bezeichnet wurde, dann war damit vor allem die Energie gemeint, mit der darin eingekauft wurde. Carrie und ihre Freundinnen waren völlig unpolitisch. Sie taten aber, was sie wollten. Und sie bestimmten ihren hohen sozialen Status selbst. Sie waren dazu in der Lage, weil sie eigenes Geld hatten. Und es ständig ausgaben.

Ich kenne keine Frau, die auch nur im Entferntesten wie Carrie Bradshaw und ihre Freundinnen lebt. Aber natürlich gehen auch wir mit unseren etwas bescheideneren Mitteln shoppen und konsumieren unentwegt neue und bessere und viel versprechende Schönheitsprodukte, und wir gehen vielleicht zur Pediküre oder Maniküre und zum Yoga oder ins Fitnesscenter, und einige von uns lassen sich Botox injizieren oder Eigenfett. Wenn uns jemand sagt:»Ich finde dich aber mit Falten schöner«, können wir uns immer noch selbst überlegen, ob wir die Botoxsitzung trotzdem buchen, weil wir uns selbst mit Falten nicht gut aushalten können. Und falls unsere Finanzen das nicht zulassen, können wir einen Kleinkredit aufnehmen. Die Entscheidung dafür liegt in jedem Fall bei uns selbst.

Diese Freiheit, am Schönheitskonsum teilzunehmen, hat gewaltige Konsequenzen für unseren Umgang mit Schönheit. Wenn wir nur noch selbst entscheiden, wie schön wir sein wollen und was wir zu diesem Zweck tun und anschaffen wollen, gibt es eigentlich kein Halten mehr. Mode gibt es immer, viel versprechende Schönheitsprodukte, die (angeblich) noch besser sind als alles, was wir bisher hatten, gibt es auch immer. Woher sollen wir also wissen, wann wir genug Schuhe gekauft haben und genügend Cremes ausprobiert?

Und wie sollen wir wissen, wann wir schön genug sind? Die Versprechungen der Werbung sind gewaltig, der Ideenvorrat der Kosmetiklabore unerschöpflich, die Trends immer neu. Schön genug sind wir unter diesen Umständen nie. Wir sind es auch dann nicht, wenn wir sämtliche Kreditkarten überreizt haben. Dann sind wir pleite, aber immer noch nicht schön genug.

Das Problem, das uns der Schönheitswahn heute bereitet, hat nichts mit dem »Patriarchat« zu tun, wie Naomi Wolf vor 20 Jahren schrieb. Unser Problem ist nicht, dass wir zum Schönsein versklavt werden. Im Gegenteil. Unser Problem ist eher: Wir stehen vor grenzenloser Freiheit. Wir blicken auf ein Meer von Möglichkeiten. Jede neue Creme, jede neue Jeans ist ein Versprechen: Das könntest auch Du sein. *Auch Du* könntest jung wirken, sexy Schuhe tragen, blonde Haare haben, dünn sein, größere Brüste haben, weiblicher wirken, reich aussehen. Du musst nicht so aussehen, wie Du aussiehst! Du kannst dies sein! Du kannst das sein! Du musst dich nur entscheiden: Kauf mich! Und handle jetzt: Investiere etwas mehr Zeit in Deine Haare! Denke an Deine Falten! Vergiss Deine Problemzonen nicht!

Wenn wir heute versuchen, um jeden Preis gut auszusehen, dann arbeiten wir an unserem Status (und tun natürlich auch etwas für unsere persönliche Eitelkeit). Wir kennen ja die heiligen Kühe unserer Gesellschaft: Jugend, Sex und Geld. Da möchten wir nicht am Rande stehen. Eine von Jugend, Sex und Geld besessene Gesellschaft mag nun, vom moralischen Standpunkt betrachtet, nicht viel besser sein als das »Patriarchat«, das Frauen unterdrückte. Aber wenigstens können emanzipierte Frauen in dieser unwirtlichen, von Status besessenen Welt eigene, souveräne Entscheidungen treffen: Nein, ich kaufe das nicht. Nein, ich investiere nicht in meine Haare, sondern in meine Karriere. Oder ich tue beides. Aber im Zweifelsfall kann jedes Mädchen sich heute entscheiden, ob es sich an dem Status von Angela Merkel orientieren möchte, an dem von Anne Will oder an dem von Victoria Beckham.

Sich schön zu machen, ist ein wirkungsvolles Werkzeug im sozialen Umgang. Es stärkt unser Selbstbewusstsein, schafft Identität, signalisiert Status, grenzt gegen Männlichkeit ab, verbindet mit anderen Frauen. Es macht Arbeit, kostet Geld – und es macht gelegentlich auch Spaß. Wir werden nicht aufhören, uns schön zu machen. Aber wenn wir das tun, sollten wir ein paar Dinge über den Schönheitswahn wissen.

2
Sexy

Irgendwann in den letzten 20 Jahren ist aus »schön« *sexy* geworden. Von diesem Moment an sahen wir auf dem roten Teppich in Cannes Frauen, die irgendwo Ballkleider in Leopardenmuster aufgetrieben hatten, die sehr viel Haut zeigten, tiefe Einblicke in Rückendekolletés erlaubten – und eigentlich auch in alles andere. Wir sahen *Stars*, Frauen, deren Job im Wesentlichen darin besteht, uns eine nicht alltägliche Welt vorzuspielen. Doch diese Frauen schienen auf eine seltsame Weise erreichbar geworden zu sein, ganz anders als die exklusiven, unantastbaren Erscheinungen von Greta Garbo oder Audrey Hepburn, Grace Kelly oder Romy Schneider.

Seit den 30er Jahren, als die Hautevolee begann, sich in Südfrankreich zu sonnen, ist der nackte Körper immer wichtiger geworden. In all den Jahrhunderten davor musste vor allem das Gesicht einer Frau schön sein und ihre Kleidung teuer und geschmackvoll, dann war sie schön. (Die nackten Körper antiker Statuen und die entblößten Leiber der Odalisken auf Gemälden waren eine Kategorie für sich. Niemand wäre auf die Idee gekommen, zu glauben, eine lebendige Frau müsse nackt so aussehen wie die *Venus von Milo*, mal ganz abgesehen davon, dass die *Venus von Milo* ohnehin so gut wie niemand zu Gesicht bekam und daher natürlich gar nicht als Körpervorbild dienen konnte. Wie sollte sie auch, ohne Postkarten, ohne Kurztrips nach Italien und ohne Museen fürs Volk).

Inzwischen denken wir fast ausschließlich an den fast nackten Körper, wenn wir an Schönheit denken. Und nie waren die Körper so nackt wie jetzt. Wir werden unsicher und fühlen uns furchtbar schutzlos. Deshalb wappnen wir uns gegen diese Verletzlichkeit mit einer starken, vertuhrerischen Idee. Es ist die Idee von der Macht unserer Sexiness, jener eigenartigen Mischung aus toll aussehen, begehrt werden, autonom sein und alles bekommen können, was man will.

Mir fiel die Verwandlung von Schönheit in Sexiness zum ersten Mal vor sechs Jahren auf, auf einem Abi-Fest. Das war natürlich nicht mein eigenes – denn mein Abi ist erstens viel länger her und eine Feier fand zweitens gar nicht statt, weil wir Mitte der 80er nicht auf die Idee gekommen wären, mit unseren Eltern gemeinsam einen formellen Ball zu feiern. Das Fest, von dem ich erzählen werde, wurde 2002 gefeiert. Ich besuchte Freunde in Süddeutschland, deren Sohn gerade die Schule beendet hatte. Die Schüler hatten alles großartig organisiert: Die gesamte untere Etage eines riesigen, pittoresk verfallenden Kurhotels war angemietet worden, auf langen Tafeln mit weißen Tischtüchern dampften Braten, Gemüse, Kartoffeln, es gab Hotelsilber statt verchromtes Besteck, und selbstverständlich hatte auf den Einladungskarten gestanden: Abendgarderobe.

Die Mütter kamen in Ballkleidern, die Scarlett O'Hara alle Ehre gemacht hätten: ein bauschiger Rock, eine Korsage, das Ganze aus fester, stehender Seide, die Korsage mit Korsettstäbchen verstärkt, in Gold oder einem goldenen Braun oder einem goldenen Oliv oder einem goldenen Orange. Ihre Töchter sahen anders aus. Keine erinnerte auch nur einen Hauch an das Aussehen junger Ballschönheiten aus den Zeiten vor der sexuellen Revolution, die in raumgreifenden Prinzessinnenkleidern versuchten, so erwachsen wie möglich zu wirken. Keine hatte sich im traditionellen Sinne »*fein gemacht*«, jedenfalls nicht in dem bis vor zwei oder drei Generationen gültigen Sinne, nicht alltäglich auszusehen und alles andere besser Anita Ekberg zu überlassen. Keine hatte sich »*festlich*« angezogen, wie meine Mutter das ausdrücken würde. Mit wenigen Ausnahmen hatte auch keine der jungen Frauen Anstalten gemacht, *elegant* auszusehen, wie Audrey Hepburn in *Frühstück bei Tiffany*. Alle waren atemberaubend sexy. Sie trugen schmal geschnittene knöchellange Satinkleider mit Spaghettiträgern, unter denen sich Po und Hüften abzeichneten, zu hohen Sandalen mit dünnen Riemchen. Jede beherrschte auf beeindruckende Art die Körpersprache, die man benötigt, um in wenig Kleidung und auf wenig Schuh aufregend auszusehen. Die Abiturientin mit dem besten Englisch-Leistungskurs-Ergebnis des Bundeslandes nahm ihre Auszeichnung und die Dünndruckausgabe eines englischen Klassikers in einem Fummel entgegen, den Samantha aus *Sex and the City* auf einem ihrer Raubzüge bevorzugt hätte, und sie trug ihn wie eine zweite Haut. Die junge begabte Frau, die das beste Abi der Schule gemacht hatte, trug Glitzerpuder auf Schulter und Dekolletee, Extensions und Acht-Zentimeter-Absätze, auf denen sie perfekt laufen konnte. Ich war überwältigt von dem Gesamteindruck, den diese jungen Frauen boten. Dies waren Schülerinnen einer Kleinstadt, nicht die Töchter irgendwelcher Celebrities, sondern von Fahrlehrern und Professoren und Ärztinnen und Grafikerinnen. Ich fragte mich, ob sie die Zeichensprache der Sexiness deshalb so vollkommen beherrschen, weil sie in jeder Soap und in jedem Frauenmagazin und in unzähligen amerikanischen Highschool-Filmen immer genau diesen Look gesehen haben.

Ich mochte diese jungen Frauen, ich bewunderte ihre Sicherheit und beneidete sie ein bisschen darum, aber sie kamen mir fremd vor. Wir hätten auf unserem Abi-Ball nicht so aussehen können. Im »Hotel Strandlust«, wo wir uns vermutlich versammelt hätten, wären die meisten von uns in zuckrigen, völlig unerotischen Kleidern erschienen, und eine oder zwei andere hätten etwas Exzentrisches, sehr Selbstgeschneidertes getragen, das von Ferne an Kenzo oder Yamamoto erinnert hätte, aber wirklich nur von Ferne. Noch wahrscheinlicher wäre es allerdings gewesen, dass sich überhaupt niemand so richtig schick gemacht hätte. Und *sexy* nun schon gar nicht. In den 80ern gingen wir in Jacketts (!) in die Disco und waren so vollkommen angemessen gekleidet.

Während ich Smalltalk mit den goldenen Müttern machte, die im Schnitt zehn Jahre älter waren als ich, überlegte ich: Sind ihre Töchter in irgendeiner Weise befreiter, als meine Freundinnen und ich es waren? Sind sie weiter? Ich glaube: sie sind selbstbewusster. Aber sie sind nicht freier als wir mit 19 Jahren. Im Gegenteil.

Einfach sexy – einfach so?

Als ich 1984 Abitur machte, war der Feminismus der so genannten »zweiten Welle« verebbt. Wir wussten, dass wir im Alltag um vieles nicht mehr kämpfen mussten. Weder fühlten wir uns gezwungen, im Sinne eines missverstandenen Traditions-Feminismus kurze Röcke und Lippenstift zu meiden, noch fühlten wir uns gezwungen, demonstrativ emanzipiert und erotisch zu wirken. Die alte martialische Rhetorik von der »Versklavung durch den Schönheitswahn« hatte ausgedient – die übersexualisierte Powerfrau in Kleidergröße 34 war noch nicht erfunden. Schönheit, Weiblichkeit, Erotik, diese belasteten Konzepte, die nach »Objekt« klangen, nach Ohnmacht und Verfügbarkeit, hatten nun für alle Zeit etwas

Verspieltes bekommen. Das glaubten wir jedenfalls. Wenn wir seinetwegen in sexy Klamotten stiegen, dann hatten wir die selbst bezahlt, selbst ausgewählt und konnten den Krempel jederzeit gegen ein Paar löcherige Jeans und klobige Schuhe austauschen. Wenn uns ein Mann fragte, ob wir seinetwegen irgendetwas sehr Weibliches oder Erotisches anziehen würden, dann wägten wir sorgfältig ab und taten es, wenn wir uns davon eine neue Erfahrung erhofften – oder verließen ihn auf der Stelle. Wir machten Aerobic, und selbstverständlich machten wir auch die *Brigitte*-Diät, und dann machten wir auch Urlaub in Griechenland oder Schottland und wuschen uns eine Woche lang nicht. Wir nahmen uns die Freiheit, auch nicht begehrenswert zu sein. Für uns war der weibliche Körper nicht mehr das, was von »den Männern« unterdrückt wird, sondern ganz im Gegenteil: das Feld der ultimativen Selbstverwirklichung. Wir bedienten uns im Zitatenschatz tradierter Weiblichkeitsklischees – und meinten es natürlich nie ernst.

Dann kam Madonna. Sie trug BHs unter grobmaschigen Netzoberteilen zu Miniröcken und Leggings, Korsagen, Netzstrümpfe und Strapse, sie bewegte sich auf der Bühne wie eine Stripperin, und jeder ihrer Aufzüge war ein Statement. Madonna zeigte: Sexiness ist nicht Ohnmacht, sondern Provokation. Jahrelang bedeutete jedes ihrer neuen Stylings, jede neue Haarfarbe, jede neue Rolle: »Seht her, ich kann alles aus mir machen.« Madonna war Punk, Hippie, Jungfrau, Mutter, Katholikin, Buddhistin, Jüdin, Space-Cowgirl, Domina. Sie erfand sich alle paar Monate neu, und die Studentinnen in den Women's Study-Seminaren lagen ihr zu Füßen, weil Madonna weibliche Kreativität und Souveränität verkörperte. Und die Moderedakteurinnen vergötterten sie, weil sie ihnen ihre Arbeit abnahm.

»Ich mache mich sexy, weil ich es NICHT nötig habe«, lautete die Botschaft, die Madonna zur Heldin machte. Man musste Madonnas Wirkung damals nicht analysieren und auch nicht in Worte fassen können, um zu begreifen, dass ihr etwas Ungeheuerliches gelungen war. Fast alle machten das so gut sie konnten nach. Und wenn wir, vor weiblichem Selbstbewusstsein strotzend, weil wir nicht mehr wie unsere Mütter lebten, vom Schreibtisch aufstanden und in hochhackige Schuhe schlüpften – (kein Mensch sagte damals »Highheels«, und wir sprechen hier ohnehin von zirka Fünf-Zentimeter-Absätzen) –, dann taten wir das mit dem Gestus: Ich tue das, weil ICH das so will. Und nicht, weil ich einen Typen suche, der mich sexy findet und mir dafür mein Leben finanziert oder mein Selbstbewusstsein aufmöbelt.

Wir dachten: Sexiness ist weibliche Potenz. Wir glaubten, diese Formel mache uns unschlagbar. Wir glaubten, in ihr läge die ultimative Antwort auf alle noch offenen Fragen, die Lösung aller ungelösten Probleme. Konnten wir uns politisch engagieren und trotzdem cool wirken? Klar, wir belegten feministische Seminare und kauften anschließend die Vogue, und wo lag das Problem. War weibliche Macht auch noch anders vorstellbar, als in der Gestalt der »Eisernen Lady«, Margaret Thatcher? Was für eine Frage. Wie konnten wir zeigen, dass wir emanzipiert waren, aber nicht das, was schlichte Gemüter sich unter so genannten »Emanzen« vorstellten? Beine und Achseln rasieren, Augenbrauen zupfen, Fußnägel lackieren, Lippenstift benutzen, das machte zwar Arbeit, aber mehr auch nicht. Konnte eine Frau hochqualifiziert sein, ohne aussehen zu müssen wie eine »Schreckschraube«? (O doch, die Vorurteile waren erbarmungslos beständig.) Klar konnte sie das. Wir konnten begehrenswert aussehen, entscheidend war, dass wir selbst begehrten.

VerwandlungskünstlerInnen

Eine der beiden unverbrüchlichen Überzeugungen des Feminismus war von Anfang an: Damit Frauen denselben sozialen und rechtlichen Status bekommen können wie Männer, müssen sie die Möglichkeit haben, sich als eigenständige sexuelle Wesen artikulieren zu können. Dazu müssen sie die alten Konventionen, die rigiden Regeln, die Doppelmoral, diese ganzen erstickenden Anleitungen zum perfekten Weiblichsein hinter sich lassen. Sie müssen die sexuellen Tabus aufbrechen und die Spielregeln neu erfinden. Mary Wollstonecraft, die Mutter des Feminismus, war 1772 die Erste, die diese Forderung stellte (und übrigens auch lebte). Und sie formulierte auch die andere: Frauen brauchen die gleichen Bildungschancen wie Männer. Natürlich hatte Wollstonecraft in beiden Punkten recht, und in den folgenden 200 Jahren Frauenbewegung lag der Akzent mal auf der einen, mal auf der anderen Seite.

Inzwischen gelten die jungen Frauen europaweit als die Bildungsgewinnerinnen ihrer Generation. Auf dem Gebiet gleich verteilter Karriereaussichten hat sich zweifellos in den vergangenen 30 Jahren unglaublich viel zum Besseren verändert. Am wenigsten besorgt zeigen sich augenblicklich noch die Bildungsgewinnerinnen selbst, und das liegt vermutlich daran, dass sie in dem wunderbaren Bewusstsein groß geworden sind, alles schaffen zu können, was sie wollen.

Gleichzeitig sind sie auch so etwas wie die Gewinnerinnen in *Rollenidentität*. Der Erfolg der Frauenbewegung hat Frauen bekanntlich nicht annähernd in eine derartige Krise geworfen wie die Männer. Das ist übrigens keinesfalls so selbstverständlich, wie immer getan wird, da sich ja auch für Frauen in den letzten 50 Jahren ihr Selbstverständnis völlig gewandelt hat. Und nur weil sich etwas zum Guten ändert, ist damit ja noch nicht garantiert, dass Anpassungsschwierigkeiten ausgeschlossen sind. (Wie groß die Schwierigkeiten einiger weniger Frauen mit ihrer Rollenidentität sind, zeigte sich eindrucksvoll vor noch gar nicht langer Zeit an dem bizarren Phänomen Eva Herman und ihren Fans.) Während also viele (und natürlich *nicht alle*) Männer ihre traditionelle Männlichkeit davon bedroht sahen (und teilweise immer noch sehen), sich in dem einen oder anderen Punkt an eine völlig veränderte Umwelt anpassen zu müssen, ist den Frauen ihre Verwandlung weitaus eleganter gelungen.

Der Grund dafür ist – ausgerechnet Sexiness. Sie wurde zum gemeinsamen, konsensfähigen Nenner für postfeministische Weiblichkeit. Scheidungsrecht, Abtreibungsrecht, Frauenquote, Mentorinnen in der Industrie? Sicher waren und bleiben das Meilensteine der Emanzipation der Frauen – die aber auch stark polarisierten. Viele begrüßten sie, manche hassten sie. Und wo blieb dabei die Weiblichkeit? Die Lösung lautete: Sexiness. Für Feministinnen lag darin offensive Frauenpower, denn Sexiness war das Gegenteil der traditionellen bürgerlichen Vorstellung von weiblicher Sexualität als Passivität. Und am anderen Ende der Skala versprach Sexiness all jenen Frauen und Männern, denen zu viel weibliche Macht suspekt war, was fürs Auge.

Nun konnten Frauen an bewährte Muster unter neuen Vorzeichen anknüpfen. Sie wechselten die Seiten, machten aus Objekten Subjekte, aus Opfern Handelnde und aus Begehrten Begehrende, und bedienten sich gleichzeitig weiterhin am tradierten Repertoire »Weiblichkeit«. Sie konnten jetzt versuchen, sinnlich, kokett, mädchenhaft, sexy, verrucht und verführerisch zu sein UND zugleich mutig und mächtig und frei und stark. Sexiness wurde zum ultimativen Ausdruck von weiblicher Unabhängigkeit und Freiheit – und ließ sich gelegentlich sogar noch als Lifestyleaccessoire einsetzen, wie ein Prestigeobjekt, vergleichbar mit einem 200-Quadratmeter-Loft, das die junge Karrierefrau sich leisten kann, und in das sie in regelmäßigen Abständen schöne Männer einlädt. In den 90ern zeigte *Sex and the City* einem Massenpublikum, wie Sexiness aussah. Die vier wunderbaren Frauen aus New York machten deutlich, dass sexy zu sein nicht automatisch bedeutet: ausgenutzt zu werden und seine Selbstachtung an den Nagel zu hängen, nur weil man verzierte Unterwäsche trägt. Sexiness sollte von nun an bedeuten, dass Frauen ihren Körper zeigen dürfen und Spaß daran haben, ohne moralische Kritik befürchten zu müssen. Es sollte theoretisch bedeuten, sich Dinge erlauben zu dürfen, die man später eventuell bereuen könnte, aber bitte ohne zermürbende Schuldgefühle am nächsten Morgen... oder für den Rest des Lebens. Es sollte auch bedeuten, erotische Vorzüge offensiv für die Karriere einzusetzen, so wie Machiavelli die falschen Argumente im richtigen Moment. Es sollte bedeuten, mit beißender Ironie Pornografie zu zitieren, so wie die New Yorker Künstlerin Periel Aschenbrand das auf ihrer Homepage macht – und dabei jeden Stripclub-Gast das Fürchten lehrt. Sexiness sollte für die Wandlungsfähigkeit der Frau stehen: anziehend und dominant, aggressiv und zärtlich, subversiv und angepasst, unterhaltsam und nachdenklich. Sexiness sollte die Supertugend der modernen Frau sein.

Aber diese Rechnung ging nie ganz auf. Denn zu Beginn des neuen Jahrtausends zeigte sich immer deutlicher, dass sich die Supertugend Sexiness in einer pornografisierten Alltagskultur würde bewähren müssen. Plötzlich hatten Zara und H&M die Grundausstattung für den häuslichen Strip, plötzlich rasierte oder epilierte sich jede Frau unter 30 ihre Bikinizone entweder vollständig oder ließ sich die Schambehaarung wie Buchsbäume in einem Barockgärtchen in komplizierte Formen schneiden. Plötzlich drohte einer Frau das vernichtende Urteil, etwas an ihr sei »unästhetisch«, nicht länger erst dann, wenn sie ihre Haare nicht regelmäßig wusch, sondern wenn sie sich die Analzone nicht alle zwei Tage wachste. Alle paar Wochen konnte man jetzt in irgendeiner Frauenzeitschrift testen, über wie viel Sexappeal man selbst verfügte, und auf die Frage, was man zu einem *Date* anziehen würde, sollte man dort dann für die höchste zu erreichende Punktzahl ankreuzen: »Highheels und einen sehr kurzen Rock«, wirklich originell.

Jede harmlose Frauenzeitschrift, jedes Teeniemagazin machte uns mit ehemals pornografischen Grundstellungen vertraut: an der Wand lehnen, das Becken vorschieben. Niemand wusste noch, dass unsere Mütter lieber im Erdboden versunken wären, als in solchen Haltungen ertappt zu werden. Inzwischen standen wir natürlich selbst so da – wie sollte man sonst auf einer Party auf den Drink warten und gut dabei aussehen. Oder: auf dem Sofa liegen, die leicht geöffneten Beine gegen die Seitenlehne stemmen, sich genussvoll Schokolade in den Mund stecken – so sieht ein entspannter Feierabend aus, und zig Plakate an den Stadtautobahnen zeigen gehetzten Hausfrauen und müden Werktätigen, wie das geht. Ratlos blickt meine 56-jährige Freundin Ute heute auf ihre 16-jährige Tochter, die fröhlich im frei verfügbaren Zitatenschatz der Pornografie räubert, über mütterliche Bedenken lacht, *ach Mama*, und erklärt, die Kombination aus Hotpants und hohen Stiefeln sei eine Form weiblicher Selbstbehauptung. Noch vor 100 Jahren musste ein hormonell entzündeter 14-Jähriger Petrarca-Sonette oder bestenfalls Ovid lesen, um irgendwelchen Sinn aus dem Aufruhr in seinem Inneren zu machen.

Heute schleicht er mit der *Glamour* seiner großen Schwester ins Bad. (Ich weiß, was Sie jetzt einwenden wollen, aber seine Mutter sagt: Kein Laptop auf dem Klo.)

Unsexy ist uncool

Darüber nachzudenken, ob Sexiness in einem pornografisierten Alltag nicht eventuell auch ein Problem für Frauen sein könnte, gilt heute als ausgesprochen *unsexy*. Man tut das einfach nicht. Als die junge amerikanische Journalistin Ariel Levy 2005 ihr intelligentes Buch über die amerikanische *Raunch Culture* (die »Geil-Kultur«) veröffentlichte und darin fragte, ob Sexiness unter diesen Bedingungen wirklich immer befreiend und bestärkend sei, bekam sie in den USA viele zustimmende Rezensionen von klugen Frauen in links-liberalen Zeitungen. Doch spätestens im zweiten oder dritten Absatz ihres Artikels betonten diese Journalistinnen dann in einer Art von vorauseilendem Gehorsam, dass sie *nicht prüde* waren – was allerdings niemand ernsthaft gedacht hätte. Sie beteuerten trotzdem, dass sie erstens nicht für Jungfräulichkeit bis zur Ehe seien, zweitens durchaus dafür, wenn Frauen ihre Sexualität zum Ausdruck brächten und dabei Tabus überschritten, und dass sie drittens selbstverständlich wüssten: Wer Sexiness kritisiert, ist eine Spaßverderberin. Kurz: Sie bemühten sich verzweifelt, den Verdacht der intellektuellen Unsexiness von sich abzulenken. Aber die Spaßverderberei lässt sich manchmal nicht mehr ganz vermeiden.

Wenn sich die aufgeklärte Version von selbstbewusster Sexiness in einer pornografisierten Kultur bewähren soll, stößt sie früher oder später auf zwei nahezu unüberwindliche Probleme. Das erste: die pornografisierte Alltagskultur und eine Kultur, die die Unterschiedlichkeit erotischer Körper und sexuellen Begehrens toleriert, schließen sich gegenseitig aus. Es gibt in unserer pornografisierten Alltagskultur heute nur eine offizielle, ordnungsgemäße Definition von Sexiness. Das ist die weithin sichtbare, bildmächtige Erotik des *Playboy* und seiner medialen Kumpane: die immer gleichen Körper, die immer gleichen Gesichter, die immer gleichen Posen. Die Lippen auf die immer gleiche Art geöffnet, der Blick auf die immer gleiche Art ohne Fokus. Die Taille immer von demselben schmalen Umfang, der Bauch immer absolut flach, die Brüste immer etwas zu groß und zu stehend, um natürlich zu wirken, die Beine, dank Photoshop, immer etwas gestreckt, die Haut immer von unwahrscheinlicher Makellosigkeit in dem immer gleichen Bronzeton. Nicht einmal die Olympiagewinnerinnen, nicht einmal die Stars und Starlets, die für den *Playboy* und andere Magazine posieren, behalten als Playmates einen Hauch ihrer Unverwechselbarkeit, denn sie posierten nicht als Sportlerinnen, als Siegerinnen, als Frauen, deren Namen man kennen könnte, sondern in den immer gleichen Stellungen, in denen auch alle jungen Frauen auf *myspace.com* posieren, wenn sie sexy aussehen wollen. Die Kundinnen eines Fotostudios in unserer Nachbarschaft drehen mit schlafwandlerischer Sicherheit Augen unter halb geöffneten Lidern nach oben, öffnen die Lippen, schieben ihre Brüste mit ihren Händen zusammen, als gelte es, eine reiche Ernte halten zu müssen, überstrecken ihren Rücken nach hinten und schieben sich dem Betrachter entgegen. Man kann ihre Porträts im Schaufenster betrachten: dicke Dinger, schmale Taille, leicht geöffnete Lippen, wenig Stoff und lange Beine – es gehört schon eine große Portion Konzentration und viel Fantasie dazu, sich unter Sexiness etwas anderes vorzustellen als das, was der *Playboy* alltagstauglich gemacht hat. Schwer vorstellbar, ein fernsehtaugliches Teenie-Idol könne heute so wahnsinnig sexy aussehen wie Nena vor 25 Jahren mit unrasierten Achseln.

Die Sexiness, von der wir in den 80ern geglaubt hatten, wir würden sie ständig neu erfinden und unter Kontrolle halten können, hat es schwer, gegen die Omnipräsenz des Pornografischen anzukommen. Wir wollten, dass sich Sexiness nach unseren Körpern richten würde – und nicht, dass sich der weibliche Körper in eine Form von Sexiness verwandeln würde, die vor allem die Bedürfnisse einer milliardenschweren Unterhaltungsindustrie befriedigt. Inzwischen werden 14-Jährige mit der Vorstellung groß, dass sie so aussehen müssen wie Pornoköniginnen, wenn sie je ihren Freund befriedigen wollen. Mädchen lernen heute, wie sie sich begehrenswert machen, *bevor* sie wissen können, was Begehren überhaupt ist, schreibt Ariel Levy. Dann muss man sich auch nicht wundern, wenn diese Mädchen später nicht in der Lage sind, sich selbst als begehrenswert zu empfinden, sofern sie nicht aussehen wie Pamela Anderson. Guter, befriedigender Sex setzt für viele junge Frauen längst nicht mehr einen Körper voraus, mit dem sie vor allem selbst vertraut sind, sondern einen Körper, der die Summe massenmedial bewährter Eigenschaften ist. Einen, dessen Highlights man zur Not auch kaufen kann. Dies empfinde ich, je nach persönlicher Stimmung, als eine Katastrophe oder als eine Tragödie. Das erste involviert mehr Wut, das zweite mehr Verzweiflung.

Immer sexy sein

Das andere große Hindernis, das die pornografisierte Kultur vor der Idee von selbstbestimmter Sexiness aufbaut, ist schnell erklärt: In einer pornografisierten Kultur ist es nahezu unmöglich, sich zu entscheiden, *nicht sexy* sein zu wollen. Nicht den Stereotypen zu entsprechen, bleibt an einem haften wie ein Makel. Eine halb feministisch befreite, halb pornografisierte, urbane Szene jüngerer Frauen inszeniert heute das Spiel mit der Pornografie als ultimative Befreiung. Und diese jungen Frauen machen das sehr gut: Sie wirken dabei immer, als wüssten sie stets, was sie tun und was sie wollen. Nur beim genauen Hinsehen sieht es so aus, als hätten sie eine Sache nicht im Griff: die Freiheit zu entscheiden, *ob sie überhaupt sexy sein wollen.* Ich bekam diesen Eindruck, als ich Ariadne von Schirachs Buch *Der Tanz um die Lust* las.

Eine Passage darin ist besonders aufschlussreich. Auf den ersten Seiten erzählt von Schirach, wie sie einmal in Barcelona zufällig das Gespräch von drei Männern verfolgte, die in einer Bar neben ihr saßen. Die drei Männer, »zwischen 30 und 40, aus demselben sozialen Milieu, zu dem von Schirach gehört (»gebildet«, »mit guten Jobs in den Medien«), stellen fest, dass zwei von ihnen ein- oder mehrmals mit derselben Frau Sex hatten. Darauf folgt zwischen diesen beiden Männern eine Unterhaltung über die Details dieser mehr oder weniger erotischen Begegnungen. Das, was sie dabei über die Frau sagen, ist so unerträglich verächtlich, so ekelhaft und so hasserfüllt, dass von Schirach, die das alles unfreiwillig mithört, abwechselnd »fassungslos« und »fasziniert« ist, und sich schließlich »erschüttert« davonmacht. Man glaubt ihr an dieser Stelle, dass sie geschockt ist.

Im nächsten Absatz wird deutlich, was genau sie so schockiert hat. Nicht etwa die Zoten der Männer, natürlich nicht, wir leben im Jahr 2008, und von Schirach verwendet sie permanent selbst. Auch nicht so sehr der blanke, unverbrämte Frauenhass, dessen Zeugin sie wird, sie ist schließlich keine Old-school-Feministin. Sie hat keine politische Vision – das ist deren Sache. Geschockt ist von Schirach also, weil sie sich eingestehen muss, dass sie neben diesen drei Kerlen in einem Stripclub hätte stehen können, und dass sie dort zu viert über »geile Bitches« hätten lachen und »Ärsche« begutachtet haben können. Dieses Eingeständnis muss einem nicht gefallen, aber von Schirach ist wenigstens ehrlich.

Doch zum Schluss ihrer Anekdote schreibt von Schirach etwas Merkwürdiges. Eigentlich hätte sie ja neben den drei Männern in einem Stripclub vor Vergnügen ihren Wodka verschütten können, aber, so schreibt sie dann nahtlos weiter: »Hier stieß ich an meine Grenzen, Grenzen, die sich trotzdem immer weiter nach hinten verschoben haben. Ich liebe dreckige Witze. ›Warum darf man Blondinen keinen Vibrator geben? – Weil … ‹«.

Die Auflösung können Sie in von Schirachs Buch nachlesen, aber was ging der Autorin in diesem Absatz tatsächlich durch den Kopf? Stößt die junge Frau hier nun an ihre Grenzen in Sachen Sexiness oder nicht? Warum flattert sie von Entsetzen zu Komplizenschaft und von Betroffenheit zu Coolness, um sich dann auf einem Witz niederzulassen? Das ist nicht zu verstehen. Oder doch? Wie groß muss die Befürchtung sein, am Ende vielleicht doch als Spielverderberin, als unsexy, dazustehen – als die Frau mit den flachen Schuhen, mit der hochgeschlossenen Hemdbluse und dem strengen Zug um die Mundwinkel. Die Unentschlossenheit und Unfähigkeit der Autorin, eine klare Position zu beziehen (die übrigens im ganzen Buch nicht zu finden ist), sind symptomatisch für eine pornografisierte Alltagskultur, in der Frauen ihre Sexiness inszenieren. Von Schirach, die junge, emanzipierte, gebildete Frau, die, gewissermaßen aus ihrer Position als Insiderin, über die Pornografisierung unserer Gesellschaft schreibt, befindet sich in der Mitte eines schönen Paradoxons. Es ist ein strukturelles Problem, das sich ergibt, wenn weibliche Sexiness unter den Vorzeichen des Feminismus einerseits Selbstbewusstsein, Coolness und Mut transportieren soll und gleichzeitig unser pornografisierter Alltag eine Vorstellung von Sexiness kultiviert, in der Frauen nicht mehr sind als ein hübscher Klumpen Fleisch. Etwas weniger differenziert drückt das die junge amerikanische Feministin Jessica Valenti aus: »Wenn wir der Pornokultur nicht zustimmen, die uns sagt, unser einziger Wert liege in unserer Fähigkeit, sexy zu sein, gelten wir als prüde. Wenn wir das so akzeptieren, sind wir Schlampen.«

Es ist dasselbe Sexiness-Paradoxon, in dem sich die Tochter einer Freundin von mir kürzlich wiederfand, ich nenne sie hier Lara. Lara ist acht, und sie soll die Schule wechseln oder möchte es, jedenfalls sind sie und ihre Eltern gemeinsam auf der Suche nach einer neuen. Eine der Schulen, die in die engere Auswahl gekommen sind, weil dort hauptsächlich Kinder und Eltern aus bürgerlichen Milieus zu finden sind, fiel nach der ersten oberflächlichen Besichtigung in einer großen Pause sofort durch. Warum? Weil die Mädchen dort ausnahmslos aussehen wie »Tussen«. Diesen Ausdruck benutzte Lara selbst, als sie mir davon erzählte, und sie bemühte sich, sämtliche ihr mit acht Jahren zur Verfügung stehende Verachtung in das Wort »Tusse« zu legen. Sie ist selbst keine »Tusse«, natürlich nicht, sie wird auch nie eine sein, und sie wird nie in ihrem Leben etwas mit Tussen zu tun haben. Tussen sind peinlich, weil sie sich nur für Glitzer-Make-up und Jungs interessieren. Die größte Heldin im Leben von Lara ist *Barbie*, Lara hat mindestens sieben Exemplare davon, und zu ihrem achten Geburtstag hatte sie sich eine Schokoladentorte gewünscht, auf der eine neue Barbie im Bikini sitzen sollte … Ja, das passt natürlich nicht zusammen. Aber Laras Ambivalenz hat ihren guten Grund: In einer postfeministischen Alltagskultur, in der weibliches Selbstbewusstsein nicht zuletzt durch die Fähigkeit ausgedrückt werden soll, auch sexy sein zu können, fürchtet sie die Kränkung, nicht sexy genug zu sein. Wie offizielle Sexiness aussieht, zeigt ihr Barbie. Und in derselben, hoffnungslos pornografisierten Alltagskultur, in der sexy zu sein bedeutet, konsumierbar und verfügbar zu sein, fürchtet sie die Kränkung, nicht viel mehr als das zu sein. Daher verachtet Lara »Tussen«. Die Sexiness-Paradoxie bietet jeder Frau unter 35 ausreichend Gelegenheit, sich nicht wohl zu fühlen in ihrer Haut. So oder so. Ist sie *nicht* sexy, signalisiert sie Lifestyle-Analphabetismus. Ist sie es, muss sie sich permanent vergewissern, wessen Bedürfnisse sie eigentlich befriedigt.

Sexy aussehen und sich sexy fühlen

Für die Arbeit an diesem Buch fuhr ich gelegentlich an die Berliner Freie Universität und sprach mit Studentinnen. Unter anderem stellte ich ihnen auch die Frage, wie wichtig es für sie sei, sexy zu sein. Alle sagten ohne zu zögern, es sei sehr wichtig. Aber bei den Antworten ergab sich schnell ein Muster: Ohne dass ich ausdrücklich danach gefragt hatte, unterschied jede von ihnen zwischen sexy *aussehen* und *sich sexy fühlen*. »Sexy aussehen« bedeutete dabei, sämtliche Klischees von Reeperbahn-Erotik zu erfüllen, sich »sexy fühlen« hieß, sich selbst für begehrenswert halten, weil man sich im eigenen Körper und in der Kleidung, die man trägt, gerade sehr wohl fühlt. »Sexy aussehen« bezog sich auf eine Sexiness, die vor allem äußerliche Erwartungen erfüllt, sich »sexy fühlen« bezog sich auf eine Sexiness, die sich authentisch anfühlt. Wobei anzumerken ist, dass die Übergänge fließend sind, denn natürlich kann es sich authentisch anfühlen, mit den bewährten Mitteln Aufmerksamkeit zu erregen, mit Stilettos, hochgeschobenen Brüsten, einem engen, kurzen Rock, der das Gesäß betont.

Und natürlich kommt auch die »Wohlfühlsexiness« nicht ohne vorgefertigte Bilder und Klischees aus; die meisten Frauen dachten dabei entweder an ein halb verlottertes, halb nacktes Urlaubsoutfit oder an einen schicken Jogginganzug-Gammellook fürs Haus. Trotzdem sollten wir beide Seiten voneinander unterscheiden. Wichtig ist vor allem, dass alle Frauen, mit denen ich sprach, die Differenz zwischen sexy *aussehen* und sich sexy *fühlen* treffen. Die Frage ist, warum sie das tun. Eine auffallend hübsche Frau (eine angehende Lehrerin, die mir auch erzählte, dass ihre siebenjährigen Schülerinnen sie sich zum Vorbild nehmen, weil sie sie so wunderschön finden) sagte: »Ich sehe eigentlich nicht gern sexy aus; natürlich habe ich nichts dagegen, eine erotische Anziehung auf einen schönen Mann auszuüben, aber meistens gucken einen doch die anderen an. Ich finde das dann ehrlich gesagt etwas eklig: von Männern sexy gefunden zu werden, mit denen ich nichts zu tun haben will. Auf die will ich nicht wirken. Ich achte deshalb sehr darauf, was ich anhabe, ich trage zum Beispiel lieber weite Hosen als kurze enge Röcke, darin finde ich mich sexy, aber das ist etwas anderes, als begafft zu werden.«

In der gegenwärtigen so genannten Attraktivitätsforschung herrscht die Überzeugung, dass es eine »Wohlfühlsexiness« vom wissenschaftlichen Standpunkt gar nicht geben könne. Sie sei nichts anderes als politisch korrektes Gerede und im Grunde etwas verlogen, weil ein erotischer Körper nun einmal keine Frage der Selbstwahrnehmung sein könne, sondern hauptsächlich der richtigen Maße und des richtigen Alters. Sexy sei die Summe perfekter, erotischer Körpermerkmale, sexy sei ein Air-brush-Pin-up, aber sexy sei es nicht, wenn eine Frau jenseits der 50 einen Bikini trägt. Die Idee von einem Körper, in dem man sich auch selbst attraktiv und begehrt fühlt, sei nicht viel mehr als ein Trostpflaster für all jene Frauen, die nun einmal leider nicht so aussehen wie eine Mischung aus Barbie und Lara Croft, aber trotzdem gern sexy wären. Wie so häufig, irrt die Attraktivitätsforschung auch in diesem Punkt. Wenn die Frauen, mit denen ich sprach, zwischen *sexy aussehen* und *sich sexy fühlen* unterscheiden, dann tun sie das aus einem anderen Grund. In einem pornografisierten Alltag kann jede Frau überall sehen, dass sie, um sexy zu sein, einem Bild entsprechen soll, das sich nicht besonders authentisch anfühlt. Und das kann es auch gar nicht.

In einer Medienkultur, in der gilt, dass Sexiness dort aufhört, wo der Körper einer Frau von Playboy-Stereotypen abweicht, hat jede Frau jederzeit genau vor Augen, wie sie auszusehen hat, wenn sie sexy sein will. Aber in derselben Kultur, die sich unter Erotik nicht viel mehr vorstellen kann als dicke Brüste und aufgespritzte Lippen, sind diese begehrtesten Eigenschaften auf Dauer tatsächlich immer nur von geringem Wert. Jedes Pin-up ist ein bloßes Objekt, das betrachtet, bewertet, konsumiert und ausgetauscht werden will, da hatte der Old-school-Feminismus nun einmal recht; und es hilft dann auch nicht, unter das Foto »Chantal möchte dir gern mehr zeigen« zu schreiben. Es ist völlig egal, was Chantal möchte. (Es ist natürlich nicht *Ihnen* egal oder mir, und schon gar nicht Chantal, die im wirklichen Leben Marja heißt, aber der Pornografie ist es egal.) Wer etwas anderes glaubt, ist naiv. Er oder sie unterschätzt die Mechanismen, die pornografische Bilder freisetzen. Und er oder sie überschätzt die Möglichkeit, diese Mechanismen, zur Selbstverwirklichung zu benutzen, indem man der Pose etwas von der Unverwechselbarkeit der eigenen Person einhaucht. Sicher, jede Frau, die als Pin-up posiert, ist etwas Besonderes, Einzigartiges, aber niemand sieht es ihr noch an, sobald sie sich in entsprechende Posen wirft. Das kann und muss man beklagen, aber es lässt sich nicht ohne weiteres ändern, denn Pornografie ist ein Machtinstrument, das Individualität und Persönlichkeit zum Verschwinden bringt. Das wahnsinnige Interesse, das der pornografische Blick der Intimität des weiblichen Körpers entgegenbringt, steht im unvermeidlichen Widerspruch zu seinem eklatanten Desinteresse, etwas über diese Frau zu erfahren. So, und nicht anders, funktioniert Pornografie. Wenn man beginnt, mit ihr zu experimentieren und herumzuspielen, tut man es zu ihren Spielregeln. Man kann das natürlich trotzdem tun. Manchmal möchte man vielleicht gar nicht als Individuum wahrgenommen werden – aber dann sollte man auch wissen, dass das so ist. Einer erwachsenen Frau wird es vermutlich auch nicht schaden, in ihrer Freizeit für ihren Freund als Pin-up zu posieren oder an einem Strip-Workshop teilzunehmen. Ersteres könnte lustig werden, und Letzteres wird ihre Oberschenkelmuskulatur stärken. Aber wenn sie dann schließlich in einer gekonnten Grätsche um ihre Tanzstange wirbelt, wird sie nicht erwarten, dass ihre Betrachter sie vornehmlich als Inbegriff einer mächtigen, neuen Weiblichkeit sehen oder gar als ein Wesen mit eigenen Bedürfnissen. Das letzte Adjektiv, das einem einfallen könnte, um Pornografie zu beschreiben, ist vermutlich »sinnlich«. Für die *Sinne*, für das unverwechselbare, eigentümliche Empfinden, das jeden Menschen vom anderen unterscheidet, ist Pornografie bekanntlich nicht gemacht.

Scarlett Johansson erzählte der deutschen Starreporterin Frances Schoenberger, sie betrachte es als ein »riesiges Kompliment«, wenn sie zu hören bekomme, sie sei sexy. Im selben Interview verriet sie herrlich selbstironisch, sie nenne ihre Brüste »meine Mädels«. Monate später konnte man aus der Internet-Klatschseite *femalefirst.com* erfahren, Johansson sei im Gespräch, die Rolle des amerikanischen Pornostars Jenna James zu spielen, deren mehr oder weniger aufregendes Leben verfilmt werden solle. Scarlett Johansson dementierte umgehend. Natürlich wird sie nicht Jenna James spielen. Johansson ist ganz sicher sexy, und sie mag das auch genießen, aber das bedeutet nicht, dass sie ihren Verstand verloren hat.

Die perfekte Frau

Wenn wir heute an weibliche Sexiness denken, denken wir nicht an eine unüberschaubare Vielfalt der Formen und Fantasien. Wir sind mit einfachen Stereotypen gesättigt, jede Castingshow und jede dritte Werbung suggeriert, dass man mit großen Brüsten alles erreichen kann, und jedes Mädchen lernt, quasi aus den Augenwinkeln, dass es eine relativ sichere Sache sei, auszusehen wie Barbie.

Die Gleichsetzung von Schönheit mit Porno-Sexiness klappt inzwischen so reibungslos, dass sich sogar die Attraktivitätsforschung an der Ästhetik von Pin-ups orientiert, um herauszufinden, was weibliche *Schönheit* in Wahrheit sei. Dies geht so weit, dass die Wissenschaftler behaupteten, bei den einschlägigen Erkennungszeichen eines Playmates – pralle Brüste, große Lippen und ein Körper ohne erkennbare Lebenszeichen – handle es sich um »genetisch fixierte« Vorlieben des männlichen Geschlechts. Der bekannte amerikanische Evolutionsspychologe David Buss schrieb 1994 in seinem Bestseller *Die Evolution des Begehrens:*»Weil glatte, klare Haut ein evolutionär entstandenes Verlangen des Mannes ist, überschminken Frauen ihre Hautunreinheiten, verwenden Feuchtigkeitscreme, tragen Gesichtswasser auf und lassen sich liften. Weil glänzendes Haar ein evolutionär entstandenes Verlangen des Mannes ist, machen Frauen sich Strähnchen, bleichen oder färben, und verleihen ihrem Haar zusätzliche Fülle, indem sie Konditioner, Eigelb oder Bier verwenden… [*Eigelb?!*… David Buss ahnte vor 14 Jahren noch nichts von Echthaarverlängerungen.]… Weil volle, rote Lippen das evolutionär entstandene männliche Verlangen triggern, tragen Frauen kunstvoll Lippenstift auf oder lassen sich sogar Collagen injizieren, um ihre Lippen zu vergrößern. Und weil feste, jugendliche Brüste das männliche Verlangen stimulieren, bekommen Frauen Brustimplantate und unterziehen sich rekonstruktiven Operationen.« Inzwischen würde er noch hinzufügen können: weil Männer sich aufgrund ihres evolutionär entstandenen Verlangens von kindlichen Vaginas stimuliert fühlen, lassen sich Frauen die Schamlippen verkleinern oder die Vagina verengen, damit man ihnen nicht ansieht, dass sie keine unberührten Mädchen mehr sind.

Da ist sie dann also. Die perfekte Frau, säuberlich zerlegt in ihre Einzelteile. Makellose Haut, dicke Haare, volle Lippen, feste Brüste. Und eine Vagina, fast wie neu. Buss beschreibt die Sexiness der Pornografie – und sicher keine biologischen Konstanten. Attraktiv und sexy zu sein hat bei ihm nicht im Geringsten etwas damit zu tun, ob eine *lebendige* Person in der Lage ist, Begehren zu wecken und selbst Begehren zu empfinden, weil sie ein lebendes Wesen ist. Ganz im Gegenteil. Die Frau, die Buss zufolge das Begehren des Mannes entfachen kann, ist ein fragmentiertes Geschöpf, eine Ansammlung aus bestimmten, möglichst unversehrten Körperteilen, die im Notfall Stück für Stück ausgebessert werden können. Es spielt keine große Rolle, ob diese Körperteile durchblutet sind oder nicht, ob sie in der Lage sind, etwas zu spüren oder nicht. Wenn sie Fake sind, auch gut. Die Haut geliftet, die Lippen collagenverstärkt, die Haare echthaarverlängert, die Brüste silikonerweitert.

Norah Vincent, eine amerikanische Journalistin, die ein Jahr lang als Mann lebte und ein bemerkenswertes Buch darüber geschrieben hat, besuchte zur Feldforschung auch Stripclubs. (Um die gleich folgenden Zitate richtig einordnen zu können, muss man wissen, dass Vincents Einblicke in die Psyche und in den Alltag eines Mannes weit davon entfernt sind, uns »den Mann« als ein depraviertes Ekelpaket zu »enthüllen« – der deutsche Titel, *Enthüllungen*, ist nicht besonders gut gewählt. Vincent enthüllt gar nichts, sie beobachtet Männer voll Sympathie, gelegentlich mit Mitgefühl, ist getrieben von Neugier, sie versetzt sich in ihre Lage, und gelegentlich lässt sie ahnen, dass der moderne Mann kein besonders beneidenswertes Wesen ist.)

Im Stripclub, wo nichts echt ist, fragt sie sich, woher nur die Mainstream-Faszination von offensichtlich unechter Attraktivität stammen könne. »Viele Frauen wundern sich darüber, dass Pornostars und Pin-up-Girls, die gar keine echten Frauen mehr sind, auf so viele Männer faszinierend wirken. Ihre Brüste sind vergrößert, ihr Haar ist weißblond gefärbt oder pervers ausgedünnt, ihr Gesicht stark geschminkt, und ihr Körper ist durch Operationen oder Diäten so verändert, dass er eine puppenähnliche Perfektion erreicht, die in der Natur nicht vorkommt.« Vincent vermutet, der Grund dafür sei Scham. Wenn es nur darum ginge, im Hinterzimmer kurzen, kruden Sex zu haben, ohne Beziehung, ohne Gefühle, gewissermaßen als eine Form der körperlichen Erleichterung und gegen Geld, dann schäme man sich dafür, dies mit einem

Menschen zu tun, der zu echten Gefühlen fähig sein könnte. »Vor einer Person, die man liebt oder achtet oder die man zumindest lieben oder achten könnte, will man kein schmutziges, gefühlloses Tier sein. Man wurde sich zu sehr schämen, wenn sie diesen Teil der Persönlichkeit bei Tageslicht sehen würde, und ist ein wacher Verstand nicht wie das Tageslicht? Eine echte Frau hat einen wachen Verstand, ein solcher Verstand ist Zeuge, und ein Zeuge ist das Letzte, was man braucht, wenn man sich schämt. Für diese Art Sex ist ein künstliches, hirnloses Loch besser geeignet, je künstlicher, desto besser.«

Wenn der menschliche Aspekt von Sexiness entfernt wird, und Sexiness große Brüste und aufgespritzte Lippen und verlängerte Haare sind, dann ist Sexiness nur noch das, was sich kaufen lässt, schreibt Ariel Levy. Dann hat sie nichts damit zu tun, *was* und *ob* man selbst etwas empfinden kann. Eine sehr große Brust ist nicht erregbarer als eine kleine. Wenn man weder über Fantasie noch die richtige Technik verfügt, macht Collagen das Küssen nicht aufregender, und künstlich verlängerte Haare machen nervös, weil sie in großen Büscheln ausfallen können, wenn man nicht ständig damit beim Friseur sitzt, wie mir eine Freundin verriet, die jahrelang mit Extensions experimentiert hat. Eine gewaltige Unterhaltungsindustrie, flankiert von der Attraktivitätsforschung, bläut uns ein, dass das Leben erst so recht lebenswert ist, wenn wir sexy sind. Sie zeigt uns dann auch gleich, wie das auszusehen hat. Aber wenn ständig dieselben Stereotypen auf uns niedergehen, wird es immer schwieriger zu begreifen, dass Sexiness nicht dasselbe ist, wie medienadäquat zu sein und allen zu gefallen. Unsere Sexiness sollte vor allem etwas damit zu tun haben, ob wir überhaupt in der Lage sind herauszufinden, welchen Gefallen wir an uns und anderen finden können. Davon sind wir weit entfernt.

Im März 2007 veröffentlichten zwei Londoner Ärztinnen einen Warnruf an ihre Kollegen. Im *British Medical Journal*, der angesehenen Fachzeitschrift für Ärzte, machten sie auf einen Trend mit unklaren Folgen aufmerksam: Immer mehr Frauen ließen sich ihre normalen, gesunden Genitalien operieren, weil deren Aussehen ihnen Komplexe bereite. In England hat sich die Zahl der Schamlippenverkleinerungen in den Jahren zwischen 1998 und 2005 verdoppelt. Auch in Deutschland werden häufiger als früher Schamlippen verkleinert und Vaginas verengt, sagte mir ein junger, angehender Arzt für Ästhetische und Plastische Chirurgie (der mich gebeten hat, seinen Namen nicht zu nennen); er vermutete, das liege unter anderem daran, dass Intimrasuren *in* sind. In der Hamburger U-Bahn konnten interessierte weibliche Fahrgäste vor kurzem hilfreiche Adressen für die Vagina-OPs über den Monitor bekommen, der unter anderem auch über das Wetter informiert und ulkige Comics zeigt.

Die beiden englischen Ärztinnen vermuten hinter dem sich andeutenden Boom zur Designervagina vor allem eine verzerrte Wahrnehmung dessen, was normal ist. Alle ihre Patientinnen wünschten sich eine flache Vulva mit geschlossenen äußeren Schamlippen. Einige brächten Bilder aus pornografischen Zeitschriften mit, von denen nicht ausgeschlossen werden könne, dass sie digital bearbeitet worden seien. Als Grund für die Operationswünsche gaben die Frauen »Einschränkungen in ihrer Lebensweise« an. Sie wagten zum Beispiel nicht, enge Kleidung zu tragen, an den Strand zu gehen, öffentliche Duschen zu benutzen. Sie könnten nicht problemlos Fahrrad fahren und würden bestimmte Sexpraktiken vermeiden. Die Autorinnen kommentierten lakonisch: Kein Mann würde aus solchen Gründen seine Genitalien verkleinern lassen.

Die Medizinerinnen betonten, dass es nicht um »atypische«

Fälle gehe, also um Frauen, die permanent unter Beschwerden leiden, etwa, weil sie zwei extrem unterschiedlich große Schamlippen haben. In solchen Fällen zu operieren, sei absolut üblich. Allerdings werde es immer schwieriger zu vermitteln, was eigentlich »normal« sei. Das Bild, das Werbung und Pornos vorgeben, sei unrealistisch. In einer früheren Studie hatten die beiden Autorinnen anhand von 50 Patientinnen nachgewiesen, dass es *die* einheitlich weibliche Vulva gar nicht gibt. Alle 50 Frauen hatten normale, in keiner Weise »atypische« Genitalien, aber diese *normalen* Genitalien unterschieden sich signifikant hinsichtlich ihrer Größe, Farbe, Form und Symmetrie. Es sei dringend notwendig, darüber aufzuklären, dass es außerhalb der Pornografie kein uniformes Aussehen der weiblichen Genitalien gebe, schrieben die Ärztinnen. Diese Aufklärung sei umso notwendiger, da die Operationen an den Schamlippen und der Klitoris risikoreich seien. Weder die körperlichen noch die psychischen Spätfolgen seien bisher ausreichend erforscht, und dass die hochempfindlichen Nerven in dieser erogenen Zone verletzt werden können, sei erwiesen.

Was veranlasst Frauen mit normalen Genitalien dazu, sich diese operieren zu lassen, fragten die beiden Ärztinnen. Sie befragten Patientinnen, die bereits eine Operation hinter sich hatten. Die Antworten waren überraschend konfus und hochambivalent. Die beiden Ärztinnen gaben zu, selbst verblüfft zu sein, dass die ansonsten artikulierten Frauen ihnen nur stammelnd Auskunft über ihre Motivation geben konnten. Obwohl die Befragten mit dem Ergebnis zufrieden waren, zögerten sie, anderen Frauen die Operation zu empfehlen. Sie schienen selbst nicht genau zu wissen, ob sie die Operation als Befreiung ihrer eigenen Sexualität oder als Anpassung an Porno-Stereotypen erleben sollten.

Natürlich wussten die Frauen das nicht, und es war nicht ihre Schuld, sie *konnten* es gar nicht wissen. Sie waren gewissermaßen in der Sexiness-Paradoxie gefangen. Sie befanden sich in jener schwierigen, unklaren Situation, in der kaum zu erkennen ist, ob die Motivation, sich eine künstliche Vulva zuzulegen, dem Streben nach selbstbestimmter Sexiness entstammt oder eine Anpassung an die Pornografisierung unseres Alltags ist.

Wandern auf dem schmalen Grat der Sexiness

In den 80ern schwebte uns vor, das Spiel mit weiblicher Sexiness würde zum Inbegriff authentischer, souveräner und mächtiger Weiblichkeit werden können. Es wäre falsch, vom totalen Scheitern dieser Idee zu sprechen, auch wenn wir inzwischen mehr Fakes statt Vielfalt sehen. Nirgends wurde eine selbstbewusste Form weiblicher Sexiness so unbeschwert vorgeführt wie in *Sex and the City*. Man kann gegen die Serie einiges einwenden. Dass die vier Heldinnen hoffnungslos privilegiert waren, wandelnde Klischees post-feministisch befreiter, urbaner Frauen, deren Shoppingsucht den Bewusstseinsgrad einer Barbie befürchten ließ. Aber entscheidend ist dies: es waren vier bemerkenswert artikulierte Frauen. Sie wussten, was sie tun, und wenn sie es einmal nicht wussten, bemühten sie sich, es herauszufinden. Ihre notorischen Gespräche über die intimsten Themen dienten diesem Zweck. Wenn sie über Masturbation, Blow Jobs, Dirty Talking und Analverkehr redeten, ging es darum, sich klarzumachen, was o.k. für sie selbst ist und wo ihre Grenzen verliefen. Deshalb fehlte diesen Unterhaltungen jede Spur von Obszönität. Carrie sagt uns in jeder Szene, wer sie ist und was sie *denkt*. Sie hat einen Namen und sie ist hochneurotisch, und da Neurosen irgendwo herkommen müssen, hat sie offensichtlich eine eigene Geschichte, und damit hat sie ihre unverwechselbare Identität, und die verlor sie auch dann nicht, als sie in einem unmöglichen, hautfarbenen, handtuchbreiten, super-sexy-kuschelpuschel Kaschmirfummel zu ihrem ersten offiziellen Date mit dem nervtötenden Mr. Big erschien. Im Gegensatz dazu schließt pornografische Sexiness es aus, als Mensch intakt zu bleiben. Davon ist Carrie zu jedem Zeitpunkt der Serie sehr weit entfernt. Sie ist sexy und artikuliert und einzigartig. Aber Carrie hatte es ja auch gut. Ein Team von Drehbuchautoren sorgte dafür, dass sie und ihre Freundinnen sich immer absolut sicher auf diesem schmalen Grat bewegen, zwischen selbstbestimmter Sexiness und Pornografisierung. Im richtigen Leben haben wir niemanden, der das diffizile Skript für uns überwacht. Dort stehen wir immer allein vor dem Spiegel und müssen wissen: So viel Haut will ich zeigen, und hier höre ich auf, ein Ich zu sein, wenn ich mich entblöße.

Die Abiturientinnen, die ich vor sechs Jahren sah, waren keine Kopien von Pornostars und weit davon entfernt, je solche zu werden. Es waren wunderbare, intelligente, junge Frauen, die Spaß daran hatten, ihre Körper zu zeigen. Und sie waren schlau genug, einen provisorischen Ausweg aus dem Dilemma Sexiness oder Pornografisierung zu finden. Wenn sie schon nicht die Wahl hatten, *nicht* sexy zu sein, und wenn sie schon nicht wissen konnten, wo genau die Grenze zwischen Fake und Authentizität verläuft, kopierten sie einfach die besten Vorbilder. Nicht Pamela Anderson, sondern Carrie Bradshaw. Und natürlich nicht Jenna James, sondern Scarlett Johansson mit ihrer ständigen dezenten Selbstironisierung ihres Sexappeals.

Aber wenn sie eine Weile erotische und weniger erotische Erfahrungen gemacht haben, werden sie allmählich zwei Dinge feststellen. Erstens, dass es natürlich nicht reichen kann, ein paar Vorbilder zu kopieren, um sexy zu sein – und sich auch selbst so zu empfinden. Es gibt selbstverständlich mehr Möglichkeiten, sexy zu sein, als auszusehen wie Carrie Bradshaw und Scarlett Johansson. Und zweitens: Keine Frau muss *permanent* sexy sein, wenn sie keine Lust dazu hat oder dazu nicht in der Lage ist. Sie muss, zum Beispiel, wenn sie einmal schwanger werden sollte, nicht auch noch unbedingt eine »sexy Mama« mit dickem Acht-Monats-Bauch sein. Wenn sie sich sexy fühlt, wunderbar! Falls nicht, weil schwangerschaftsbedingte Beschwerden in der Regel nicht allzu betörend sind, sollte sie nicht das Gefühl haben müssen, als Frau völlig versagt zu haben, weil sie keine »sexy Mama« ist.

Wenn Sexiness zum Zwang wird und die Tyrannei des Mehrheitsgeschmacks dazu führt, dass jede Frau sich davor in Acht nehmen muss, unsexy zu erscheinen, dann können wir das nicht wollen. Bis vor wenigen Jahrzehnten schrieb die Moral der Gesellschaft allen Frauen vor, wie sie zu sein hatten. Wenn wir jetzt diese Moral durch einen massenmedienadäquaten Mehrheitsgeschmack ersetzt haben, sollten wir das nicht als Fortschritt bezeichnen.

3
Dünn

Die Engländerin Grace Bowman litt von ihrem 18. Lebensjahr bis zum Alter von Ende 20 unter Magersucht. Sie hat ein außergewöhnliches Buch darüber geschrieben. Es erschien auf Englisch in der gebundenen Version unter dem Titel *A Shape of My Own,* zu Deutsch sinngemäß »Meine ganz eigene Figur«. Dann kam die englischsprachige Taschenbuchausgabe im renommierten Penguin-Verlag heraus, und Bowmans Erinnerungen an eine Zeit, in der sie phasenweise weniger als 38 Kilo wog, waren für diese Ausgabe plötzlich umbenannt worden. *Thin,* dünn, steht seitdem in pinkfarbener, schlanker Schreibschrift auf dem Umschlag, und im Hintergrund kann man die verschwommene Rückenansicht einer jungen Frau erkennen, die ein roséfarbenes Hängerchen trägt und ihre dünnen Arme auf dem Rücken überkreuzt hat. Das sieht alles ganz wundervoll aus, die Arme sind, zugegeben, ziemlich dünn, aber nicht sehr viel dünner als alles, was wir jeden Tag in jeder Illustrierten, auf jedem Plakat und in jedem Werbespot für Hautcreme präsentiert bekommen. Am schönsten aber ist dieses schlanke, elegante *thin* auf dem Umschlag. Es ist unaufdringlich, modern, sehr stilsicher. Wie ein wunderbares Versprechen.

Ein Versprechen für was? Für ALLES. *Dünn* ist die Chiffre unserer Leistungsgesellschaft. Alle unsere heiligsten Werte sind in diesem kleinen, fragilen Begriff enthalten: Schönheit, Sexiness, Erfolg, Glamour, Reichtum, Glück, Intelligenz.

Dünn sind die Schönen und die Reichen, aber dünn sind in unserem Weltbild nicht nur die Popsternchen in rosafarbenen Cowboystiefeln und Miniröcken, sondern dünn sind auch die Begabten, die Ehrgeizigen, die High-Potentials, die Schlauen und die Coolen. Dünn sind die Powerfrauen und Alphamädchen, dünn ist die Kollegin, die gerade befördert wurde, und dünn ist die Mitschülerin, die immer so beliebt ist.

Dünn zu sein bedeutet, Energie zu haben, gesund zu sein und fit, und wer dünn ist, steht immer auf der richtigen Seite. Die Moral ist auf ihrer Seite. Wer dünn ist, kann sich in der Gewissheit wiegen, alles richtig gemacht zu haben. Jeder Frau, die dünn ist, wird beim Shopping die Ehrung aller Ehrungen zuteil:»*Sie* können das ja tragen«, mit Betonung auf dem *Sie*. Die Dünne zeigt, dass sie sich zusammenreißen kann, nicht bei jedem Schokoriegel schwach wird und vermutlich auch sonst ihr ganzes Leben im Griff hat. In Wirklichkeit gibt es natürlich Millionen undisziplinierter, dummer Dünner, die keine wesentlichen Talente vorzuweisen haben, aber das ändert nichts am Nimbus des Dünnseins.»Ich fühle mich attraktiver, wenn ich dünn bin, ich fühle mich so wohler«, antwortet die Internistin Marianne (42) nach einigem Zögern auf meine Frage, was dünn zu sein für sie bedeutet. Silvia (26), eine sehr schöne Spanierin, die während zwei schnell aufeinanderfolgender Schwangerschaften mehr als 20 Kilo zugenommen hatte, erzählt:»Wenn ich in die Läden kam, pummelig und mit zwei kleinen Kindern in der Geschwisterkarre, dachten die Leute: Ach, wieder so Eine. *Eine dicke Mutti.*« Sie erzählt das, als sie schon wieder sehr dünn ist, und mir fällt auf, dass man es mit dem Speck am Leib in unserer Gesellschaft so hält wie mit dem Scheitern: Über eigene Misserfolge und über überzählige Pfunde sollte man nur sprechen, wenn beides schon wieder der Vergangenheit angehört. Beides ist zu sehr mit Scham behaftet, als dass man ohne weiteres dazu stehen könnte. Michaela (33), ebenfalls sehr dünn, sagt:»Im Beruf musst du dünn sein, um androgyn auszusehen. Ein Vollweib unterschreibt keine Verträge.«Ja, selbstverständlich ist eine Karrierefrau in unserer Vorstellung *dünn*, wer kann sich denn noch eine Anwältin vorstellen, die in einem taillierten Kostüm nicht gut aussieht? Patrizia (46) sagt:»Ich spiele mein Dünnsein gegen das Alter jüngerer Frauen aus. Die andere ist jünger, aber ich bin dünner. Es ist etwas primitiv, ich weiß.« Ich schreibe dieses Kapitel im Sommer 2007, überall hängen jetzt die Werbungen für Bikinis. Hinter der Kasse bei H&M räkeln sich karamellfarbene Models mit perfekten Beinen und Brüsten und ohne Bäuche. Die Werbetafeln sind von innen beleuchtet, die Schönheiten sitzen an Sandstränden, sie sind im Paradies. Vor der Kasse stehen drei Mädchen in unterschiedlichen Stadien pubertärer Pummeligkeit.»Ich kaufe meine Kleidung immer eine Größe kleiner«, höre ich eine von ihnen sagen,»und wenn ich dann abnehme…« *Wenn ich dann abnehme…* Für mehr als die Hälfte aller Frauen liegt ein Leben, das sich zu leben lohnt, am unausgesprochenen Ende dieses Satzes.

Ich bekomme Besuch von einem sechsjährigen Mädchen, und zu diesem Anlass habe ich Bioapfelsaft eingekauft, weil alle sechsjährigen Kinder, die ich bis dahin kennenlernte, gern Apfelsaft getrunken haben. Diesmal wünscht mein kleiner Gast, nein danke, nur Wasser, und gesteht, er äße am liebsten Salat.

Ich frage mich, ob man der Marketingabteilung bei *Penguin* kühlen Respekt zollen sollte, weil sie die professionelle Unverfrorenheit besaß, die Biographie einer Magersüchtigen *Dünn* zu betiteln, oder ob man es einfach nur geschmacklos finden soll. Dünn. Dünn. Dünn. Kaum eine Frau wird sich der Versuchung entziehen können, nach einem solchen perfekten Titel zu greifen, wenn er – in Pink und Rosa, den angestammten Farben harmloser, freundlicher Weiblichkeit – inmitten der riesigen Bücherberge zeitgenössischer Buchhandlungen lockt. Dass Grace Bowmans Erinnerungen natürlich nichts mit den angeblich glamourösen Seiten des Dünnseins zu tun haben, sondern mit Hunger, Selbstverachtung und Depressionen, spielt beim reflexartigen Griff nach dem Buch dann keine Rolle. Die Leserin selbst will dünn sein. So einfach ist das.

Dünnes Vorbild gesucht

Einmal erzählt Grace, wie sie sich mit ihren Freundinnen im *Pub* getroffen hat, und dass die anderen darüber sprechen, wie fett sie sich fühlen. Es ist eine dieser typischen Szenen, hundertmal gesehen und vor langer Zeit so ähnlich auch mal selbst erlebt. Ungeschickt geschminkte junge Frauen mit künstlichen Wimpern und zu süßem Parfüm sitzen verschworen zusammen und gestehen sich Intimitäten. Über Jungs, über den eigenen Körper.»Eine ganze Packung Kekse und eine Tafel Schokolade auf einmal! Ich bin sofort zum Klo gelaufen und habe alles ausgekotzt!« Die anderen tun ungläubig, sind verständnisvoll oder lachen laut, und alle kopieren die ganze Zeit die prätentiöse Körpersprache amerikanischer Serienstars. Grace, die Magersüchtige, sitzt wie gefroren dazwischen, sie kann nicht mitreden, denn minutenlang dreht sich für sie alles um die fixe Idee, ihre offen im Glas ausgeschenkte Diet-Coke könne möglicherweise gar keine DIET-Coke sein, sondern die reguläre, die mit der Unmenge Zucker darin, und diese falsche Cola würde bedeuten, dass Grace' ganzer Tag, nein, ihre ganze 400-Kalorien-pro-Tag-Woche, aus dem Lot geraten ist, und damit praktisch ihr ganzes Leben. Als sie sich auf die Unterhaltung der anderen halbwegs konzentrieren kann, addiert sie in Gedanken und mit Entsetzen die Brennwerte der von den Freundinnen verschlungenen Kekse und Schoko laden; und für jemand, deren tägliche Ernährung aus zwei Tomaten und den Wundermitteln der Nahrungsmittelindustrie besteht, aus kalorienreduziertem Brot und einem »Zwischenmahlzeit«-Becherchen Light-Suppe, wird das alles allmählich sehr, sehr bedrohlich. Grace ist in jenem Moment in ihrem kleinen Gefängnis aus Diätplänen und Kalorientabellen nicht mehr sicher, sie verschwindet aufs Klo und beißt sich dort die Unterlippe blutig.

Pubertierende Mädchen, die ständig über Diäten reden und gebetsmühlenartig wiederholen, sie seien zu fett, sind noch keine Magersüchtige, und Magersüchtige führen so unendlich traurige Existenzen, dass man ihnen gelegentlich sogar wünscht, sie könnten einfach mal mit ihren Freundinnen über schwachsinnige Diäten plaudern. Die einen leiden an einer furchtbaren, lebensbedrohlichen Krankheit, die anderen verwenden die Codes der Pubertät, die zu Beginn des 21. Jahrhunderts angesagt sind. Magersucht (Anorexia nervosa) ist eine komplexe Krankheit mit vielen Hintergründen, es ist keine Form eines irgendwie entglittenen Lifestyles. Eine junge Frau, die regelmäßig Castingshows sieht, mit 15 ihre erste Diät gemacht hat, die glaubt, nur in Jeansgröße 26 sei sie liebenswert, und die davon überzeugt ist, Victoria Beckham sei die wahre Heldin ihrer Generation, muss noch nicht zwangsläufig anorexisch werden. Trotzdem haben die Probleme der einen mit denen der anderen zu tun. Spindeldürre Kunstfiguren, die scheinbar alles haben, was in der Popkultur von Wert ist – Geld, süße Kinder, einen tollen Mann und jede Menge mediale Aufmerksamkeit –, können Mädchen gefährlich werden, wenn sie Vorbildstatus bekommen, sagt der Münchener Diplompsychologe Andreas Schnebel, der seit 25 Jahren Essstörungen behandelt. Die Einstiegsdroge für Magersucht und Bulimie ist in vielen Fällen eine Diät. Man beginnt zu hungern, man beginnt, sich selbst unter Kontrolle zu bringen, man beginnt, sich selbst übertreffen zu wollen – und kann nicht mehr damit aufhören.

Immer häufiger stammt das gefährliche »Vorbild« aber gar nicht erst aus der Lifestylepresse. Es stammt aus der eigenen Familie, denn die meisten Mädchen haben schon einmal gesehen, wie ihre Mutter diätet. Vor einigen Jahren beobachtete ich in einem Hamburger Szene-Café, wie eine sehr attraktive, sehr schlanke und hochschwangere Mutter ihre zirka zwölf Monate alte Tochter fütterte. Mit Magermilchjoghurt. Auf die verdutzte Frage einer neben ihr sitzenden Freundin, die ihren kleinen Sohn mit etwas Kindgerechterem versorgte, antwortete die dünne Mutter: »Die Kleine sieht ja immer, wie ich das esse, und dann will sie das auch haben und greift nach dem Löffel.« Eine blödere Antwort war kaum vorstellbar. »Gibt es mittlerweile eine Art der Erziehung zur Essstörung?«, frage ich Andreas Schnebel und erzähle ihm meine Hamburger Café-Geschichte. Als die Pointe mit dem Magermilchjoghurt kommt, bestätigt sich mein Eindruck. Schnebel erklärt, er habe so etwas bereits hundertmal gehört. »Das ist meine ständige Rede: Es gibt immer mehr essgestörte Mütter.«

Die Wochenzeitung *Die Zeit* brachte im letzten Jahr den Aufmacher »Vorbilder gesucht«. An die Adresse junger Frauen richtete sich ein Artikel, der erklärte, noch heute sei es oft die eigene Mutter, die diese herrliche Rolle übernehme. Die 23-jährige Verfasserin des Artikels wusste auch, was so wunderbar an den Mamas ist. Sie erzählte von einer Freundin, deren

Mutter Vorbild sei, weil sie dieselben Kneipen besuche wie die Tochter. Und: »Dass die Mutter inzwischen eine kleinere Kleidergröße trägt als die Tochter, macht sie nur umso mehr zum Vorbild.«

Es sei schwieriger geworden, Frauen mit Essstörungen, die zur Beratung kämen, klarzumachen, wo die Grenze für ein normales, gesundes Körpergewicht verliefe, fügt Schnebel hinzu. Er ist Vorsitzender des Bundesfachverbands Essstörungen und Mitbegründer von *Anad*, einer großen Beratungsstelle in München mit daran angeschlossenen Wohngruppen. Er ist ein gefragter Mann. An dem Tag, an dem wir uns zum Telefongespräch verabredet haben, müssen wir nach zwanzig Minuten für eine Weile unterbrechen, es sind ein paar Pressetermine dazwischengekommen. An diesem Tag geht die Meldung an die Medien, Allegra Versace wiege nur noch 32 Kilo. Oder auch nur noch 30 – die Medien überschlagen sich gierig in Übertreibungen des lebensbedrohlichen Untergewichts. (Allegra Versace ist die Nichte des 1997 ermordeten Modedesigners Gianni Versace. Sie war elf, als ihr Onkel in Miami erschossen wurde, und erbte damals 50 Prozent der Anteile am Familienunternehmen. Armes reiches Mädchen.) Am nächsten Tag steht es online in allen Lifestyle-Rubriken, weltweit: *Süddeutsche, Stern, Spiegel, Bunte, People, New York Times, Times, Guardian, La Stampa, Corriere Della Sera*, und so weiter.

Dünn, dünner, berühmt, beliebter

Die Unterhaltungsmedien lieben das Phänomen Magersucht. Es gibt viele Gefahren für junge Frauen (unter anderem auch die der Fettleibigkeit), doch keine ist in den Klatschspalten so beliebt wie die Magersucht. Warum? Weil jeder Bericht über diese Krankheit ein willkommener Anlass ist, ein paar Bilder der aktuellen Glamour-Sternchen zu zeigen. Denn natürlich möchte niemand sehen, wie der Körper einer erwachsenen Frau wirklich aussieht, die 32 Kilo oder weniger wiegt. Er sieht grauenhaft aus. Stattdessen werden Artikel über Magersucht notorisch mit Bildern dünner Promis illustriert. Da aber beispielsweise eine strahlende Keira Knightley in einem Satinkleidchen von *Dolce & Gabbana* für 1200 Euro auf dem roten Teppich in Cannes *so* erbärmlich auch wieder nicht aussieht, klingen die Überschriften der typischen Magersucht-Artikel dann umso übler. »Auftritt des Rippenmädchens« (spiegel online), oder »Die Skelettschwestern« oder, auch sehr schön, »Hau rein Puppe« (beides sueddeutsche.de). Uns wird dann zugemutet, mit den widersprüchlichen Botschaften klarzukommen. Im Vertrauen darauf, dass auf Glamour Verlass ist, zeigt man uns die im Blitzlichtgewitter badende, perfekt gestylte Hollywoodschönheit, deren bloßer Anblick unsere allertrivialsten Sehnsüchte weckt (nach Ruhm, sozialer Anerkennung, tollen Kleidern, und so weiter). Und im selben Zug appelliert man an unsere Vernunft und unsere Moral und geht eine Pseudoverschwörung mit uns ein: eine geheuchelte Übereinkunft. Auf gar keinen Fall können, sollen, dürfen und wollen wir diese Frau schön finden – weil sie viel zu dünn ist. Das kann nicht funktionieren. Und tatsächlich erwartet niemand ernsthaft, dass es das tut. Die Bilder der Lifestyle-Ikonen sprechen ihre eigene vitale Sprache, sie hinterlassen ihre dauerhafte Wirkung. Die hämischen Kommentare der Überschriften oder Texte – weit davon entfernt, über Magersucht oder Bulimie aufzuklären – wirken wie ein billiges Trostpflaster und suggerieren vor allem eines: Eigentlich würdet ihr doch auch gern so aussehen. Wer immer sich an der Empörungsoffensive gegen die »Skelettschwestern« beteiligt, sollte erst einmal nie wieder ein Bild von Victoria Beckham & Co. abdrucken.

Es gibt in jeder Lifestyle-Illustrierten und überall im Internet Beiträge, die auf diese Weise mit doppelter Botschaft arbeiten. Sie fordern uns auf, das Dünnsein zu verdammen, und lassen uns im selben Atemzug mit dem elenden Gefühl zurück, unser Bauch sei heute wieder viel zu dick.

Hier sind drei besonders eindrucksvolle Beispiele: Im Mai 2007 veröffentlichte die britische Tageszeitung *Daily Mail* ein Bild von Cate Blanchett in einem schulterfreien Kleid. Man sah darauf, oh Schreck, ihre Schlüsselbeine hervorragen, was bei schlanken Frauen jenseits der 35 häufig der Fall ist, weil das Bindegewebe dann schwächer wird und weil die meisten Menschen auf den Schultern nun einmal keine Fettpolster haben. Am nächsten Tag waren die Knöchelchen auch *Spiegel online* eine Nachricht wert:»Schmal war sie ja schon immer, aber ist sie nun erschreckend dünn?« stand fantastisch sinnlos neben einem von neun (9!) wunderbaren Fotos der Schauspielerin, und da es ja sonst nichts weiter zu sagen gab, wurden noch die Kommentare von britischen Bloggerinnen zitiert, die entweder fanden, Blanchett sei zu dünn oder eben ... äh, nicht zu dünn. Die *Daily Mail* war zum selben Zeitpunkt aber schon um eine Erkenntnis reicher:»What a difference a day makes!« lautete die Überschrift 24 Stunden später, denn just einen Abend, nachdem das beunruhigende Schlüsselbein-Foto aufgenommen war, hatte jemand Blanchett auf einer anderen Party, in einem anderen (bis zum Hals geschlossenen!) Kleid, mit einer anderen Frisur und mit einem anderen Make-up abgelichtet – und siehe da: sie sah so wunderbar aus wie immer. Eine solche Farce ist nur in einer Kultur möglich, in der nahezu stündlich neue Bilder schöner Frauen verschlungen werden müssen. Und in der jede zweite Frau von ihren Figurproblemen besessen ist.

Das zweite Beispiel, weitaus weniger lustig: Auf der Schülerseite der *Stuttgarter Zeitung* hatten die jungen Gastautorinnen aus einer neunten und zehnten Klasse über das geschrieben, was sie selbst jeden Tag betrifft: Es ging um ein unerreichbares Schönheitsideal und den ewigen Kampf mit den Kalorien, der immer schon so gut wie verloren ist. Und was für ein Bild hatte die Bildredaktion dem Text beiseitegestellt? Zwei perfekte dünne Beine in sexy Hotpants. Es waren die idealen Beine für die in diesem Sommer hochmodischen Hotpants, und jedes normalgewichtige 16-jährige Mädchen, das dieses Foto sah, musste sich auf der Stelle miserabel fühlen.

Ein drittes Beispiel für die allgegenwärtige Doppelmoral aus Empörung über den »Schlankheitswahn« und die Bilder-Fresssucht der Medien stammt aus der Internetausgabe der *Frankfurter Allgemeinen Zeitung*. Dort erschien am 20. September 2006 ein Beitrag mit der Überschrift: »Keiner will Skelette sehen.« Um diese Erkenntnis noch einmal zu untermauern, hatte man den Text mit 22 (!) Abbildungen sehr, sehr dünner Schönheiten illustriert. Die konnte die Leserin selbstverständlich auch alle noch einmal groß klicken (22 Bilder sind sogar im Internet eine ganze Menge). Die Fotos zeigten – bis auf zwei Bilder der damals unvermeidlichen Paris Hilton und Victoria Beckham – Models auf internationalen Modeschauen in Designerkleidung. Jedes der Bilder war mit einem gehässigen Kommentar versehen: »Manche Models sehen nicht mehr gesund aus«, »sieht schon nach Selbstironie aus«, »wandelnde Skelette«, »keine schöne Körperhaltung«, »der bekannte Strich in der Landschaft«, »wenig Körper in viel Kleid« und »wenig weibliche Merkmale«. Das klang wie jene Mischung aus Belustigung und moralischer Selbstgerechtigkeit, mit der Europäer im 19. Jahrhundert afrikanische Dorfkultur beurteilten. Wer diese Bildunterschriften las, konte den Eindruck gewinnen, die Fotos zeigten uns nicht nur eine ganz fremde Kultur, sondern eine Lebensform, von deren Perversität wir zutiefst überzeugt sind. Aber natürlich zeigten uns die Bilder keine andere Kultur, und natürlich sahen die Models auf den 22 Bildern, die wir angeblich gar nicht sehen wollten, fantastisch aus. Ein bisschen unwirklich in ihrer Makellosigkeit, überirdisch in ihrer hoch aufgeschossenen Größe, unantastbar in ihrer Eleganz. Was können wir gegen solche widersprüchlichen Botschaften tun? Wie können wir damit umgehen? Ich schlage vor: indem wir versuchen, nicht auch noch unser Verhalten daran auszurichten. Indem wir nicht auch in den Tonfall der Gehässigkeit einstimmen. Wir sollten unser Seelenheil nicht in Häme suchen (»Sieht schon nach Selbstironie aus«, »Magermodels« und so weiter) – und dann trotzdem die blödsinnigste Blitz-Diät ausprobieren. Wenn wir das tun, fangen wir früher oder später an, uns selbst zu verachten.

Wir haben es nicht nötig, uns mit giftigen Kommentaren bei Laune zu halten. Wir können die Models schön finden, was sie auf ihre Weise durchaus sind. Aber es besteht kein Grund dazu, dass der Anblick 1,80 Meter großer, schmalhüftiger 16-Jähriger unser Selbstbewusstsein auf die Größe einer Erbse zusammenschrumpfen lässt. Wir sollten Models nur einfach als das betrachten, was sie sind. Die Ausnahme. Ihr Leben hat mit unserem nicht viel zu tun. Und darüber können wir ziemlich froh sein.

Als Heidi Klum im Frühjahr 2006 zum ersten Mal ihre mehrteilige Show *Germany's Next Topmodel* moderierte, folgte gleich auf die erste Ausgabe eine Aufregung, weil einer der Hoffnungsträgerinnen von der Jury beschieden worden war, sie könne niemals Deutschlands nächstes Supermodel werden, da sie in der Taille zu dick sei. Das Urteil kam überraschend, denn diese Irina maß 1,76 Meter und wog 52 Kilogramm, war also insgesamt ziemlich dünn. In den nächsten Wochen wurde in den Medien nicht mit Warnungen vor Heidi Klum gespart. Allen voran zeigte sich die *Bild*-Zeitung, die sich bis dahin eigentlich noch nicht mit Medienkritik hervorgetan hatte, über die Vorbildfunktion von Castingshows besorgt. Als Klums Modelwettbewerb dann ein Jahr später schon wieder zu sehen war und der Sender Pro Sieben nach eigenen Angaben in der Zielgruppe der 14- bis 30-Jährigen in Tagesmarktführung ging, waren die Models immer noch irrsinnig dünn, wurden aber ständig dabei gezeigt, wie sie Salat essen.

Das Gezeter um die Show war doch ein bisschen entlarvend. Theoretisch hätten wir die Show mit den großen, dünnen, jungen Frauen als das sehen können, was sie zeigte: ein Leben, das einfach nichts für jede Frau ist. Stattdessen aber wurde uns das Gezittere im Bikini unter der Prämisse vorgeführt:»Jede Frau sollte wie ein Supermodel aussehen... Aber doch bitte nicht zu solchen Bedingungen! Hungern für die Idealfigur! Irre!«

Sehr, sehr dünn zu sein, ist heute so wichtig, dass dieser Zustand nicht nur für ein paar Tausend Models in Frage kommt, die mit schmalen Hüften und langen Beinen auf die Welt gekommen sind und die sich entschieden haben, hauptberuflich Diät zu halten. Nein, sehr dünn zu sein ist ein Gebot, das für jede Frau gilt. Und dann beginnt natürlich das große Gestöhne unter der Last der Einsicht, was das alles bedeutet. Diät halten. Hunger haben. Sich immer zu dick zu finden.

Size Zero

Es gibt eine Hysterisierung des Themas Dünnheit in den Medien, eine Dauerempörung über das zu Dünne, die genau das Gegenteil von dem bewirkt, was sie vorgibt zu tun. Sie heizt das Thema an, sie hält es in unseren Köpfen, sie schult unseren Blick. Während ich im Frühsommer 2007 an diesem Kapitel schreibe, beschäftigt sich die Presse mit dem Phänomen »Kleidergröße Null« *(Size Zero)*. Size Zero ist ein Hype in Los Angeles, der sich, wie das mit Hypes so ist, schon längst wieder selbst übertroffen hat. Neuerdings gibt es, wie wir erfahren konnten, auch exklusive(!) US-Designer, die »negative zero« und »double zero« anbieten, also Kleidergrößen, die noch kleiner sind als Null. Size Zero ist die Größe, die an Victoria Beckham schlottert und für die Kate Moss zu dick ist. Oder so ähnlich. In Deutschland gibt es Kleidergröße Null nicht, sie entspräche einer Damen-Konfektionsgröße 32, aber auch die führen die meisten Modeketten nicht. Ich habe mich wochenlang gefragt, warum ich in jeder Lifestyle-Rubrik über Size Zero lesen muss, wenn ich in Deutschland doch nirgends eine Hose in Kleidergröße Null bekommen würde.

Die Flut der »Size Zero«-Publikationen ist ein gutes Beispiel für die Hysterisierung des Themas Dünnsein in den Medien. Es hat mit uns kaum etwas zu tun, jedenfalls nicht, sofern wir nicht vorhaben, morgen nach L.A. auszuwandern. Aber es erinnert uns daran, dass wir selbst nicht in jene glamouröse *Size Zero* passen würden, und vor allem: dass es all diese wundervollen Stars gibt, deren Fotos regelmäßig die Size-Zero-Artikel dekorieren.

Gegen die Erschütterung, die wir empfinden, wenn wir von einer ominösen Kleidergröße Null hören, verblasst die Banalität des Alltags. Dass eine pummelige 14-Jährige sich ihre

H&M-Kleidung von ihrem spärlichen Taschengeld eine Nummer zu klein kauft und nie tragen wird, ist kein Schocker. Niemand wird darüber je berichten. Dass alle meine Freundinnen und ich fantastische Tricks beherrschten, um dünn zu sein, interessiert auch niemanden.

Ich verrate sie Ihnen trotzdem: In den acht Jahren, in denen ich alleine wohnte, war mein Trick: nie viele Nahrungsmittel zu Hause zu haben, die sich essen lassen, ohne dass sie zuerst gekocht werden müssen. Wenn ich dann Hunger hatte, musste ich kochen oder aus dem Haus gehen. Die meisten Single-Frauen, die ich kenne, machen das genauso. Andere Tricks: Eine meiner Freundinnen isst nie auf. Nie. NIE! Eine meiner Freundinnen isst immer nur fünf Stück. Fünf Kekse, fünf Chips, fünf Lakritz. Fünf Stäbchen Pommes. Nicht fünf Buletten, natürlich. Eine meiner Freundinnen isst immer nur kalt. Eine meiner Freundinnen isst sehr exklusiv, d.h. sie hat eine lange Liste von Nahrungsmitteln von ihrem Speiseplan gestrichen: nie Butter, nie Eis, nie Kuchen, nie Weizen, nie dies essen, nie das essen. Eine meiner Freundinnen isst nie Süßes. Eine meiner Freundinnen isst Trennkost. Eine meiner Freundinnen rupft stets den weißen, weichen Werg aus Brötchen und Baguettescheiben und isst nur die Kruste. Am Ende eines Essens ist ihr Teller von einer kleinen Herde fluffiger Brotschäfchen umgeben.

Wir leben in einer permissiven Gesellschaft. Wir sind emanzipiert. Wir werden nicht vom so genannten »Patriarchat« unterdrückt. Wir tun das, um uns »wohler zu fühlen«. Unser Verhältnis zu Nahrung ist unser Leben lang ein Kampf um Macht und Kontrolle. Wir finden das ganz normal. Aber es ist nicht normal, wenn Brot eine Bedrohung darstellt. Und wir müssen nicht ständig über *Size Zero* lesen, um einzusehen, dass das so ist.

Seitdem die Amerikaner immer dicker werden, muss sich

jeder, der unseren Umgang mit der Kultur der Dünnheit kritisiert, vorhalten lassen, ob übergewichtig zu sein denn besser sei. Natürlich nicht. Aber zwischen einer Frau, die lieber hungrig am Schreibtisch sitzt, als beizeiten einkaufen zu gehen, und einer, die so dick ist, dass sie ständig Gelenkschmerzen hat oder mit 42 an Herzversagen sterben wird, gibt es eine gewisse Toleranzspanne. Ich schätze, meine Pilateslehrerin hat einen Body Mass Index von 23. Sie ist eine schöne, große, strahlende Frau. Natürlich ist sie sehr gelenkig. In den zwei Jahren, in denen ich bei ihr Pilates mache, war sie noch nicht ein einziges Mal krank. Und ja: sie hat einen dicken Po, einen richtigen Bauch und runde Oberschenkel.

Krokodilkot gegen Gewichtsschwankungen

In den letzten 3000 Jahren schwankte das Idealgewicht, je nach Mode und Ideologie, mitunter beträchtlich. Im alten Ägypten waren schlanke Körper begehrt, dieses Ideal galt für beide Geschlechter. Es soll Salben gegeben haben, die Schlankheit bis ins hohe Alter versprachen. Angeblich handelte es sich dabei um ein aus dem Bockshornklee gewonnenes Öl. Der griechische Historiker Plinius wusste von Schönheitsmitteln aus Alraune, Jasmin und Lilien zu berichten, die Beine und Leib schlanker machen sollten. In Totenkammern fand man Töpfchen, deren Beschriftungen darauf schließen ließen, dass sie gewebefestigende, fettreduzierende Mittel enthalten hatten. Außerdem wurde empfohlen, Schwangerschaften nicht zu schnell aufeinander folgen zu lassen, da dies zu Fettleibigkeit führen könne. Im Notfall half in die Genitalorgane geschobener Krokodilkot, er löste angeblich eine Abtreibung aus.

Im antiken Griechenland sollte ein schöner Körper athletisch sein, weder zu dick noch zu dünn, auch dies galt für Frauen wie Männer. Bäuche galten als dekadent; wer dick war, lebte maßlos, und schön konnte nur sein, wer »das richtige Maß« besaß. Aus diesem Grund musste etwas Schönes gut proportioniert sein, mit anderen Worten: es musste die richtigen Maße haben. Im alten Rom aß man gern und große Mengen, und Magerkeit war schon deshalb verdächtig, weil die Frühchristen asketisch lebten. Ansonsten galt: ein runder Körper zeigt Wohlstand. Im Mittelalter war reichhaltige Kost in großen Mengen zweifellos ein Privileg, das nur wenige besaßen. Die christliche Ikonographie zeigte allerdings wenig Toleranz für Dicke: Eva, die einzige nackte Frau, die gemalt werden konnte, ist immer jung, sehr schmal in den Hüften und hat eine kleine Brust, allerdings häufig auch einen leicht gewölbten Bauch. Die schöne Frau in der mittelalterlichen Dichtung ist ebenfalls mädchenhaft schmal; zu viel Speck auf den Rippen war den von der Erbsünde befleckten Menschen des Mittelalters hochgradig verdächtig. In der Renaissance wird das Ideal dann wieder runder, vor allem der Busen wird üppiger (in der mittelalterlichen Dichtung geriet ein Sänger noch ins Schwärmen, wenn die Oberweite der Angebeteten an »Walnüsschen« erinnerte). Ein französisches Traktat über die Schönheit aus dem 16. Jahrhundert schwärmt vom Doppelkinn und Grübchen und Leibern ohne Taille. Die Schönheiten auf den Gemälden von Tizian und Tintoretto haben volle Gesichter, kräftige Oberarme, Bäuche und runde Schenkel – vielleicht sah so wirklich das neue Körperideal für die Frauen der Oberschichten aus, vielleicht stand auch nur die Lust der Maler dahinter, endlich nackte Haut malen zu können.

Letzteres trifft mit Sicherheit auf die Frauen bei Rubens zu, deren fantastische Körperfülle heute sprichwörtlich geworden ist. Vermutlich aber malte Rubens damit gar nicht das Schönheitsideal seiner Zeit, sondern sein eigenes. Vor allem aber kann man den Bildern ansehen, wie sehr es ihm die Oberfläche der Haut angetan hatte: der seidige Schimmer im Gesicht und Dekolleté, die Dellen, Grübchen im Fett am Gesäß, die Falten der Speckrollen in der Taille, die straffe Wölbung des Bauches, die weiche Haut etwas unterhab der Achseln, die bewunderungswürdige Cellulite überall. Um das alles malen zu können, brauchte Rubens Fläche, mit anderen Worten viel Haut, viel Fleisch, viel Fett. Dicke Frauen also. Seine übergewichtigen Grazien sind uns damit näher, als wir meinen: Rubens' Bilder schwelgen in der schieren Präsenz von perfekter Oberfläche. Oder dem, was Rubens unter perfekter Oberfläche verstand.

Am Hof Ludwigs XIV. kam die schmale Taille in Mode. Bis Anfang des 20. Jahrhunderts bleibt die Sanduhrfigur mit geschnürter Mitte und ausladendem Becken in verschiedenen Ausführungen das europäische Ideal. Heute, da Schönheit demokratisiert ist, muss vielleicht dazugesagt werden, dass alle Moden sowie die dazu gehörenden Schönheitskriterien immer nur für die Oberschichten galten. Alle anderen hatten weder das Geld für schöne Stoffe und Schminke, noch hatten sie die Zeit, sich ausgiebig mit ihrem Aussehen zu beschäftigen. Sie mussten arbeiten, und da man sich in der Mode zwischen 1600 und 1900 nicht bewegen konnte, war Mode für den größten Teil der Bevölkerung nicht vorgesehen. Nur um 1800 gibt es eine kurze Ausnahme, in dieser Epoche wird ein schlichtes Kleid modisch, das knapp unterhalb der Brust geschnürt wird und lang und gerade bis zum Boden fällt. Darin kann sich die Oberschichtenfrau nun zwar ganz gut bewegen, allerdings ist dieses Kleid in erster Linie dazu gedacht, dass seine Trägerin anmutig die Natur dekoriert oder Männern zuhört, die Gedichte vorlesen. Es besteht meistens aus weißem, dünnen Baumwollstoff und ist schon deshalb nicht geeignet, um darin Böden zu schrubben oder Rüben zu ernten.

Beides, eine Sanduhrfigur im Korsett und die anmutige, »natürliche«, so genannte »griechische« Silhouette, erfordert für Frauen ein gewisses Maß der Zurückhaltung beim Essen. Im 19. Jahrhundert wird es mitunter sogar schick, wenn eine Frau etwas verhärmt und mager aussieht. Mme Bovary, die Heldin aus dem Roman von Gustave Flaubert, trinkt Essig, um dünner zu werden. Sie muss, wie all ihre nervösen und unglücklichen Schwestern des 19. Jahrhunderts, durchlässig werden für all die Gefühle, die sie empfinden kann und will. Zu viel Körpermasse stört dabei.

Zu Beginn des 20. Jahrhunderts ist die moderne Frau sportlich und schlank. Zum ersten Mal entdeckt die junge Konsumgesellschaft Werbung, um unerfüllbare Sehnsüchte zu schüren. Diätmittel versprechen das Blaue vom Himmel: Anzeigen preisen die Wirkung von Pillen mit »entfettender Wirkung«. In Frankreich baut angeblich ein gewisses Blutreinigungsmittel mit Namen *Camus Water* das Fett ab – wundersamerweise tut es das »nur an den gewünschten Stellen«. Ein bestimmtes Gelee baut überschüssiges Fett ab, wenn man es in die Haut einmassiert. Auch das »desinfizierend wirkende« Urodonal, das Harnsäure löst, die wohl irgendetwas mit Übergewicht zu tun haben soll, wird gepriesen. Man kann sich aber auch mit einer Gallseife so lange einseifen, bis das Fett an den Problemzonen schmilzt. Und wenn das alles noch nicht helfen sollte, gibt es jenen Trikot-Hüftgürtel, der den Körper nicht nur modelliert, sondern – aufgrund seines sanften, »nie unangenehmen« Drucks – »die Fettzellen eliminiert«! Bis heute lässt sich mit den Figurproblemen anderer ein Vermögen verdienen.

Schmale Hüften für schmale Kleider

Warum müssen Models eigentlich so dünn sein? Ich telefoniere mit Jan-Eric Luetjen, dem Besitzer der renommierten Hamburger Modelagentur *place*. Er spricht schnell, ist sehr eloquent und entwirft in Windeseile das Bild eines Berufs, um den ich niemanden beneide. Ich erfahre, dass kein Model wehleidig sein darf, weil es Jetlag, Fotografen und Windkanäle aushalten müsse. Dass viele Models schlechte Haut und ruinierte Haare haben, weil ihr Job mörderisch anstrengend ist und die Hair-und-Make-up-Frauen und -Männer nicht zimperlich mit ihrem Gestaltungsmaterial umgehen. Dass kein Model nach einem 10-Stunden-Flug nach Mailand, Paris oder New York weiß, ob es gebucht wird, weil die Castings immer erst unmittelbar vor den Shows stattfinden.

Meine Freundin Dorothea arbeitete jahrelang in Modelagenturen und für international bekannte Fotografen. Wenn ich sie in der Mittagspause besuchte, kamen gelegentlich dünne, hübsche, müde, blasse und etwas heimatlos wirkende junge Frauen ins Studio. Sie klapperten, meist ohne Termine, die Studios der Stadt ab, sie kamen aus Italien, den USA, Skandinavien. Sie sagten »Hello«, Dorothea und ich sagten »Hello«, dann kramte das Model sein Fotobuch aus seiner Tasche, und Dorothea machte Smalltalk, fragte, wie ihr Hamburg gefiele oder sagte so etwas wie: »Oh, I like your scarf, it's really nice«, inzwischen war das Fotobuch auf dem Tisch, Dorothea blätterte es durch, nahm sich die Setcard heraus (das Foto, das die Agentur für das Model macht), sagte noch mal etwas, das Model stand wieder auf, sagte »Thank you« und »Bye«, Dorothea und ich sagten »Bye« und wandten uns wieder unserem Gespräch und unserem Kaffee zu.

Am Ende der Mühsal aus Klinkenputzen, Nettsein, Nieman-

den-in-der-Stadt-Kennen, Geschminkt-Werden, Zurechtge-
zupft-Werden, Frieren, Schwitzen, Warten, vier Meter Probe-
Laufen und immer wieder Nettsein steht die Kränkung des
Bildbearbeitungsprogramms. Jedes Bild für Mode und Werbung wird bearbeitet. Bei unbekannten Models kann man
mehr machen, bei den Topmodels natürlich weniger, weil sie
wiederzuerkennen sein müssen. Aber keine dieser schönen
Frauen ist so perfekt, wie wir sie auf Bildern präsentiert bekommen. Was ist mit dem Druck, dünn sein zu müssen, frage ich den
Model-Agenten. Klar, der sei da. Nur Mädchen mit sehr, sehr
schmalen Hüften könnten Stars werden. Wenn er nach Nach-
wuchsmodellen Ausschau hält, achte er auf die Hüften. Jan-
Eric betont, dass schmale Hüften sehr, sehr wichtig sind. Models, die auf den großen Shows laufen wollen, müssten dünner
sein als jene, die Werbung oder Modefotografie machen. Das
müsse so sein, erklärt Jan-Eric, damit die Kleidung, die sie
präsentieren, gut aussieht. Das finde ich plausibel: unmögliche
Körper für unmögliche Kleidung.

Ohne dass ich das Thema Essstörungen angesprochen
habe, sagt Jan-Eric dann: Aber sie dürfen nicht magersüchtig
sein. Model zu sein verlangt gute Kondition, Models müssen
gesund sein und auch so aussehen. Dann erzählt er, dass er einige Fälle von Essstörungen kannte. Er fügt noch hinzu: Das
Modelsein habe die jungen Frauen davon kuriert.

Ich will nicht ausschließen, dass so etwas möglich ist. Natürlich kann es passieren, dass ein Model seinen Ehrgeiz als
Mittel gegen die Krankheit entdeckt. Die Engländerin Grace
Bowman, von der ich zu Beginn dieses Kapitels erzählt habe,
begann gegen ihre Krankheit zu kämpfen, als sie einen Stu-
dienplatz an der englischen Elite-Uni Cambridge bekommen
hatte, den sie nicht verlieren wollte. Aber ich bekomme nach

111

Jan-Erics Bemerkung den Eindruck, dass das Thema Essstörung eine Art offene Flanke der Branche ist.

Seit September 2006 gibt es in Spanien eine Regelung, die festlegt, dass in Madrid nur noch Models auf der großen Show *Pasarela Cibeles* mitlaufen dürfen, die mindestens einen Body Mass Index (BMI) von 18 haben. Der BMI bewertet das Körpergewicht eines Menschen im Verhältnis zum Quadrat seiner Körpergröße. Er wird u. a. von Ärzten dazu verwendet, um krankhaftes Unter- oder Übergewicht zu diagnostizieren. Als untergewichtig gilt heute jemand, dessen BMI unter 18,5 liegt, als übergewichtig jemand, dessen BMI über 25 liegt. Allerdings ist das, was als gesund bzw. normal gilt, über die Jahrzehnte gesehen relativ wandlungsfähig geworden. Die englische Autorin Susie Orbach, die einen Anti-Diät-Klassiker verfasst hat, der seit fast dreißig Jahren verlegt wird, stellt in ihrer Einleitung zur englischen Neuauflage 2006 fest, dass der BMI in den vergangenen sechs Jahren nach unten korrigiert worden ist. Die Schönheitsköniginnen in den 20er Jahren hatten einen BMI zwischen 20 und 25. Marylin Monroe hatte phasenweise einen von 26.

Regelungen wie jene in Madrid werden inzwischen überall gefordert. Die Medien lieben sie und berichten von jeder einzelnen recht ausführlich (wegen der günstigen Gelegenheit, dann Bilder sehr dünner Promis zeigen zu können). Seit Februar 2007 existiert auch für die Modewoche in Mailand ein Verhaltenskodex, an den sich alle Teilnehmer auf freiwilliger Basis binden sollen; er verlangt ein Gesundheitszertifikat von allen Models. Auch die *Australian Fashion Week* wollte für das Frühjahr 2007 keine *zu* dünnen Models engagieren, doch niemand hatte sich daran gehalten. Ich erfuhr es über *Spiegel online,* und der Artikel hatte zwölf Bilder.

Es gibt Models, die an den Folgen ihrer Magersucht oder Bulimie sterben. Jeder, der den Bericht einer Frau gelesen hat, die unter einer Essstörung leidet, weiß, was für unendlich traurige Geschichten das sind. Meistens sind diese Frauen kluge, intelligente Personen, und es sieht beinahe immer so aus, als hätten sie unter etwas anderen Umständen die Lieblingskinder unserer Leistungsgesellschaft sein können: karriereorientiert, ehrgeizig, kompetitiv, perfektionistisch, intelligent, leistungsbereit. Wenn man ihre Geschichten miteinander vergleicht, fällt auf, dass es in allen eine beunruhigende Nähe gibt zwischen dem Ehrgeiz, die Beste zu sein, und dem Ehrgeiz, die Dünnste zu sein. Vielleicht ziehen Regelungen wie die in Madrid oder Mailand oder London notwendige Grenzen in einem Geschäft, in dem alles davon abhängt, einen perfekten und sehr dünnen Körper zu haben, und wahrscheinlich sind sie für viele der sehr jungen, ehrgeizigen Frauen wichtig und gut.

Aber wir sollten nicht zu große Hoffnungen darauf setzen. Es ist hochgradig unwahrscheinlich, dass sich durch ein Gesundheitszertifikat für Laufstegmodels *für uns* etwas ändern wird. Wir werden nicht im nächsten Jahr aufhören, eine Diät zu machen, bevor die Badesaison beginnt, und wir werden auch nicht die Ärzte arbeitslos machen, die sich aufs Fettabsaugen spezialisiert haben. Die 14-jährigen Mädchen, die sich vor dem Spiegel winden, um festzustellen, dass ihr Hintern »viel zu dick« sei, werden nicht auf wundersame Weise Mütter bekommen, die nicht diäten. Sie werden auch nicht plötzlich einen Schulweg haben, auf dem sie keine dünnen Frauen auf Plakaten sehen, deren Beine nachträglich von einer Grafikerin gestreckt worden sind. Tatsächlich sind die sehr, sehr dünnen Frauen, die auf den großen Shows laufen, ja auch Ausnahmeerscheinungen unter den Models. Sie machen in der Gesamtheit all der Bilder von attraktiven, dünnen Frauen, die uns täglich umgeben, nur eine lächerlich verschwindend kleine Gruppe aus. Es bleiben uns immer noch die dünnen Schauspielerinnen, dünnen Sängerinnen und die dünnen Models, die für Kataloge posieren oder Autowerbung machen oder die »Wäschestrecken« präsentieren. Und wem das noch nicht reicht, dem bleiben dann noch die dünnen Ehefrauen in den vornehmeren Wohngegenden, die dünnen Verkäuferinnen in den besseren Geschäften und die dünnen Karrierefrauen in den Ratgeberrubriken der Frauenzeitschriften.

Dünn ist ein Wert der Leistungsgesellschaft

Ich frage mich, ob eine jener Journalistinnen, die empört über die »Magermodelszene« schreibt, selbst in der Lage ist, entspannt ein ganzes Stück Sahnetorte zu essen. Wenn sie es nicht ist, und ich vermute dies stark, dann haben wir kein Problem mit der Modeszene, sondern mit unserer Gesellschaft. Die *Prêt-à-porter*-Schauen führen uns immer nur die Spitze des Eisbergs vor Augen. Das Problem sitzt viel tiefer, es ist überall. Der Trugschluss, dünn zu sein sei ein Wert, für den es sich lohne, Härten hinzunehmen, wird *von uns allen* mitgetragen. Wir essen gern Fingerfood oder Sushi, kaufen Light-Joghurt und trinken Diät-Cola und treiben Sport, sparen für den Personal Trainer und das Fettabsaugen. Die einzige Übung aus dem Power-Yogakurs, zu der wir uns auch zu Hause noch mal durchringen können, ist jene, die das Bauchfett »schneller verbrennt«, also kreisen wir jeden Abend noch einmal den Oberkörper, obwohl uns unser Verstand eigentlich sagt, dass dem Versprechen für schneller verbranntes Bauchfett etwas höchst Dubioses anhaftet. Unserer vierjährigen Nichte schenken wir zu Weihnachten eine Barbie, und wenn wir verlassen werden, stellen wir uns vor, dass wir in einer Jeans der Größe 26 *Jeden* bekommen könnten – und essen natürlich trotzdem erst mal ein paar Becher Eis und dann vielleicht eine Tüte Chips.

Man stellt in Firmen lieber dünne als dicke Frauen ein, und man tut das, weil Dünnsein Leistungswillen symbolisiert (und das betrifft dann übrigens auch Männer). Man druckt auf Wahlplakaten lieber schlanke Kandidatinnen, weil die dynamischer wirken und natürlich auch jünger und weil sie auch im Fernsehen besser wirken. Ich glaube nicht, dass die Lifestyle-Redakteurin, die über die Magermodels schreibt, es ohne weiteres mit ihrem Selbstbild vereinbaren kann, eine Lifestyle-Redakteurin in Kleidergröße 44 zu sein.

Die »Kultur der Knochen«, wie *Spiegel online* einmal formulierte, findet nicht nur auf den Laufstegen in Paris, Madrid und London statt, sondern auf den Pausenhöfen, in den Umkleidekabinen, auf der Straße und in den Küchen, in denen am Eisschrank eine lustige Plakette mit der Aufschrift klebt: *Die fetten Jahre sind vorbei.* Wenn wir behaupten, an unserem Gewichtsideal sei vor allem das Vorbild der Modeszene schuld, machen wir es uns etwas zu einfach.

Es ist außerdem nicht sehr klug zu erwarten, ausgerechnet das Modebusiness würde das Problem mit der Dünnheit lösen. Wenn neuerdings Models Gesundheitszertifikate nachweisen müssen, sind wir den Schlankheitswahn nicht los, er ist dann nur an eine Adresse delegiert worden, wo eine Lösung des Problems kaum zu erwarten ist. »Durch Madrid wird sich nichts ändern«, sagt meine Freundin Dorothea, die ehemalige Bookerin. »Victoria Beckham möchte ihre Klamotten nicht von Frauen vorgeführt bekommen, die aussehen wie wir. Die Veranstalter wissen das.« Die Models werden als Letzte beginnen zuzunehmen. Die Agenturen werden jungen Frauen weiterhin ihre Sesam-Öffne-Dich-Formel verraten: Wenn du

Model sein willst, musst du abnehmen. Sie werden Mädchen ausschimpfen, wenn sie einen Zentimeter in der Taille zugelegt haben. Bei Gelegenheit werden sie erklären, sie suchten »Individualisten« oder das »Besondere« oder auch »Persönlichkeiten« – im Zweifelsfall werden sie sich für eine Frau mit zwei Zentimetern weniger um die Hüften entscheiden als für die mit etwas mehr Besonderheit.

Einige Psychologen sagen, Magersüchtige würden in vielen Fällen die Probleme der gesamten Familie, in der sie leben, auf sich nehmen und in ihre Krankheit verwandeln. Wenn die Mädchen (und Jungen) an der Essstörung erkranken, lenken sie dann durch ihr Verhalten unbewusst alle Aufmerksamkeit auf *sich* selbst – und von den Problemen der Familie ab. Sie werden dann die Symptomträger von Konflikten, die noch ganz woanders liegen als in der Magersucht oder Bulimie. Darin zeigt sich die ganze Komplexität der Krankheiten: Die jungen Frauen (und Männer) schaden sich selbst – und schützen damit die Strukturen der Familien, die sie krank machen.

Mit ein wenig Mut zur Übertreibung lässt sich dies nun übertragen: All die spindeldürren Models und mager gehungerten Stars verkörpern nicht nur ein bestimmtes Schönheitsideal zu Beginn des 21. Jahrhunderts, sondern sie sind gewissermaßen auch die Symptomträger unserer Gesellschaft, einer Gesellschaft, die Leistung, Selbstbeherrschung, Fitness, Körperdisziplin und Jugendlichkeit zu ihren höchsten Gütern zählt. In der Kompetenz groß geschrieben wird, und in der jeder alle anderen und sich selbst, in allem was er tut, ständig zu übertreffen hat, um Anerkennung zu finden.

Die Wahrheit ist: Die superdünnen Models sind nicht die *Ursache* unseres Schlankheitswahns, sondern das *Symptom*. Nicht wir sind so dünn, weil die Models so dünn sind. Sondern die übertriebene Dünnheit der Models entspricht einer Alltagsmoral, von deren Wert wir zutiefst überzeugt sind. Nicht nur die »Modewelt« müsste »ihr Schönheitsideal in Frage stellen«, wie der Spiegel forderte, damit wir entspannter essen können, sondern *wir* müssten theoretisch eine ganze Reihe von Werten in Frage stellen. Nicht wir müssen hoffen, dass die Models endlich dicker werden, damit wir eine weniger gestörte Körperwahrnehmung haben. Sondern die Models werden ein wenig zunehmen dürfen, wenn *wir* etwas entspannter zu leichten Rundungen stehen könnten. (Ich spreche hier von Pölsterchen, die nun nicht gleich zur Herzverfettung führen.) Die Frage ist, ob wir dazu in der Lage sind. Vielleicht wäre es für alle 14-jährigen Mädchen hilfreich, wenn nicht nur alle 16-jährigen Models, sondern auch die eigene Mutter und die klugen, intelligenten Vorbilder aus den Medien, die weiblichen Superstars der Politik und der Kultur einfach mal zwei bis drei Kilo zunehmen könnten. Wenn die das können, kann ich das auch.

Aber ich weiß: das ist eine völlig utopische Erwartung. Und solange wir Diäten als eine unvermeidliche Begleiterscheinung eines jungen, fitten und sexy Lebens betrachten, wäre für heranwachsende Mädchen und Jungen vor allem eine Unterrichtsstunde pro Monat empfehlenswert, in der sie über den Wandel der Schönheitsideale, vernünftige Essgewohnheiten und die Wirkung der Massenmedien sprechen könnten.

Gleichberechtigung

Auch Männer müssen heute schlank sein. Das Herrenmagazin *Men's Health* bietet seinen Lesern auf seiner Homepage neben den Rubriken »Sex«, »Tech« und »Fitness« zur Weiterbildung auch die Kategorie »Men's Diet«. Aufgrund der besonderen Logik, die Männer- und Frauenschönheit voneinander unterscheidet, müssen Männer aber nicht in erster Linie dünn sein, um schöner auszusehen, oder um erotischer zu wirken, sondern um leistungsfähiger zu wirken, disziplinierter, dynamischer. Einfach besser als die Konkurrenz. Allerdings wird den Männern auf derselben Seite auch geraten, nicht wie die Wölfe über ein Buffet herzufallen! Darin zeigt sich dann doch, was Männer und Frauen in Sachen Schönheit immer noch unterscheidet. *Undenkbar*, diesen Tipp in einer Frauenzeitschrift zu finden! Keine Lifestyle-Magazine lesende Frau würde auch nur im Traum daran denken, sich in der Öffentlichkeit dabei ertappen zu lassen, wie sie sich Berge auf ihren Teller füllt.

Die Vorstellung, dass dünn zu sein besser ist, als dick zu sein, ist seit Jahrhunderten fest in der christlichen Kultur verankert. Noch nie war das Verhältnis des Abendlandes zum Essen besonders entspannt. Seit mehr als 2000 Jahren entzünden sich an der Frage »Wie viel darf gegessen werden?« moralische Debatten. Die Völlerei, das unmäßige, aber eben auch lustvolle Essen, galt bekanntlich als Todsünde. Da die Kirchenväter das Essen (ebenso wie den Sex) aber schlecht völlig verbieten konnten, kamen sie auf die wunderbare Idee, zu erklären, es sei in Ordnung zu essen (und Sex zu haben) – solange beides keinen Spaß macht. Natürlich funktionierte auch das nicht. Der katholische Ausweg aus dem Dilemma war, hemmungsloses Schlemmen unter Umständen dann doch zu tolerieren, weil es Gelegenheit bot, sich hinterher schlecht und sündig zu fühlen. Die Ideologie des Kapitalismus, der Geist des Protestantismus, standen Sinnenfreuden nicht minder ablehnend gegenüber, aber da es für den gläubigen Protestanten das Schlupfloch der Beichte nicht gab, musste er die Butter eben immer schon etwas dünner aufs Brot kratzen. Inzwischen gilt für uns Gesundheitsfreaks noch nicht einmal mehr, dass Essen Spaß machen könnte. Nicht nur zu viel essen, sondern überhaupt zu essen, ist irgendwie suspekt. Während wir von ewiger Gesundheit, Fitness und Jugend fantasieren, gilt: wer isst, hat entweder Kummer, ist krank oder einsam oder mag sich selbst nicht leiden.

Wenn wir heute vom Dünnsein besessen sind, liegt das nicht nur an unserem Schönheitsideal, sondern auch an unserem Leistungsideal. Aus der christlichen Tugend des maßvollen Essens ist die säkulare Überzeugung geworden, dass jemand, der wenig isst, besser, d.h. erfolgreicher, ist als andere. Dünnsein ist heute ein Statussymbol. Wer dünn ist, zeigt, dass er Disziplin besitzt. Er zeigt, dass er bereit ist, in Konkurrenz mit anderen zu treten, und er hält den ständigen Vergleich mit anderen aus. Er zeigt, dass er modern ist, dass er in der Lage ist, mit dem Zeitgeist Schritt zu halten. Er zeigt, dass er die Energie besitzt, noch am Ende eines Tages ins Sportstudio zu gehen. Er zeigt, dass er in seinen Körper investiert hat. Er zeigt, dass er erfolgreich ist.

Das alles gilt nun natürlich auch für Frauen. Auch im Hinblick auf das Dünnsein-Müssen unterliegt die moderne Frau einer Doppelbelastung. Sie soll dünn sein, weil Größe 36 als attraktiv und sexy gilt. Aber sie muss auch dünn sein, weil sie in Größe 36 erfolgreich aussieht.

Das klingt nun alles nicht gerade ermutigend. Wer hofft, demnächst in einer Gesellschaft zu leben, die Kleidergröße 44 entspannt gegenübersteht, wird tatsächlich auch enttäuscht werden. Je katastrophaler die Ernährungsgewohnheiten unter Jugendlichen, je dramatischer das Problem der Übergewichtigkeit, desto wertvoller wird der dünne, disziplinierte, leistungsbereite Körper wirken.

Wenn wir uns aber erst einmal klarmachen, dass unser

Wunsch dünn zu sein nicht nur etwas mit dem Schlankheitswahn zu tun hat, sondern auch mit der Leistungsethik unserer Gesellschaft, haben wir wenigstens Selbstachtung gewonnen. Ich hörte in meinen Gesprächen so oft die Selbstverachtung zwischen den Zeilen.»Ich fand mich immer zu dick. Ja, klar, ich habe Diäten gemacht. Und das Schlimmste ist, dass ich weiß, wie idiotisch das ist. Aussehen zu wollen wie diese mageren Models.«

Irgendwo scheint es sie ja zu geben, jene Frauen, die andere mehr oder weniger dezent darauf hinweisen, sie sollten bitte mal eine Diät machen – ich kenne glücklicherweise keine davon persönlich –, aber eine Freundin von mir bekommt regelmäßig Diätpläne von ihren Kolleginnen mit einem Eifer unterbreitet, als gelte es, sie auf den rechten Glaubensweg zu bringen. Vielleicht sind wir also wirklich unsere ärgsten Feindinnen, wenn es ums Dünnsein geht, wie Alice Schwarzer schreibt. Andererseits werden auch die Frauen, die es nicht sind, sich in der Mehrzahl lieber dünn als dick sehen wollen, und das liegt nun eben nicht nur daran, dass wir uns wie Tölpel von den Massenmedien hinters Licht führen lassen und systematisch gegen unsere Überzeugungen handeln. Wenn wir dünn sein wollen, dann tun wir das auch, weil dünn zu sein ein Wert ist, der auf Überzeugungen beruht, die aus der Mitte der Gesellschaft kommen. Dünn ist ein Wert der Leistungsgesellschaft. Wir mögen das Dünne, weil es in unseren Augen gut aussieht. Aber vor allem mögen wir das schwer Erarbeitete daran.

Schockierend reale Körper

Das Frauenmagazin des britischen *Observer* brachte im Herbst 2007 einen Aufmacher mit zwei hochattraktiven Models (beide Kleidergröße 44). Die Bilder waren ästhetisch, sexy, sie erinnerten an den Sexappeal von Pin-ups aus den 50er Jahren, sie waren konventionell und doch völlig ungewohnt. Sie waren auf eine wunderbare Weise überraschend. Die Oberschenkel rund, die Oberarme kräftig, es gab Hüften, und, oh Gott, ja, tatsächlich auch einen Bauch, und man sah einen unglaublichen Hintern. Der nebenstehende Text begann mit den Worten:»Schockieren Sie diese Fotografien? Uns schockierten sie, obwohl wir sie in Auftrag gegeben haben!« Die Redakteurinnen schrieben:»Die Bilder wirkten auf uns irgendwie gesetzwidrig, sie verstießen gegen Regeln. Sie wirkten so offensichtlich sexuell. Beinahe fetischistisch. Sie widersprachen eindeutig den Regeln der Hochglanzästhetik. So viel Busen! So viel Hintern! Solche saftigen Speckrollen. Solche Oberschenkel!« Und sie fragten, halb im Ernst:»Gibt es gegen so etwas keine Gesetze?«

Nein, die gibt es glücklicherweise nicht. Es gibt in unserer Kultur eine unerfreuliche Leistungsethik, die es schätzt, wenn wir uns selbst schaden, um erfolgreich zu wirken. Und es gibt eine auf Prüderie basierende Pornografisierung in den Medien, die es nicht aushält, wenn ein weiblicher Körper in seiner ganzen fleischlichen Fülle präsentiert wird. Es gibt einen verklemmten Voyeurismus, der den Körper einer schönen, fülligen Frau unter Fetisch-Sex verbucht. Das ist schlimm genug.

Aber es gibt keine Gesetze gegen das Dicksein. Und daher gibt es in diesem ganzen Elend auch noch zwei viel versprechende, ermutigende Geschichten.

Neben dem Arbeitsverbot für zu dünne Models auf den

Shows in Madrid hat sich die spanische Politik noch etwas einfallen lassen. Es betrifft nicht nur einige tausend Frauen, die ihr Geld damit verdienen, Kleidung vorzuführen, sondern *jede* ganz normale Spanierin (und vermutlich wurde deshalb bisher in der Presse so gut wie gar nicht darüber berichtet). Erstens: Spanische Schaufensterpuppen müssen zunehmen, sie müssen mindestens Größe 38 tragen. Man stelle sich einmal vor: nie wieder Figuren in den Läden, die so dünn sind, dass sogar noch die daran dekorierte Größe 34 mit Stecknadeln befestigt werden muss! Zweitens: Spezialabteilungen »große Größen« in Kaufhäusern werden abgeschafft. Und drittens: 8500 durch Zufall ermittelte Spanierinnen zwischen zwölf und 70 werden bis 2008 vermessen, die Ergebnisse werden zur Grundlage für eine neue einheitliche Konfektionsgröße genommen. *Zara* und *Mango* haben sich bereit erklärt, zu kooperieren. Nun muss man abwarten, was daraus wird.

Und die zweite Geschichte: Supermodel Tyra Banks, ehemalige Galionsfigur des luxuriösen amerikanischen Unterwäscheherstellers *Victorias Secret*, inzwischen die Gastgeberin von *Americas Next Topmodel*, wurde im März 2007 bei Fotoaufnahmen in Australien von Paparazzi erspäht. Mit Hilfe großer Teleobjektive entstanden einige nicht sehr schmeichelhafte Aufnahmen. Sie hinterließen den Eindruck, die Vorzeigeschönheit habe – so wie jede andere Frau der Welt – Problemzonen. Po und Oberschenkel wirkten irgendwie – dick. Die Boulevardpresse war begeistert und druckte die Bilder mit dem Kommentar »Amerikas nächstes Top-Moppel« (*Americas Next Top Waddle*, wörtlich: Top-»Schwabbel«)

Tyra Banks reagierte nicht so, wie das erwartet wurde. Statt betreten eine Weile auszuharren, bis die Bilder schnell wieder vergessen sein würden, machte sie sich darüber lustig. Banks erschien live im Fernsehen – in einem Badeanzug – und wackelte mit den Körperteilen des Anstoßes vor den Kameras so hemmungslos herum, bis auch der letzte Zuschauer begriffen hatte, dass auch der Körper eines Supermodels unter besonders ungünstigen Umständen ungünstig aussehen kann. Nun ist Tyra Banks in den USA zu einer Art Ikone der Pummeligen geworden. Vielleicht hat sie aus der Not eine Tugend gemacht und in einem Land, in dem Gewichtsprobleme zur Massenkultur gehören, sofort das Potenzial ihrer neuen Rolle erkannt. Das Ex-Supermodel als Trösterin der Dicken. Vielleicht lag ihr auch wirklich am Herzen, etwas für Frauen ohne Idealmaße zu tun. Wahrscheinlich war es eine Mischung aus beidem.

Um das 10. Jubiläum ihres Erscheinens auf der jährlichen Bademodenausgabe von *Sports Illustrated* zu feiern, ließ sich Banks kürzlich fotografieren, gut zehn Kilo schwerer als 1996. Den rot-weiß gepunkteten Bikini von damals hatte sie noch, aber er passte nicht mehr, also war etwas zusätzlicher Stoff eingenäht worden. In zehn Jahren, so Banks, werde sie sich wieder fotografieren lassen, wieder im selben Bikini, wieder mit etwas mehr eingenähtem Stoff.

Ich finde, das ist eine herrliche Geschichte. Körper verändern sich mit der Zeit. Auch die der Supermodels. Ich hoffe, der in zehn Jahren eingenähte Stoff wird eine andere Farbe und ein anderes Muster haben als der heutige Bikini. Damit man auch gut erkennen kann, wo er hinzugefügt worden ist.

4
Fruchtbar

Ein Kreißsaal in Texas. Der kleine Junge, dem seine Eltern vor 15 Minuten, als er zur Welt kam, den Namen David gegeben haben, liegt in einem Kinderbettchen. Eine Doktorandin des Fachbereichs Psychologie der University of Texas hat eine Vorrichtung über ihm aufgebaut, bei der das Foto eines Gesichts langsam an den Augen von David vorbeizieht. Das Foto zeigt das Gesicht einer schönen Frau. Die Doktorandin ist im Kreißsaal anwesend und beobachtet die Reaktion des Neugeborenen, aber zur Sicherheit wird sein Gesicht auch noch von einer Videokamera gefilmt. So lässt sich später genau auswerten, wie lange David das schöne Gesicht angeguckt hat. David soll zeigen, ob er auf Schönheit reagiert oder nicht. So wie ein paar weitere 15 Minuten alte Neugeborene in jenen Wochen, denen zum Vergleich auch die Bilder hässlicher Frauen gezeigt werden. Willkommen auf dieser Welt und in einer Kultur, in der gutes Aussehen verdammt wichtig ist.

Das ist keine Geschichte aus dem Unsere-Welt-wird-immer-schlimmer-Repertoire von Margaret Atwood, sondern ein Experiment, das genau so 1997 von der jungen amerikanischen Psychologin Lisa Kalakanis durchgeführt wurde. Es ist nicht das einzige der Attraktivitätsforschung mit Babys, allerdings das mit den weitaus jüngsten Teilnehmern. Heraus kam in dem texanischen Kreißsaal nichts Brauchbares. Einige der von den Strapazen ihrer Geburt erschöpften, von den fremden Geräuschen und dem Licht überwältigten, gerade mal 15 Minuten alten Säuglinge folgten mit ihrem Blick den schönen Gesichtern, andere taten es nicht.

Ob Menschen nun also von Geburt an auf genau eine Sorte Schönheit gepolt sind, weil ein bestimmter Schönheitssinn seit den Ursprüngen der Menschheit in unserem Gehirn »verdrahtet« ist, ist damit also weder bewiesen noch widerlegt. Bewiesen war mit dem Experiment allerdings der Grad der Besessenheit, die uns ergreift, wenn es um Schönheit geht. Wer kommt eigentlich auf die Idee, 15 Minuten alten Neugeborenen Bilder schöner Menschen zu zeigen? Wer will wissen, was Neugeborene schön finden? Wen interessiert das?

Wir begeben uns in diesem Kapitel auf das Terrain der Attraktivitätsforschung, der Wissenschaft von der Erforschung dessen, was Schönheit bedeutet und was schön ist. Sie entstand in den 60er Jahren an amerikanischen Psychologieseminaren und konzentrierte sich bis in die 80er Jahre vor allem darauf, die soziale Bedeutung von gutem Aussehen zu untersuchen. In Tausenden von Versuchsanordnungen wurde getestet, welche Rolle Schönheit im Alltag spielt – im Beruf, in der Schule, vor Gericht, in Beziehungen, beim Kennenlernen, beim Sex, in Notsituationen und so weiter und so weiter. In den meisten Fällen handelte es sich dabei um Tests, in denen Männer schöne Frauen beurteilten: wie reagierten sie auf schöne/hässliche Kellnerinnen, schöne/hässliche Frauen mit einem Platten am Straßenrand, schöne/hässliche Frauen in einer Telefonzelle, schöne/hässliche Verfasserinnen eines Essays, schöne/hässliche Angeklagte vor Gericht. Alle Untersuchungen kamen zu dem wenig überraschenden Ergebnis, dass schöne Menschen in den meisten Lebenslagen völlig ungerechtfertigterweise maßlos privilegiert sind.

Vor zirka 15 Jahren hat sich die Fragestellung der Schönheitsforscher grundlegend geändert. Statt zu untersuchen, wie

Attraktivität in unserem Alltag heute *funktioniert*, untersuchen sie inzwischen, was Schönheit *ist*. Ihre wichtigste Frage ist: Was macht einen Menschen schön? Wie muss er aussehen? Es geht dabei um nichts weniger als *die* Schönheitsformel

Die Schönheitsforschung hat den Gedanken der Aufklärung, alle Schönheit entstehe »im Auge des Betrachters« (David Hume) in die Ecke politischer Korrektheit verbannt und erklärt das Gegenteil: Schönheit sei keineswegs relativ. Nein, es gebe die *absolute* Schönheit. Man könne die Eigenschaften, die jeder Mensch, zu jeder Zeit, überall, schön gefunden hat und immer schön finden wird, wissenschaftlich verifizieren. Eine bestimmte Präferenz für beispielsweise symmetrische, große Brüste sei angeboren; es handle sich dabei um ein gemeinsames menschliches Erbe der Evolution.

Schön gleich groß, gesund und blond

Die Attraktivitätsforschung beruft sich auf die Soziobiologie und die Evolutionspsychologie. Sie versucht zu zeigen, dass wir unser Schönheitsideal seit der Steinzeit als ein biologisches Erbe in unseren Genen mit uns herumtragen. Die Forscher sprechen in diesem Zusammenhang davon, unser Schönheitsideal sei in unserem Gehirn »verdrahtet« (engl.: *wired*) – damit ist gemeint, unser Schönheitssinn sei eine Sache der Hardware (also vererbt, angeboren) und nicht erlernt bzw. durch Kultur vermittelt. Eines der Lieblingsbeispiele der Wissenschaftler für das immerwährende Schönheitsideal ist mit beruhigender Regelmäßigkeit Nofretete. Das edle Antlitz mit den ausdrucksvollen Augen und dem sinnlichen Mund, der an Angelina Jolie erinnert, finden wir ja tatsächlich immer noch schön, und mit etwas Fantasie können wir uns die ägyptische Herrscherin sogar als Supermodel vorstellen. Allerdings hat die Attraktivitätsforschung einen gewissen Hang zur selektiven Wahrnehmung, denn natürlich sind die Archäologie und die Kunstgeschichte auch voller Beispiele von Körpern und Gesichtern, die zwar unsere Vorfahren anziehend fanden, wir aber nicht.

Was ist mit der *Venus von Milo*? Attraktivitätsforscher erwähnen auch sie notorisch, als Beweis dafür, dass sich unser Schönheitssinn über die Jahrtausende kaum geändert habe. Schließlich empfinden viele von uns angesichts dieser im 2. Jahrhundert v. Chr. entstandenen Statue, die heute im Louvre steht, immer noch ästhetischen Hochgenuss. Ich fürchte allerdings, hier vermischen sich gewaltig die Ebenen. Wenn wir die *Venus von Milo* im Jahr 2008 schön finden, dann beurteilen wir sie in der Kategorie »kostbares Kulturgut«. Wir sehen sie aber nicht als eine besonders schöne Frau. Wir finden sie schön, weil wir gelernt haben, sie als eines der großen kanonischen Kunstwerke der Welt zu sehen. Würden wir uns die schöne Marmorstatue als lebendige Frau am Strand oder auf dem Cover von *Vanity Fair* vorstellen, sähe die Sache schon ganz anders aus. Dann hätte sie nämlich viel zu dicke Oberschenkel und einen viel zu kleinen Busen, um mit Salma Hayek in Bikini-Konkurrenz treten zu können. Die *Venus von Milo* trüge vermutlich Jeansgröße 34 – aber das auszusprechen, ist eigentlich ein Sakrileg. Ich bezweifle sehr, ob eine 14-Jährige, die mit Bildern von JLo und Hotpants tragenden Avataren groß geworden ist, der Schönheit der Venus sehr viel abgewinnen kann.

Von solcherlei Einwänden lässt sich die Schönheitswissenschaft nicht beirren. Ganz egal, so die Forscher, ob der Einzelne Heidi Klum, Nicole Kidman oder Angelina Jolie oder Kate Moss bevorzugt, alle Menschen, weltweit, werden diese vier Frauen immer schöner finden als Whoopi Goldberg. Man wisse, schrieb der Wissenschaftsautor Bas Kast vor einigen Jahren, »dass ein Mensch, den ein Student aus den USA als schön einstuft, auch in den Augen eines russischen Doktors oder eines südamerikanischen Jäger Sammlers als anziehend erscheint«. Das ist eine Wahnsinnsvorstellung, in der Tat.

Zu Beginn der 50er Jahre hatte eine groß angelegte Studie zweier amerikanischer Anthropologen, Clelland Ford und Frank Beach, noch belegt, dass es kein einziges universal gültiges Kriterium für Schönheit gibt. Ford und Beach hatten die Forschungsergebnisse über das Paarungsverhalten von 190 unterschiedlichen Völkern, von Grönland bis zur Südsee, miteinander verglichen und dabei Material aus über 50 Jahrzehnten verarbeitet. Sie stellten fest, dass sich die Menschen nicht einmal im Hinblick auf die bevorzugten Körperregionen weltweit einig waren. Einige fanden wichtig, dass der Busen gut aussehe (was immer »gut« dann bedeutete), für andere war die Form der Augen entscheidend. Und nun soll es plötzlich doch *eine* Schönheit für die ganze globalisierte Welt geben?

Um genau zu sein: Man weiß auch heute noch nicht, ob russische Ärzte, amerikanische Studenten und peruanische Eingeborene dasselbe schön finden. Die Schönheitsformel sieht augenblicklich eher so aus wie die Rezepte der Alchimisten in der Frühen Neuzeit, die Gold herstellen wollten. Viel versprechend, aber zu nichts zu gebrauchen. Würde man sie wirklich einmal zu Papier bringen, sähe sie – auf Frauen bezogen – so aus: Schön = Gesundheit + Jugendlichkeit + Symmetrie + lange, blonde, kräftige Oberkopfhaare + glatte, makellose, möglichst künstlich aussehende Haut + ein Teint, der heller sein muss als der Teint des Mannes (etwa so wie der von Renée Zellweger und Hugh Grant in *Bridget Jones*) + Schlankheit + eine kleine Kinnpartie und große Augen (das altbekannte Kindchenschema) + hohe Wangenknochen + symmetrische, große, feste Brüste + ein ideales Verhältnis von Taillen- und Hüftbreite (Sanduhrfigur).

Voilà. Da steht sie vor Ihnen. Und wie sieht sie aus? Wie ein Pin-up, genau. Die Attraktivitätsforschung tut sich schwer damit, andere als im *Playboy* erprobte Schönheitskriterien unter die Lupe zu nehmen, um herauszufinden, was weltweit seit Jahrhunderten jeder Mensch schön findet. Sie hat wunderbare Argumente: Große Brüste seien bei Männern so beliebt, weil sie (die Brüste) im Alter eher dazu neigen würden zu hängen. Also sieht der paarungsbereite Mann einem »stehenden« Paar an, dass seine Besitzerin noch jung, gesund und fruchtbar sein muss. Blonde Frauen seien so beliebt, weil sie nur in der Jugend so richtig blond sind. Übrigens erklärte ein Wissenschaftler, es sei kein Wunder, dass das blonde Haar evolutionsgeschichtlich in Skandinavien entstanden sei: Die Frauen mussten sich dort so dick anziehen, dass man ihren Körper unter den Schichten nicht mehr sehen konnte. Also trugen die Frauen ihr Fruchtbarkeitssignal dann wenigstens auf dem Kopf. Aber kannten die ersten Blondinen der Welt denn keine Kopfbedeckungen gegen die Kälte? Wie eitel sie gewesen sein müssen! Ötzi trug jedenfalls eine Bärenfellmütze.

Sind Männer nicht schön?

Für Männer sind die Kriterien universeller Schönheit noch nicht ganz so ausgefeilt wie für Frauen, aber hier sind in jedem Fall auch Symmetrie und kräftige Oberkopfhaare gefragt. Dann kommen Muskeln und ein kantiges Kinn hinzu (wobei es unter Umständen auch ein eher weicher Gesichtsschnitt tut, wie der von Leonardo di Caprio zum Beispiel). Überhaupt herrscht unter den Experten Konsens darüber, dass das, was einen Mann attraktiv macht, weitaus weniger leicht zu fassen ist als das, was eine Frau schön macht. Ein Bart? Muskeln? Wie viele an welcher Körperstelle? Graue Haare – oder lieber doch etwas Jugendliches?

Die Schwierigkeit, in der westlichen Kultur Männerschönheit genauso präzise und konsensfähig zu beschreiben wie Frauenschönheit, hat in der Attraktivitätsforschung erstaunliche Konsequenzen. Erstens vernachlässigen die Wissenschaftler das Studienobjekt Mann und konzentrieren sich in ihren Untersuchungen ganz auf die Frauen. Schätzungsweise 90% aller Aussagen (und eher noch mehr) der Attraktivitätsforschung bisher sind Aussagen über das Aussehen von Frauen. Ich habe Hunderte von Zeichnungen und Grafiken und Fotos von bekleideten und unbekleideten Frauenkörpern betrachtet – und nur eine Handvoll männlicher Gesichter mit kantigem Kinn.

Die Forscher interessieren sich für die neuralgischen Punkte des (westlichen) weiblichen Körpers: Hüften, Taille, Busen. Während wir erklärt bekommen, wann eine Sanduhrfigur wirklich perfekt ist, oder wie das ideale weibliche Gesicht geschnitten sein muss (wie viele Referenzpunkte gibt es zu beachten?), erfahren wir mit keinem Wort, wann ein Waschbrettbauch ein wissenschaftlich verifizierter Waschbrettbauch ist. Oder warum Frauen große Popos an Männern auch dann nicht schätzen, wenn in der Gesäßtasche eine prall gefüllte Geldbörse steckt. Allenfalls auf dem Gebiet des attraktiven männlichen Gesichts gibt es eine Reihe von Untersuchungen, auch die Vorteile von Körpergröße für die Karriere sind in den 70ern untersucht worden. Doch niemand erklärt uns jetzt, was in den letzten zehn Jahren mit dem sekundären Geschlechtsmerkmal, der männlichen Körperbehaarung, also einem durchaus ernst zu nehmenden männlichen Attraktivitätsmerkmal, geschehen ist. Neuerdings fällt das Männerhaar in den

130

USA und in Europa dem *Bodygroomer* zum Opfer, dem Rasierapparat für den Männerkörper. Warum? Waren Brusthaare vielleicht doch nie ein sekundäres Geschlechtsmerkmal, und die Evolution ließ sie dem Mann nur, um ihn zu wärmen, wenn er sein Tommy-Hilfiger-Hemd bis zum Bauchnabel aufreißt?

Die zweite Konsequenz aus der Schwierigkeit, Männerschönheit so präzise zu beschreiben wie Frauenschönheit, ist eigentlich noch überraschender: Attraktivitätsforscher erklären unisono, Schönheit sei weiblich. Das ist insofern seltsam, als sie Männerschönheit ja noch gar nicht systematisch erforscht haben. Wie für die Mittelschicht des 19. Jahrhunderts gilt: Frauen sind das »schöne Geschlecht«, Männer das »starke«. Auf faszinierend zu beobachtende Weise ignoriert die Forschung dabei den simplen Umstand, dass Männer durchaus schön oder hässlich zur Welt kommen. Es gibt ja unübersehbare Unterschiede zwischen, sagen wir mal Danny de Vito und Jude Law. Und Frauen sind eindeutig in der Lage, das zu erkennen und zu artikulieren.

Die weitgehende Abwesenheit des Forschungsgegenstands schöner Mann in der modernen Attraktivitätsforschung hat, so vermute ich, ihren Grund in dem Versuch, die Theorie überschaubar zu halten. Die Formel, die alles erklären soll, heißt: Schönheit ist ein unmittelbarer Ausdruck weiblicher Fruchtbarkeit. Die Attraktivität eines Mannes zeigt sich hingegen weniger in Gestalt seiner körperlichen Vorzüge als vielmehr in Form seines sozialen Status.

Das, was da also im Gehirn »verdrahtet« sein soll, ist im Wesentlichen die Fähigkeit des Mannes, an der Attraktivität einer Frau ihre reproduktiven Qualitäten zu erkennen. Die Wissenschaftler stellen sich vor, dass bestimmte Eigenschaften, die wir heute als schön empfinden – glatte Haut, Jugendlichkeit und das Kindchenschema-Gesicht –, im Laufe der Evolution erfolgreich waren, weil der Mann an ihnen die Gesundheit und Fruchtbarkeit einer Frau erkennen konnte. Schönheit gilt in der Wissenschaft also immer als ein Zeichen überragender biologischer Qualität. Eine schöne Frau zeigt dem Mann: ich bin gesund und fruchtbar.

Tests haben ergeben, dass junge Frauen mit vollen Lippen, einem kindlichen Gesichtsschnitt oder mit einer Sanduhrfigur einen höheren Östrogenwert haben als andere – potenziell also fruchtbarer sind als andere. Die Forschung schloss daraus: Frauen mit diesen Eigenschaften signalisierten den Männern vor über 50 000 Jahren, dass sie mit hoher Wahrscheinlichkeit gesunden, fitten Nachwuchs produzieren würden. Männer taten also gut daran, *diese* (fruchtbaren bzw. attraktiven) Frauen zu wählen, da so ihre eigenen Gene in Gestalt ihrer Kinder in der nächsten Generation »überleben« würden. Irgendwie muss im Laufe der Evolution aus der Wahrnehmung von (weiblicher) Fruchtbarkeit die Wahrnehmung von (weiblicher) Schönheit geworden sein.

Die Rollen in diesem Spiel sind fest verteilt. Der Mann ist von Natur aus darauf aus, gesunde Frauen zu schwängern (wir wissen jetzt, dass »gesund« identisch ist mit »schön«), um seine Gene möglichst erfolgreich und häufig weiterzugeben. Ob er dazu besonders viele gut aussehende Frauen braucht oder eine einzige, die gesund und fruchtbar genug ist, um ihm massenhaft Kinder zu gebären, ist Interpretationssache – und hängt unter anderem davon ab, wie wichtig es dem Verfasser der Studie im Einzelfall ist, einen natürlichen Hang des Mannes zur Polygamie bzw. zur Monogamie zu postulieren (amerikanische und britische Forscher tendieren zur Monogamie). Die Frau ist hingegen immer viel weniger an der Schönheit des Mannes interessiert. Sie will wissen, dass er stark und mächtig genug ist, um sie und ihre Kinder vor den Gefahren der Umwelt zu schützen, also im Wesentlichen vor Hunger und vor Feinden. Da sie in ihrem Leben ohnehin nicht mehr als vielleicht 20 Kinder bekommen kann, muss sie Sorge dafür tragen, dass der relativ geringe Nachwuchs, den sie zur Welt bringen wird, dann auch möglichst zahlreich überlebt. Dazu braucht sie den Schutz des Mannes. Sie sucht also nach Anzeichen für männliche Stärke, Überlegenheit und Status – und nicht in erster Linie nach männlicher Schönheit. Damit ist dann auch hinreichend erklärt, dass sich einige Frauen auch heutzutage noch zu Männern mit den muskulösesten Portemonnaies hingezogen fühlen.

Schönheitsgene und Pfauenräder

Für Charles Darwin, dem die moderne Welt nicht eine ihrer kühnsten Theorien zu verdanken hätte, wäre er ein schlampiger Denker gewesen, war das Verhältnis von weiblicher Schönheit und männlichem Status nie so eindeutig wie für die heutigen Schönheitsforscher. Ihn irritierte, dass beim Menschen beide Geschlechter schön sind – ganz anders also als bei seinem Musterbeispiel, dem Pfau. Während Pfauenhennen immer graubraun und Pfauenhähne immer fantastisch ornamentiert sind, gibt es unverkennbar schöne (und hässliche) Menschenfrauen und schöne (und hässliche) Menschenmänner. Wenn aber beim Menschen Schönheit auf beide Geschlechter verteilt ist, würde das nicht bedeuten, dass es *gegenseitige* Schönheitswahl geben müsse? Und wenn es ursprünglich beiderseitige Wahl gegeben hätte, warum war davon zu Darwins Lebzeiten nichts mehr zu erkennen? Im 19. Jahrhundert konnte von beiderseitiger Wahl nun wirklich nicht die Rede sein; ein viktorianisches Mädchen machte sich hübsch, setzte sich auf einen Stuhl, beugte sich errötend über eine Handarbeit und wartete, bis ein Mann vorbeikäme, der es heiraten würde.

Noch etwas anderes beschäftigte Darwin: Wenn Frauen das »schönere Geschlecht« sind – und als das galten sie zu seinen Lebzeiten zweifellos –, dann müssen Menschenfrauen ursprünglich das um die Männer werbende Geschlecht gewesen sein, denn Schönheit gilt, evolutionär gesehen, als eine Form der Selbstanpreisung. Nichts anderes tun der Pfau oder der Hahn und andere fantastisch ornamentierte Männchen, als mit ihren Ornamenten ihre Vorzüge vor anderen Männchen zu demonstrieren. Doch von Frauen, die aktiv mit ihren Reizen werben, konnte zu Darwins Lebzeiten ebenfalls nun nicht die Rede gewesen sein. Im Viktorianischen Zeitalter galt, dass eine Frau im heiratsfähigen Alter dann am weiblichsten war, wenn sie nicht die geringste Ahnung von ihren erotischen und körperlichen Reizen hatte (und wenn sie aus Versehen doch um ihre Wirkung wusste, war sie gehalten so zu tun, als wisse sie nichts davon). Die Rollen des Werbenden *und* des Wählenden fielen damit in der englischen Mittel- oder Oberschicht beide dem Mann zu – völlig anders als irgendwo im Tierreich. Darwin stellte fest, dass diese Doppelprivilegierung des Mannes streng genommen gar keinen Sinn machte. Der *werbende* Pfau war ja deshalb mit einem Rad ornamentiert, weil er auf diese Weise etwas über die Qualität seiner Gene zeigen konnte. War sein Rad makellos, zeigte er damit, wie gesund und widerstandsfähig er war, war sein Rad klein und von Parasiten befallen, zeigte er, wie anfällig er war. Das Weibchen konnte sich die beiden Exemplare ansehen und wählen. Nach dieser Logik war dann aber nicht einzusehen, warum der Menschenmann der (ornamentierte) Werbende und der (nicht-ornamentierte) Wählende in einer Person sein sollte. Darwin hat auf seine Fragen nie eine endgültige Antwort gefunden.

In der modernen Attraktivitätsforschung kommen Gedanken von vergleichbarer Komplexität erst gar nicht vor.

Ich habe für dieses Buch viele Veröffentlichungen der neueren Attraktivitätsforschung gelesen: populäre Sachbücher, Wissenschaftsjournalismus, Online-Nachrichten über die neuesten Erkenntnisse und eine Auswahl der zahllosen wissenschaftlichen Veröffentlichungen, die in amerikanischen Fachzeitschriften erschienen sind. Als ich begann, mein Material zu sammeln und zu sichten, ging mein erster Weg in die Berliner Staatsbibliothek, wo ich die meisten der Publikationen bekommen konnte, und ich war gespannt auf das, was ich aus Sicht der Attraktivitätsforschung über Schönheit erfahren würde. Sie gilt als modern – auch als modisch, aber das spricht natürlich nicht gegen sie. Ich gebe zu, dass ich in einigen Punkten etwas misstrauisch war. So erwartete ich nicht, von der Existenz eines »Schönheitsgens« überzeugt zu werden. Gene sind Proteinmoleküle, und ich konnte mir schlecht vorstellen, wie sich ein komplexer Begriff wie Schönheit biochemisch abbilden lassen sollte. Die amerikanische Soziobiologin Mary Jane West-Eberhard erklärte in diesem Zusammenhang einmal, es sei eine »Form biologischen Analphabetentums«, über *Gene für irgendetwas* anders zu reden als im Sinne von *Proteinmolekülen für irgendetwas*. Ich stand auch, ehrlich gesagt, einer möglichen Entdeckung der Schönheitsformel eher skeptisch gegenüber. Aber ich hatte nicht erwartet, am Ende meiner Beschäftigung mit der Attraktivitätsforschung derart desillusioniert zu sein.

Hier ist nicht der Ort für eine systematische Kritik der Attraktivitätsforschung, das wäre ein anderes Buch geworden und vermutlich eines, das Sie nicht sehr gerne lesen würden, weil es jede einzelne Studie akribisch untersuchen müsste. Stattdessen werde ich Ihnen also lieber in lockerer Folge von meiner seltsamen Begegnung mit der Wissenschaft von der Schönheit erzählen. Von jenen Fragen, die sich allmählich vor mir aufzutürmen begannen: Warum gelten in der Attraktivitätsforschung Frauen als das schöne Geschlecht, wo doch offensichtlich ist, dass auch Männer schön oder hässlich zur Welt kommen und Frauen durchaus in der Lage sind, die Unterschiede wahrzunehmen? Warum erklären die Wissenschaftler, die Medien hätten einen viel geringeren Einfluss auf unser Schönheitsempfinden als bisher angenommen, halten sich dann aber selbst geradezu penetrant an genau die Sorte massenmedial erprobter Schönheit, die wir aus dem Playboy, MTV und Hollywood kennen? Warum sieht das angeblich *universal* gültige Schönheitsideal ausgerechnet so aus, wie das, was heute der amerikanischen Mittelschicht gefällt? Warum ist die Menschheit im Laufe der letzten 50 Jahrtausende nicht immer schöner geworden, wenn der Selektionsdruck den Männern vorgab: »Suche dir die Schönste!«? Warum gelten heute Models, die zu dünn sind, um menstruieren zu können, als Schönheitsideale, wenn Schönheit und Fruchtbarkeit direkt gekoppelt sind?

Und: wenn der menschliche Schönheitssinn unmittelbar dem Interesse an erfolgreicher Fortpflanzung entspringen soll, was ist dann mit unserer Wahrnehmung der Schönheit der Natur, des Designs, der Kunst? Woher kommen die? Ist es nicht auch möglich, einen schönen Menschen wie ein Kunstwerk zu betrachten und nicht wie einen potenziellen Paarungspartner? Soll mein Blick auf eine schönere Frau nie voll Freude sein können, sondern tatsächlich immer nur voller Neid, weil eine uralte »Verdrahtung« in meinem Kopf mir sagt, die Schönere habe im Kampf ums Überleben unserer Gene nicht nur die besseren Aussichten, einen Kerl zu ergattern, sondern werde auch wesentlich mehr Kinder bekommen als ich? Sicher, Frauen vergleichen einander, konkurrieren mit ihrem Aussehen gegeneinander, können Räume in Sekundenbruchteilen daraufhin abscannen, was die anderen darin befindlichen Geschlechtsgenossinnen anhaben und welche Kleidergröße sie tragen – aber sie tun das alles, Gott sei Dank, *nicht ständig* und *nicht überall.* Gelegentlich sehen Frauen eine andere Frau und finden sie einfach nur wunderschön. Ohne die andere als Konkurrenz zu empfinden. Warum unterscheidet die Attraktivitätsforschung nicht zwischen ästhetischer Attraktivität und sexueller Anziehungskraft?

Und wie ist es überhaupt möglich, den Begriff von Schönheit völlig losgelöst von der Tatsache klären zu wollen, dass Menschen nicht nur biologische, sondern *auch* soziale Wesen sind, und dass alle Gesellschaften zu allen Zeiten und überall auf der Welt Kleidung, Schmuck und Bemalungen als Mittel eingesetzt haben, um sich schöner zu machen? Eine Frau ist dann am attraktivsten, wenn sie jung aussieht? Das ist sicherlich ausgesprochen wichtig, aber ganz so einfach dann doch wieder nicht. Wenn es um die Frage geht:»Wie sieht die aus – wie sehe ich aus?«, verwenden wir (bewusst oder unbewusst) ein hochkomplexes Referenzsystem. Styling, Geschmack, Besitz, Klasse, Status, Bildungsgrad drücken sich darin aus. Daher stecken wir ständig Unmengen von Geld, Energie und Zeit in Frisuren, Kleidung und Accessoires, denn wir kommunizieren nicht nur mit Hilfe unseres nackten Körpers, sondern auch durch unsere Kleidung. Wann und wie häufig begegnen wir im Alltag denn nackten Menschen? Der Reflex der Forscher, uns unserer Kleidung zu entledigen, um herauszufinden, was wir *wirklich* schön finden, hat vermutlich mehr mit der heutigen Pornografisierung des Alltags zu tun als mit einer über 50 000 Jahre alten Geschichte der Menschwerdung.

Am Ende meiner Studien stand ich vor der Wahl, an meinem

Verstand zu zweifeln – oder an dem der Attraktivitätsforscher.
Ich entschied mich für Letzteres.

Neugeborene als Umfragekandidaten

Zu den absoluten Sensationen der Schönheitsforschung gehört zweifellos die Behauptung, bereits Neugeborene verfügten über ein angeborenes Schönheitsideal. Man kann in nahezu jeder Veröffentlichung darüber lesen. Die amerikanische Psychologin Judith Langlois ist mit ihren Versuchen berühmt geworden. Sie ließ drei und sechs Monate alte Babys *Dias* von Gesichtern betrachten.

Als ich das erste Mal davon las, fragte ich mich sofort, wie man drei Monate alte Kinder dazu bringt, Dias zu betrachten. Ein improvisierter Versuch mit meinem zehn Monate alten Sohn brachte mich nicht wesentlich weiter. Als ich ihm ein Bild von Kylie Minogue aus der H&M-Sommerwerbung zeigte, stemmte er sich auf meinem Schoß ins Hohlkreuz, fing an zu schimpfen und versuchte, das Papier zu zerreißen. Wie, um Himmels willen, waren drei Monate alte Kinder dazu gebracht worden, Dias in Hinblick auf die Attraktivität der Abgebildeten zu bewerten? Ich fuhr also wieder einmal in die Staatsbibliothek und lieh mir diesen Aufsatz aus, der immer dann zitiert wird, wenn von Langlois' Nachweis eines Schönheitsideals bei Babys die Rede ist. Erst einmal überraschte mich, dass die Zahl der Versuchsbabys relativ klein war. Im ersten Versuch waren es 34 und in einem zweiten 30. Für die Aussage von einer Tragweite wie der, dass bereits Neugeborene Schönheit erkennen können, fand ich das wenig.

Dann sah ich mir den Versuchsaufbau an. Man hatte die Babys auf den Schoß ihrer Mutter gesetzt, der man vorsorglich die Augen verbunden hatte, damit sie die Reaktion ihres Kindes nicht aus Versehen beeinflussen würde. Die 16 Gesichter auf den Dias waren vorher von Studenten als gut bzw. nicht gut aussehend klassifiziert worden. Um den Blick der Säuglinge auf die Bilder zu lenken, stand während des gesamten Versuchs hinter der Projektionswand eine Studentin mit einer Rassel. Interessanterweise hatte Langlois den Kindern nur Gesichter von Frauen gezeigt, ganz im Sinne der abendländischen Tradition, die besagt, gutes Aussehen lasse sich an Frauen leichter feststellen als an Männern.

Langlois' Auswertung des Versuchs ergab Folgendes: Die sechs Monate alten Babys schenkten den schönen Gesichtern etwas mehr Aufmerksamkeit – wir sprechen dabei von Zahlen *hinter* dem Komma. Die drei Monate alten Babys taten das auch, jedoch nur, wenn die schönen Gesichter paarweise, neben einem hässlichen Gesicht, gezeigt wurden. Sahen die Babys jeweils zwei schöne (oder zwei hässliche) Gesichter nebeneinander, guckten sie beide Bildpaare gleich lang an. Langlois stellte fest, dass die Messdifferenzen bei den drei Monate alten Babys so gering waren, dass sie nur wenig Aussagekraft haben könnten.

Vielleicht hat sie aus diesem Grund später mehr Versuche mit Kindern angestellt, die sechs Monate alt waren und älter. In einem ihrer Tests sollten Kindergartenkinder zeigen, ob sie auf eine schöne Betreuerin anders reagieren als auf eine unansehnliche. Eine Schauspielerin musste sich dazu einmal als attraktive und dann als unattraktive Kindergärtnerin verkleiden. Sie war instruiert worden, sich in ihrem Verhalten in beiden Rollen an dasselbe festgelegte Skript zu halten. Die Kinder spielten mit der »schönen Frau« lebhafter als mit der »unansehnlichen Frau«. Nun fragt man sich an dieser Stelle natürlich, wie es ausgerechnet einer Psychologin passieren konnte, auf ein »festgelegtes

Skript« zu vertrauen, wenn es um nonverbale Kommunikation geht. Es ist ja völlig unmöglich auszuschließen, dass sich die verkleidete Versuchskindergärtnerin in ihrer Verkleidung elend fühlte und eben diese schlechte Stimmung auch auf die Kindergartenkinder übertrug, also weniger anregend mit ihnen spielte, weniger strahlte, unglücklicher wirkte.

Langlois kam zu dem Schluss, ein bestimmter Schönheitssinn müsse in Rudimenten angeboren sein. Sie spekulierte, unter Umständen entsprächen schöne Gesichter einem bestimmten Grundmuster, das Kinder schon früh wahrnehmen können (wie etwa die vertikale Symmetrie). Vielleicht reagierten die Kinder auch deshalb auf die attraktiveren Gesichter, weil die Schönen prototypischen Menschengesichtern ähneln, also »gesichtsmäßiger« aussehen. In einer anderen Veröffentlichung verwies sie aber auch auf Untersuchungen, die nahelegen, dass Kinder schon sehr schnell bestimmte Sehgewohnheiten erlernt haben können. Das würde bedeuten, dass wir nicht mit bestimmten objektiven Schönheitsidealen im Kopf geboren werden, sondern allenfalls mit der Begabung zur Konditionierung unseres Blicks. Nicht eine allgemein menschliche Vorliebe für eine kleine Nase und volle Lippen wäre dann angeboren – sondern die Werkzeuge, mit denen wir unsere Schönheitsideale konstruieren. Wenn wir also neuerdings ständig lesen, bereits Säuglinge hätten ein angeborenes Schönheitsideal, dann ist das aus den wissenschaftlichen Veröffentlichungen jedenfalls nicht eindeutig herauszulesen.

Amerikas bekannteste Wissenschaftlerin in Sachen Schönheit ist die Biologin Nancy Etcoff. Sie glaubt in ihrem Buch mit dem herrlichen Titel *Nur die Schönsten überleben*, die Entdeckung der »Schönheitsformel« stehe unmittelbar bevor. Überraschenderweise berät Etcoff inzwischen aber auch die nordamerikanische Marketing-Abteilung von *Dove,* wo man die berühmte, in Düsseldorf entstandene Kampagne mit normalen Frauen, die eigentlich zu alt oder zu dick für die Werbung sind, für den eigenen Markt übernommen hat. Dass ausgerechnet Nancy Etcoff jetzt die internationale Kosmetikmarke in Sachen Schönheit berät, ist einigermaßen erstaunlich. Keine zwei Positionen stehen sich unversöhnlicher gegenüber als die Idee von der Existenz einer Schönheitsformel und Doves Werbekonzept mit den unvollkommenen Frauen, deren Attraktivität im Auge des Betrachters entsteht. Im Gegenteil, Forscher wie Etcoff wehren sich geradezu aggressiv gegen die Botschaft »Jeder ist auf seine Weise schön«. In gar keinem Fall sei Schönheit relativ – und *per definitionem* könne eine Frau eigentlich nicht schön sein, wenn sie – so wie die Models auf den Dove-Plakaten – Spaß am Leben, ein gutes Körpergefühl und ein hübsches Gesicht hat. Aber eben keine Idealmaße.

Die vier Kriterien der universellen Schönheit

Gucken wir uns jetzt noch einmal die vier wichtigsten Kriterien an, die unter den Experten wie Etcoff immer im Gespräch sind, wenn es um ein perfektes, schönes Frauengesicht geht: es sind: Symmetrie, mathematische Durchschnittlichkeit, das Kindchenschema und perfekte Haut.

Symmetrie: Bereits für die Griechen war Symmetrie die Voraussetzung aller Schönheit. Allerdings verstanden sie darunter nicht nur die Spiegelbildlichkeit zweier Seiten, sondern die hochkomplexe Berechnung des »rechten Maßes«. Dieses perfekte Maß sollte dem von Menschen hergestellten Objekt – einer Statue, einem Tempel – dieselbe Schönheit verleihen, die dem Bauplan des Kosmos zugrunde lag.

Moderne Studien zur Bedeutung von Symmetrie fallen im Vergleich dazu etwas einfacher aus. Psychologen fanden heraus, dass Menschen mit symmetrischen Gesichtern und Körpern als attraktiver wahrgenommen werden als die etwas schiefer gewachsenen Mitmenschen. Eine der mit Männern angefertigten US-Studie entdeckte sogar, dass Männer mit symmetrischen Gesichtszügen Frauen eher zum Orgasmus bringen. Devendra Singh, einer der Gurus seines Fachs, über den gleich noch mehr zu sagen sein wird, fand heraus, dass Frauen mit asymmetrischen Brüsten weniger häufig als Heiratskandidatinnen in Betracht gezogen als solche mit einem seitengleichen Busen.

Die Forscher erklärten auch, warum Symmetrie so wichtig sei. An der gleichen Größe und der spiegelbildlichen Position von Augen, Ohren, Brüsten, Hüften, Armen und so weiter ließe sich optimal der Genotyp eines Menschen ablesen. Mit anderen Worten: je symmetrischer, desto gesünder. Je symmetrischer, desto »bessere Gene«, desto besser geeignet als Paarungspartner. Krankheiten gingen oft mit körperlicher Asymmetrie einher. Völlig identisch dürften die rechte und linke Gesichtshälfte jedoch nicht sein, weil das Gesicht dann *zu perfekt* aussehe. Ob die absolute Symmetrie beider Gesichtshälften auf einen potenziellen Partner nun abschreckend wirkt, weil er a) daran sieht, wie wenig vollkommen er selbst ist, oder b) weil der andere einfach zu künstlich wirkt und kein Mensch wirklich mit Kunstwesen zusammen sein will, hat sich noch nicht entschieden.

Durchschnittlichkeit: Mit Durchschnittlichkeit ist in diesem Fall mathematische Durchschnittlichkeit – die Quersumme des Phänotyps einer bestimmten Population. Bereits Ende des 19. Jahrhunderts entdeckte ein englischer Naturforscher namens Frances Galton durch Zufall die ästhetische Wirkung von Durchschnittlichkeit. Eigentlich hatte Galton dem prototypischen Verbrechergesicht auf die Spur kommen wollen (und übrigens auch dem des typischen Vegetariers). Zu diesem Zweck fing Galton an, Fotografien von Verbrechern übereinander auf dieselbe Fotoplatte zu kopieren – und stellte fest, dass sein Proto-Krimineller mit jedem neuen Gesicht ein besser aussehender Mann wurde. Inzwischen wird ein ähnliches Verfahren natürlich am Computer durchgeführt. Die Vorgehensweise ist einigermaßen komplex, denn damit am Ende der Eindruck eines einzigen Gesichts entsteht – und nicht, wie noch bei Galton, der eines multipersonalen Geistes –, werden die Einzelgesichter zunächst digital »geglättet«, um anschließend wieder Kontraste herauszuarbeiten. Inzwischen gibt es aber auch Einwände gegen die Durchschnittshypothese. Aus vielen Gesichtern zusammengerechnete Gesichter sind zwar attraktiv, aber sehr schöne Gesichter sind nie Durchschnitt.

Kindchenschema: Unübertroffen in der Schönheitsforschung ist die Bedeutung des Kindchenschemas. Große Augen, kleine Nase, volle Lippen, weiche Haut, eine zarte Kiefer- und Kinnpartie. Mehr als die Hälfte der weiblichen Bilderweltbevölkerung sieht so aus, von Paris Hilton mit ihren riesigen Sonnenbrillen bis zu den Heldinnen japanischer Manga-Comics. Konrad Lorenz erklärte, Wesen, die so süß aussehen, wecken den Beschützerinstinkt, und die Attraktivitätsforschung fügte dem hinzu: sie sehen auch jugendlich und gesund aus und zeigen damit, dass sie noch eine lange Zeit der Fruchtbarkeit vor sich haben. Michael Cunningham, dem Theoretiker unter den Attraktivitätsforschern, fiel ein Haken an der Sache auf. Babygesichter sehen nun mal nicht so aus, als seien ihre Besitzerinnen bereits geschlechtsreif. Und außerdem finden wir Frauen mit Babygesichtern nicht besonders attraktiv. Warum also sollte sich das weibliche Kindergesicht evolutionär bewährt haben, wenn es dem Mann zeigt:»Finger weg, ich kann noch gar keine Kinder bekommen?«Cunningham erklärte, ein attraktives weibliches Gesicht müsse nicht nur Zeichen von Frische und Jugendlichkeit haben, sondern *zugleich auch von Reife*. Seitdem gilt: schön ist ein Frauengesicht dann, wenn es eine Mischung aufweist aus Kindlichkeit und so genannten Reifekennzeichen, also hohen Wangenknochen und schmalen Wangen. Diesen Gesichtsschnitt kennt man von Marlene Dietrich, Kate Moss und Nofretete. Ob das Modell Kindchenschema mit Reifezeichen wirklich zu allen Zeiten und überall beliebt war, ist fraglich. Sieht man mal von allen Models seit den 70er Jahren ab, sieht die Beweislage nicht so gut aus. Die großen Schönheiten der Weltgeschichte malte man jahrhundertelang nicht als Babyfaces mit Reifezeichen, sondern als Frauen mit runden, rosigen Wangen – und gelegentlich mit Doppelkinn.

Haut: Auch makellose Haut gehört zur Schönheitsformel. Nicht nur, weil Falten zeigen, dass eine Frau zu alt ist, um noch Nachwuchs zu bekommen, sondern weil Akne ein Hinweis auf einen unregelmäßigen Zyklus sein kann, wie der Schönheitsforscher Donald Symons schreibt. Haut sei eine 1-A-Schönheitsuniversalie; es sei zweifellos eine Tatsache, dass alle Männer glatte, unversehrte Haut bei Frauen bevorzugen würden. Nur was ist dann mit Tätowierungen und großflächigen rituellen Vernarbungen, wie sie bei einigen afrikanischen Stämmen üblich sind? Symons argumentiert ausgesprochen einfallsreich: Sie seien kein Gegenargument – im Gegenteil –, solche Phänomene würden die Hypothese eher noch bestärken. Tätowierungen und künstlich zugefügte Narben dienten dazu, Mängel der Haut zu kaschieren.

Ist Barbie gesund?

Devendra Singh ist Psychologieprofessor in Texas und ein Guru der Attraktivitätsforschung. Von ihm stammt eine der herrlichsten Theorien der Attraktivitätsforschung, die so genannte Waist-to-Hip-Ratio, abgekürzt WHR und zu Deutsch Hüfte-Taille-Relation. Es ist die Formel für das ideale Verhältnis von Taillen- zu Hüftumfang, und sie ist eine der heiligen Kühe der modernen Schönheitsforschung. Die WHR besagt, dass eine Frau in ihrer Leibesmitte am attraktivsten ist, wenn ihre Taille 0,7 mal schmaler ist als ihre Hüfte.

Die Hüfte-Taille-Relation stützt die These von den »Guten Genen«. Singhs Argumentation lautet so: Mit der Pubertät verändert sich als Folge gesteigerter Geschlechtshormonproduktion der Körper von Jungen und Mädchen. Bei den Mädchen wandert jetzt mehr Fett auf die Hüften. Die Hüften zeigen: ich bin geschlechtsreif und gut mit Östrogen versorgt. Die Taille zeigt: ich bin nicht schwanger und habe auch noch kein Kind bekommen. Die Kombination aus beidem sagt: ich habe weder Herzrhythmusstörungen noch Diabetes oder Probleme mit der Gallenblase, außerdem wenig Stress, ich trinke nicht exzessiv und rauche auch nicht Kette. Entspricht das Verhältnis von Taille und Hüfte dem optimalen Wert 0,7, lassen sich daran »gute Gene« ablesen.

Zur Untermauerung dieser Beobachtung zog Singh die Maßangaben der Miss-America-Siegerinnen zwischen 1920 und 1980 heran sowie die von Playboy-Centerfolds. Alle hatten Taillen und Hüften im 0,7-Verhältnis. Barbie machte Singh etwas zu schaffen, denn sie hat eine WHR von 0,54, doch Singh fand: 0,54 gehe auch. Denn die Schönheit liebe schließlich die Übertreibung – man müsse doch nur mal an Löwenmähnen und sehr, sehr buntes Vogelgefieder denken. Und hatten sich nicht die Frauen bis ins 20. Jahrhundert ihre Taillen sehr eng geschnürt, um die Sanduhrfigur übermäßig zu betonen? (Sie hatten es zwar nicht *weltweit* getan, sondern nur in Europa, und auch hier hat es Moden gegeben, bei denen weder von der Taille noch der Hüfte der Frauen viel zu sehen war, aber was soll's …)

Natürlich reichte das alles noch nicht aus als wissenschaftlicher Nachweis. Singh stellte eine Studie an. Er befragte dazu seine männlichen Studenten, und damit die auch mitmachten, war die Teilnahme an den Experimenten Voraussetzung für einen Seminarschein. Für seine Versuche benutzte der Psychologieprofessor immer dasselbe Testmaterial: Kärtchen mit jeweils einer Umrisszeichnung einer Frau im Badeanzug. Auf jedem Kärtchen sieht die Frau gleich aus, dasselbe Gesicht, dieselben Haare. Aber sie hat jedes Mal eine andere Körperform. Mal verfügt sie über fohlenartig lange Beine und einen zylindrischen Torso, mal ist sie sehr schlank und hat einen gewaltigen Busen, mal hat sie die Taille einer russischen Babuschka und dazu kurze Beine oder schmale Hüften und einen winzigen Busen sowie kräftige Oberschenkel und so weiter, und so weiter. Möglichkeiten gibt es ja genug. Als Singh testen wollte, ob Frauen mit symmetrischen Brüsten attraktiver sind als solche mit ungleichen, verwendete er dieselben Umrisszeichnungen und malte der Frau im Badeanzug links ein etwas tiefer als rechts sitzendes Häkchen, wo ein einseitig hängender Busen sein sollte.

Singh erklärte, er verwende dieses Testmaterial, um möglichst neutrale Vorlagen zu haben. Fotos von echten Models könnten die Aufmerksamkeit des Betrachters auf Details lenken, die in der Befragung gar nicht zur Debatte stehen, also das Ergebnis verfälschen. Daher ist es merkwürdig, dass die gezeichneten Frauen in ihren Badeanzügen wie posierende 50er-Jahre-Pin-ups dastehen. Sie haben den Oberkörper frontal zum

Betrachter gewendet, in der Hüfte sind sie seitlich etwas gedreht, und das rechte Bein ist angewinkelt und auf Zehenspitzen vor das linke gestellt. Das ist die archetypische Pose von Schönheitsköniginnen, das ist die Haltung, in der Marilyn Monroe in jedem Spind klebte. Das ist nicht gerade das, was man sich außerhalb der Attraktivitätsforschung unter einer astreinen wertneutralen Körperhaltung vorstellt. Auch Singh und seinen Mitarbeitern kam angesichts dieser Kärtchen offenbar milder Zweifel, und sie merkten an, die Urteile der Studenten wären möglicherweise doch anders ausgefallen, hätten sie Fotos oder gar lebendige Personen beurteilen müssen. Andererseits, wandten sie dann zugunsten der von ihnen verwendeten Umrisszeichnungen ein:»Denken Sie doch nur an europäische Felsmalereien, solche Zeichnungen und Malereien können problemlos als Gegenstände aus der Wirklichkeit erkannt und behandelt werden.« Klar. Wir können eine Gazelle erkennen, wenn sie aus fünf Strichen besteht. Aber das beweist eigentlich nur, dass Menschen Abstraktionen verstehen können.

Als Singhs Waist-to-Hip-Ratio einmal von Kollegen an einem Stamm in Tansania erprobt werden sollte, stellte sich heraus, dass die Kärtchen (die doch immerhin eine Universalkonstante weiblicher Attraktivität unter Beweis stellen sollten) in der Feldforschung unter freiem Himmel ganz unpraktisch waren, sie flogen nämlich immer weg. Übrigens stellte sich in Tansania auch noch heraus, genauso wie in einem weiteren Versuch in Peru, dass die Männer dort keineswegs auf Singhs magische Formel standen.

Inzwischen ist die unermüdliche Attraktivitätsforschung schon wieder einem neuen Kriterium auf der Spur. Nicht nur perfekte Körpermaße, also Singhs 0,7-Formel, auch die Art und Weise, wie er sich *bewege,* mache einen Menschen attraktiv.

Zwei amerikanische Forscher ließen vor kurzem Teilnehmer stilisierte Trickfilmfiguren betrachten. Die Figuren hatten unterschiedliche Taillen- und Hüftbreiten und unterschieden sich außerdem in der Art, sich zu bewegen. Und siehe da: die Probanden bewerteten sexy Figuren nur dann als attraktiv, wenn sie auch ihre Hüften beim Gehen seitlich wiegten; ruderten die Sanduhrfiguren hingegen mit ihren Armen wie Dreschflegel, fand das niemand besonders attraktiv.

Täuschungsmanöver und allgemeine Verwirrung

Aber was hatte den Versuchspersonen eigentlich so gut gefallen, als sie sich für die Figuren entschieden, die ihre Hüften wiegen? Deren Sexiness? Ihre Anmut? Ihre Fruchtbarkeit?

Oder ihre *Unfruchtbarkeit*? Ein kanadisches Forscherteam stellte jüngst das Klischee von der Hüften schwingenden Sexbombe auf den Kopf. Es hatte herausgefunden, dass der sexy Gang einer Frau, die sich in den Hüften wiegt, gar nicht *wirklich* sexy ist, sondern gewissermaßen bloß ein Ablenkungsmanöver von Frauen, die gerade nicht ihre fruchtbare Phase haben.

Die Leiterin der Studie, Meghan Provost, war zunächst davon ausgegangen, ihre Studie würde Folgendes beweisen: Eine Frau, die ihre Hüften bewegt, hat zu jenem Zeitpunkt ihre fruchtbarsten Tage und lockt durch ihre sexy Bewegungen potenzielle Partner an. Für den Versuch hatten die Forscher der Universität von Ontario 40 männliche Probanden aufgefordert, den Gang von Frauen als sexy (oder nicht) zu bewerten. Vorher hatten sie Speichelproben von den Frauen genommen, um ihn auf Hormonwerte zu untersuchen. Die Studie bewies das genaue Gegenteil dessen, was ursprünglich damit gezeigt werden sollte! Die Frauen, die ihre Hüften schwangen, waren weit vom Eisprung entfernt! Und die Frauen, die kurz davor waren, hielten beim Gehen ihre Knie zusammen und schwangen nicht ihre Hüften! Das Ergebnis kam so überraschend, so die Leiterin der Studie, dass das Experiment ein zweites Mal durchgeführt wurde. Wieder dasselbe Resultat!

Die kanadischen Forscher erklärten schließlich: wenn Frauen *nicht* mit den Hüften wackeln und fruchtbar sind, dann, weil Hüftenwackeln als Signal zu deutlich ist. Frauen wollen Männer an ihren fruchtbaren Tagen *abschrecken* – mit Ausnahme ihres festen Partners. Deshalb signalisieren sie ihre Fruchtbarkeit lieber durch unauffällige Zeichen, die man nur aus der Nähe gut wahrnehmen kann: im Gesicht und durch bestimmte Duftstoffe (Pheromone). Wenn Frauen hingegen mit den Hüften wackeln, dann tun sie das, um sich attraktiv zu machen, weil sie gerade nicht ernsthaft an Paarung interessiert sind. Sie machen Männer auf sich aufmerksam, von denen sie nicht das Geringste wollen, und schon gar nicht Nachwuchs. Das war ziemlich verwirrend. Hieß dies nun, die am *wenigsten* sexy aussehenden Frauen sind in Wahrheit die fruchtbarsten (also die schönsten) – und die am offensichtlichsten sexy wirkenden Frauen sind gar nicht fruchtbar (also eigentlich gar nicht attraktiv)?! Und wohin sollte das alles führen?

Cargo-Cult-Wissenschaft

Irgendwann fiel mir der Begriff *Cargo-Cult-Wissenschaft* ein. Er stammt von dem Physiker und Nobelpreisträger Richard Feynman und bedeutet, frei übersetzt, Wissenschaftsunfug. Den Ausdruck »Cargo-Cult« (wörtlich Fracht-Kult) hatte Feynman aus der Ethnologie übernommen: Dort bezeichnet

Cargo-Kult ein abstruses Ritual, das sich bei Südseeeingeborenen nach dem 2. Weltkrieg beobachten ließ. Während des Krieges hatten die Eingeborenen erlebt, wie Tausende amerikanischer Flugzeuge im Urwald gelandet waren und wunderbare Dinge an Bord hatten – all die Versorgungsgüter, die für die stationierten Truppen eingeflogen wurden. Nach dem Krieg wollten die Eingeborenen, dass diese Flugzeuge mit ihren herrlichen Schätzen weiterhin zu ihnen kämen. Also rodeten sie die Pisten, zündeten entlang der Landebahnen Feuer an, bauten einen Kontrollturm, setzten einen Controller hinein. Sie schnitzten ihm einen Kopfhörer aus Holz, aus dem Bambusstöcke als Antennen staken. Sie machten alles richtig. Alles sah perfekt aus. Alles war da. An alles war gedacht worden. Aber es kamen trotzdem keine Flugzeuge.

Ich dachte an Cargo-Cult-Wissenschaft, weil ich den Eindruck nicht loswurde, die Attraktivitätsforschung operiere ungefähr so wie diese Südseeeingeborenen. Die Forscher machen formal alles richtig: Sie halten sich an wissenschaftliche Prinzipien, sie zitieren korrekt, sie weisen den Versuchsverlauf genau nach, sie schreiben nicht voneinander ab, sie veröffentlichen in den einschlägigen, angesehenen Wissenschaftsjournalen, sie gehen auf Konferenzen, sie tragen akademische Titel und lehren an Universitäten. Die Form ist perfekt. Alles sieht tadellos aus. Aber irgendetwas läuft falsch.

Wenn man wieder und wieder die Centerfolds aus dem *Playboy* oder Set-Cards von Supermodels nimmt und erklärt, dies sei der Goldstandard der ganzen Welt, läuft etwas falsch. Wenn man die Durchschnittsgesichter von unsereinem so lange am Computer übereinanderlegt und anschließend so optimiert, dass sie kaum noch aussehen wie die von lebendigen Menschen, und erklärt: Dies fanden Menschen immer schon schön, dann läuft auch etwas falsch. Wenn man sagt,

Frauen seien »das schöne Geschlecht« – und Männer erst gar nicht systematisch erforscht, dann ist das auch falsch. Cargo-Cult-Wissenschaft ist etwas anderes als Pseudowissenschaft oder Esoterik. Feynman erklärte, es sei »Wissenschaft, die keine Wissenschaft ist«. Um zu zeigen, was seiner Ansicht nach ein 1-A-Experiment sei, das wirklich makellos wissenschaftlichen Standards entspräche, beschrieb Feynman einen kleinen Versuch, den ein Forscher namens Young 1937 mit Ratten durchgeführt hatte. Young hatte die Ratten in ein Gehäuse mit einem Flur gesetzt. Zu beiden Seiten des Flures waren Türen; durch die einen kamen die Ratten herein, hinter einer anderen lag Futter. Young wollte herausfinden, ob er den Ratten beibringen könne, durch die *dritte* Tür zu gehen. Nein. Die Ratten liefen stur immer nur dorthin, wo das Futter war.

Aber woher kannten sie den Weg dahin so genau? Young vermutete zunächst, es müsse am Geruch des Futters liegen. Also verwendete er bestimmte Chemikalien, und jedes Mal, wenn die Ratten nun durch den Kasten gelaufen waren, veränderte er den Geruch. Die Ratten liefen trotzdem immer noch zur Tür mit dem Futter dahinter. Also überprüfte Young die Farben und Oberflächen der Türen. Er vermutete diesmal, irgendetwas könne an der Futter-Tür anders sein als bei den anderen Türen. Nein, am *Aussehen* der Tür lag es auch nicht. Als Nächstes veränderte Young das *Licht*. Aber am Licht lag es auch nicht. Schließlich stellte sich heraus, dass die Ratten die Tür mit dem Futter dahinter stets wiederfanden, weil sie sich am Geräusch ihrer Krallen auf dem Boden orientierten. Feynman befand dieses Rattenrennen als wissenschaftlich astrein, weil Young versucht hatte, herauszufinden, welche Orientierungshilfe die Ratten *tatsächlich* verwendeten. Er habe nicht bloß bewiesen, was er bereits *annahm*. Er hatte nicht gesagt: die Ratten rennen zum Futter, weil sei es riechen können.

Die Attraktivitätsforschung macht aber genau das. Sie bestätigt, was sie vermutet; im schlimmsten Fall illustriert sie einfach unsere lieb gewonnenen Klischees. Dass Frauen schön sind und dass Männer Status haben. Dass Männer junge Frauen wollen, die sexy sind, und Frauen mit alten Herren vorliebnehmen, wenn sie dicke Brieftaschen haben. Dass Männer auf die Oberweite gucken und Frauen auf die Automarke. Ich vermute, der Erfolg solcher »Erkenntnisse« liegt darin, dass wir nur das erfahren, was wir sowieso schon immer wussten.

Das heißt natürlich alles nicht, dass Gene keine Rolle spielen. Wir sind Wesen der Evolution genauso wie der Kultur, wir haben unser archaisches Stammhirn, und es existieren uralte Mechanismen, die uns noch heute beeinflussen. Wenn große Menschen sich uns in den Weg stellen, weichen wir ihnen eher aus als Kindern. Wenn wir Schreie hören, sind wir gewarnt. Frauen verströmen an ihren fruchtbaren Tagen Düfte, die sie auf Männer anders wirken lassen als an ihren unfruchtbaren Tagen. Und so weiter.

Die Frage ist nur, ob wir auch ein so mit Bedeutungen überfrachtetes Konzept, wie Schönheit es nun einmal ist, verstehen, wenn wir auf diese primitiven Muster verweisen. Je komplexer eine Gesellschaft ist, desto unwahrscheinlicher wird es, dass archaische Muster in unserem Verhalten überhaupt noch große Bedeutung haben. Sehen wir uns doch nur an, was mit unserer »Schönheitsverdrahtung« heute los ist. Die Männer in den Industrienationen sind so fortpflanzungsmüde wie noch nie, sie wollen gar keinen Nachwuchs. Die gut ausgebildeten Frauen bestimmen ihren sozialen Status unabhängig vom Mann, sie sind außerdem finanziell so unabhängig wie noch nie und brauchen keine Versorger. Aber beide Geschlechter sind so schönheitsbesessen wie noch nie zuvor.

Wer sich heute unsere Gesellschaft anguckt, stellt im Übrigen ziemlich schnell fest, dass es immer weniger soziale Mobilität durch Heiraten gibt: Die Anwältin heiratet den Anwalt, die Unternehmerin den Journalisten, die Sachbearbeiterin den Kundenberater, die Lehrerin den IT-Manager, die Ärztin den Hochschullehrer. Die Untersuchungen, mit denen die Attraktivitätsforscher zu belegen versuchen, Frauen heirateten nach Möglichkeit nach oben, stammen zum größten Teil aus den 70er Jahren.

Je länger wir in Kultur leben, desto sinnloser wird es, hochkomplexe kulturelle Konzepte (Schönheit gehört dazu) erklären zu wollen, indem man Kultur überspringt und die Biologie des Menschen befragt. Wenn wir unseren Schönheitswahn primär als eine »Verdrahtung« im menschlichen Gehirn auffassen, ist das ungefähr so, als würde man die Bedeutung der *Mona Lisa* begreifen wollen, indem man die Farbe des Gemäldes ankratzt und chemisch untersucht.

Vermutlich haben vor 100 000 Jahren kräftige Männer kräftige Frauen gewählt – und umgekehrt. Aber davon nun auf unsere Schönheitshysterie Rückschlüsse zu ziehen und gar erklären zu wollen, warum westlich orientierte Männer Blondinen bevorzugen und warum bereits 12-Jährige vom Jugendwahn besessen sind, zeigt eher unsere Ratlosigkeit im Umgang mit dem Thema Schönheit. Wir können uns das alles nicht besser erklären.

Es ist kaum möglich, der Biologie ein Schönheitsideal zuschreiben zu wollen und dabei so zu tun, als gäbe es für uns einen Schönheitsbegriff, der nicht seit Tausenden von Jahren durch Kultur geprägt ist. Wenn wir über das Pfauenrad nachdenken, wissen wir, dass es bestimmten ästhetischen Anforderungen entspricht, die uns gefallen. Es hat herrliche Farben, wunderschöne komplexe Muster, es könnte auch ein

Designerteppich sein. Wir haben aber keine Ahnung, ob das Pfauenrad auf die Pfauenhenne nicht einfach nur so wirkt wie Viagra. Warum taucht in der Attraktivitätsforschung eigentlich immer nur das Pfauenrad auf (gelegentlich auch mal ein Geweih oder eine Löwenmähne) – aber nie, wirklich niemals, die große Blase, die das Krötenweibchen am Männchen so fasziniert? Vermutlich, weil wir sie nicht schön, sondern ekelhaft finden. Die »Schönheit« der Krötenblase widerspricht einfach unseren Vorstellungen von gutem Geschmack. Sexy ist sie auch nicht.

Wir können, sobald wir über Schönheit sprechen und nachdenken, Kultur nicht einfach verlassen. Es gibt keinen Weg zurück in ein Paradies ohne Worte, Bilder, Klischees, Konventionen, Traditionen. Das sieht man übrigens dort in beeindruckender Weise, wo die Forschung sich ihre Experimente ausdenkt. *Sanduhrfiguren* als *Universal*konstante weiblicher Schönheit! Frauen, die mit einem Platten (hilflos!) am Straßenrand stehen. Männer, die sagen sollen, ob sie lieber eine dick- oder flachbrüstige Frau zur Freundin hätten – diese Tests sind in den USA durchgeführt worden, und die Besessenheit des amerikanischen Mittelklasse-Mannes von großen Brüsten ist beinahe sprichwörtlich. Männer, die beweisen sollen, ob sie für eine schöne Frau eine *Heldentat* begehen würden – wie gut muss die Frau aussehen, für die sie Umzugskartons zu schleppen, einen See zu durchschwimmen oder eine Handgranate zu entschärfen bereit sind? Männer, die eine Hand in Eiswasser halten sollen – mal sehen, ob sie es in Anwesenheit einer hübschen Frau länger tun als in Gegenwart einer Schreckschraube. Frauen, die zeigen sollen, ob sie einen Mann in Burger-King-Uniform genauso toll finden, wie einen im Nadelstreifenanzug. Professoren, die die Essays schöner Studentinnen bewerten sollen (nicht: Professorinnen, die die Essays schöner Studenten beurteilen sollen!). Chefs, die auf die zweideutigen Angebote ihrer hübschen Sekretärinnen reagieren sollen.

Diese Konstellationen sind nicht sonderlich originell. Es sind alte Geschichten und vertraute Bilder, sie erzählen von schönen Frauen, die man retten muss, und von Helden, die das tun. Von verbotenen Fantasien, wie jener, dass man aus der Hilflosigkeit einer schönen Frau am Straßenrand Gewinn schlagen kann, und sei es auch nur ein Gewinn ästhetischer Art. Sie erinnern an Pornografie, Hollywood und Märchen. Gelegentlich liest sich die Liste solcher Versuche wie eine endlose Reihung bewährter Klischees über Männer und Frauen.

In einem typischen Experiment, das mit dem Massachusetts Institute of Technology (MIT) durchgeführt wurde, wurden Elektroden am Kopf von Männern befestigt, um zu zeigen, welche Hirnareale aktiv werden, wenn sie Bilder schöner Frauen betrachten. Das Ergebnis war ganz zweifellos hochinteressant, denn es flackerten dieselben Stellen auf, die sich regen, wenn einem Hungrigen Nahrung gezeigt wird oder wenn ein Drogenabhängiger Drogen sieht. War damit nun nicht etwa bewiesen, dass Männer naturgemäß nahezu zwanghaft denken »Muss ich haben«, wenn sie eine schöne Frau erblicken?

Aber was geschah nun, als Frauen Elektroden am Kopf befestigt wurden, um zu beobachten, was beim schönen Geschlecht flackert, wenn ihm Bilder attraktiver Männer gezeigt werden? Tja. Ja, was nur! Ich habe nie von einem derartigen Experiment gehört.

Nein, wir sind nicht die ersten Menschen in der langen Geschichte unserer Spezies, die sich von Schönheit beeindrucken lassen. Schönheit hat zu allen Zeiten, in allen Kulturen eine Rolle gespielt, und in jedem Völkerkundemuseum, in jeder illustrierten Kostümgeschichte, in jeder *Galerie der Alten Meis-*

ter können wir die unterschiedlichen Zeugnisse dieser Schönheitspraktiken bestaunen. Aber wenn die Forschung erklärt, unser Schönheitssinn unterscheide sich nicht von dem unserer Vorfahren, und auch nicht wesentlich von dem anderer Kulturen, denn Schönheitsideale seien zuerst eine Frage der Biologie, dann verkennen die Experten spektakulär den Umstand, dass Schönheit in den vergangenen zehn Jahren eine völlig neue, nie da gewesene Dimension bekommen hat. Unsere Vorstellungen von Schönheit haben sich ziemlich weit von den Grundlagen der Biologie verabschiedet: Was wir schön finden, sind nicht Glanzleistungen der Natur, sondern der Chirurgie und der Bildbearbeitung. Wir lieben unfruchtbare Avatare, und wir mögen Taillen und Hüften viel lieber, wenn schon mal eine Computermaus Fettpölsterchen gefressen und Cellulitegrübchen aufgefüllt hat. Wir überlassen das Feld in einem so wichtigen Punkt wie äußerlicher Perfektion ungern der Natur.

Globalisierte Schönheitsideale

»Vor 20 Jahren«, schrieben die beiden amerikanischen Psychologinnen Gillian Rhodes und Leslie Zebrowitz in ihrer 2002 erschienenen Aufsatzsammlung, glaubte man, unsere Schönheitsvorstellungen würden uns von den modernen Massenmedien diktiert. Inzwischen wisse man, fügten sie hinzu, dass unsere Vorlieben durch ein uraltes Programm in unserem Gehirn weitgehend festgelegt seien.

Vor 20 Jahren hatte ich gerade angefangen zu studieren, Ethnologie im Nebenfach. In den ersten Semesterferien flog ich nach Kathmandu, Nepal, zur Feldforschung. Tage und Nächte verbrachte ich mit der Beobachtung mehr oder weniger faszinierender Rituale. Einmal war ich 24 Stunden einer

Prozession durch enge Gassen und Feldwege vor der Stadt ge-
folgt. Ich weiß nicht einmal mehr genau, worum es gegangen
war, ich weiß nur noch, dass der Weg, den die Priester gegangen waren, wie jedes andere Detail dieses Rituals, einem uralten Skript entsprochen hatte. Einem bewährten Ablauf, der
seit Jahrhunderten unverändert so und nie anders sein musste.
Irgendwann in der Nacht war, als Höhepunkt des Ganzen,
ein Hammelkopf rituell zerlegt worden. Er war, wie die uralten Überlieferungen es vorschrieben, zuvor drei Wochen lang
vergraben gewesen und dann in eine genau festgelegte Anzahl
von Teilen geteilt worden.

Ich war für einen Tag und eine Nacht Teil einer archaischen
Welt geworden, die ich nicht kannte und auch nicht verstand.
Ich hatte Menschen, Gebäude, Gerüche, Farben, Geräusche
erlebt, die nichts mit der Wirklichkeit zu tun hatten, aus der
ich kam. Meine Kleidung roch nach den Feuern, die überall gebrannt hatten, und nach dem scharfen Schnaps, den die
jungen Männer, die den Zug begleitet hatten, literweise getrunken und mit großer Freude verschüttet hatten.

In den frühen Morgenstunden war Schluss. Die Prozession
löste sich auf, und ich ging durch eine schlafende, stockdunkle
Stadt zurück nach Hause. Auch das war fremd: die Normalität
eines Ausnahmezustands, diese Ruhe plötzlich, das Fest hatte ja
nicht die ganze Stadt in Aufruhr versetzt, es war nicht wie der
Kölner Karneval. Allmählich begann es zu dämmern, Alltags-
geräusche drangen aus Häusern und den engen Nebenstraßen,
Händler riefen Mandarinen und Melonen aus, Rikschas klin-
gelten, Frauen legten auf dem Weg in den Basar Opfergaben an
kleinen Tempeln nieder. Und von irgendwoher hörte ich Mu-
sik aus einem Radio. Das war 1987, und aus dem Radio kam
»You're my heart you're my soul« von *Modern Talking*.

Seit jenem Morgen vor 20 Jahren bin ich einigermaßen skep-

tisch, was die Grenzen westlicher Massenmedien angeht. Da
kehrte ich gerade aus einer uralten Kultur zurück und wurde im
selben Moment von etwas eingeholt, das ich genauso gut in jeder Disco in Hamburg und jeder Boutique in Düsseldorf hätte
hören können. Erst Wochen später wurde klar, was ich erlebt
hatte. Ich war Zeugin geworden, dass wir in einer Welt leben,
in der *alles*, was durch die Medien vermittelt wird, *jedem, überall*
und zu *jedem* Zeitpunkt verfügbar sein kann. Und zwar jederzeit auch dort, wo wir es am wenigsten erwarten.

Der Soziologe Niklas Luhmann prägte für diesen Aspekt
von Globalisierung den Begriff der *Weltgesellschaft*. Jede Form
von Kommunikation – und etwas anderes sind Popsongs, Bilder und Filme ja nicht – erfährt durch die modernen Massenmedien eine so rasend schnelle, massenhafte Verbreitung,
dass Menschen überall auf der Welt praktisch im selben Moment dieselben Informationen haben können. Luhmann erfand den Begriff Weltgesellschaft bereits in den 80er Jahren,
also zu einer Zeit, als das Internet noch hauptsächlich eine
Sache für pickelige Computerfreaks war. Er hatte dabei allen
Ernstes noch an das Buch, ans Radio und den Fernseher gedacht, also an die vergleichsweise bescheidenen Möglichkeiten
der alten Massenmedien, Bilder und Texte und Töne in den
letzten Winkel der Welt zu schicken.

Warum habe ich das erzählt?

Weil die Weltgesellschaft und ihre Medien die Chancen, einen universalen Schönheitsgeschmack nachweisen zu können,
in den letzten 20 Jahren mehr als wahrscheinlich gemacht haben. Wenn sich eine Koreanerin Kulleraugen und eine doppelte
Augenlidfalte machen lässt – tut sie das dann, weil das Kindchenschema-Gesicht mit großen runden Augen eine genetisch
fixierte Vorliebe der Gattung Mensch darstellt, oder weil euro-

päische Schönheits- und Erfolgsideale durch das Kino und die Popkultur auch in Ostasien beliebt geworden sind? Von Michael R. Cunningham stammt eine häufig zitierte Veröffentlichung, in der er erklärt, dass bestimmte Vorlieben (zum Beispiel die Kombination aus Kindchenschema und hohen Wangenknochen) Universalität beanspruchen können. Cunningham und seine Mitarbeiter hatten dazu nicht nur Studenten gefragt, die in den USA groß geworden waren, sondern auch solche, die nicht aus den USA stammten. Diese Gruppe bestand zum einen Teil aus Asiaten und jungen Erwachsenen aus Südamerika, die erst seit vier Monaten in den USA studierten, zum anderen Teil aus Studenten an einer Universität in Taiwan.

Um den Einfluss westlicher Medien auf die Studenten zu überprüfen, wurden die Studenten nach ihren Fernsehgewohnheiten befragt. Alle gaben an, westliches Fernsehen anzusehen – die Gaststudenten in den USA sahen 1,1 Stunden am Tag und die taiwanesischen Studenten immerhin 2,2 Stunden pro Woche. Das ist nicht viel, aber viel entscheidender ist wohl, dass sie es *überhaupt* taten. Die meisten amerikanischen Studenten gucken ihr ganzes Leben lang keine 2,2 Sekunden taiwanesisches Fernsehen. Warum sollten sie auch?

Zu glauben, Studenten aus China oder Japan oder Venezuela könnten heute (oder vor zehn, 20 Jahren) allen Ernstes westliche Schönheitsideale wesentlich anders wahrnehmen als ihre Kommilitonen aus den USA, halte ich für naiv. Die Studenten der Weltgesellschaft hören überall denselben Pop, sie tragen dieselben Turnschuhe und Jeans, sie haben MP3-Player und einen Internetanschluss oder ein Internetcafé um die Ecke, sie studieren ein paar Semester im Ausland, und ob sie Waschbrettbäuche und lange, dünne Beine schön finden, weil die Evolution ihnen diese Vorlieben einprogrammiert hat, oder weil sie auf jedem Plakat, in jedem Werbespot und Videoclip sehen, dass schlank, durchtrainiert und makellos zu sein *cool* ist, können wir beim besten Willen nicht mit Sicherheit rekonstruieren.

Wie können wir allen Ernstes erklären, ein bestimmtes Schönheitsideal sei nicht durch Medien oder die Tradition vermittelt, sondern genetisch verankert, wenn Bilder, Idole und Moden überall auf der Welt zum selben Zeitpunkt von Millionen von Menschen geteilt werden? Wenn die Miss-*Worlds* dieser Welt Jahr für Jahr so aussehen wie die Partyqueens amerikanischer Highschool-Bälle, wenn Chinesinnen auf die Idee kommen, sich die Beine auf nordeuropäisches Maß verlängern zu lassen, wenn Koreanerinnen sich Kulleraugen operieren lassen und wenn Bulimie nun auch in den Jugendkulturen der indischen Großstädte angekommen ist? Ich besitze eine Fan-Postkartensammlung indischer Bollywoodstars aus den frühen 80ern, und die abgebildeten Stars sind nach damaligem europäischen Standard unglaublich stark beleibt.

Übersichtlich schön

Die Medien lieben die Attraktivitätsforschung für ihre Thesen von beeindruckender Übersichtlichkeit und großer Schlichtheit. Es liegt eine unübersehbare Ironie darin, dass die Attraktivitätsforschung zwar den maßgeblichen Einfluss der Massenmedien auf unsere Vorliebe für Sexiness, Jugendlichkeit und Schlankheit bezweifelt, ihren eigenen großen Erfolg aber den Massenmedien zu verdanken hat. Ohne den *Spiegel*, *Geo*, *BBC online* und Hunderte anderer ähnlicher Formate fristete die Attraktivitätsforschung vermutlich ein eher obskures Dasein. Das massenmediale Interesse verwundert nicht, denn die Wissenschaft von der Schönheit macht fantastische Schlagzeilen. Ein Beispiel von Hunderten: In der *Times online* erschien im Februar 2006 die wundervolle Überschrift »Cavegirls were first blondes to have fun« (»Höhlenmädchen waren die ersten Blondinen, die richtig Spaß hatten.«)

Der kanadische Anthropologe Peter Frost war dabei der Frage nachgegangen, warum es in Europa eine viel größere Vielfalt an Haarfarben gibt als in allen anderen Teilen der Welt. Seine Geschichte handelt von Männern, die auf der Mammutjagd zu Hunderten umkamen, von einem Konkurrenzdruck unter den Frauen auf der Suche nach Partnern, von wählerischer werdenden Männern, von blonden Frauen, die fruchtbarer waren als die dunkelhaarigen Schwestern, und von männlicher Hardware, die bis heute die Blondheit an Frauen wertschätzt. Natürlich hätte alles auch ganz anders sein können: Schließlich ist Evolution nichts anderes als eine einzige Kette von Zufällen ohne Sinn und Zweck. Die Natur »weiß« bekanntlich nicht, was sie tut, sie folgt keinem großen Plan, auch wenn wir zu unserer Beruhigung lieber so tun, als täte sie es. Wenn die Natur selektiert, selektiert sie, was sie selektiert. Nicht mehr, nicht weniger. Vielleicht also tauchte durch einen puren Zufall in einer Gruppe in der Nähe von Flensburg das Gen für blonde Haare bei Frauen und Männern plötzlich vermehrt auf, und vielleicht war ausgerechnet diese Gruppe mit Umweltbedingungen gesegnet, die ihr Fortbestehen über viele Generationen sicherte – mit gutem Klima, reichlich Nahrung, wenig Parasiten und keinen nennenswerten Feinden. Natürlich würde diese Version keine einzige Schlagzeile machen.

Es ist seltsam zu sehen, wie die Attraktivitätsforschung einerseits die Macht der Medien mit genialischer Geste vom Tisch fegt, dann jedoch notorisch die Centerfolds des *Playboy*, Frauenzeitschriften und die Karteien von Modelagenturen befragt, um uns zu zeigen, dass bereits unsere schlecht frisierten Urahnen des Pleistozän unser heutiges Schönheitsideal mit uns Medienjunkies geteilt hätten. Offenbar ist es auf der Suche nach einem universalen, überzeitlichen, überkulturell wirksamen Schönheitsbegriff völlig ausgeschlossen, nach Schönheitsidealen zu suchen, die nicht zufällig auch der amerikanischen und europäischen Mittelschicht gefallen. Dass in der langen Geschichte der Menschheit irgendjemand je die kleine knubbelige Venus von Willendorf schön gefunden haben könnte – mit ihren gewaltigen Hängebrüsten und prächtigem runden Hintern –, dass kunstvoll vernarbte Krokodilshaut oder die zylindrischen, flachbrüstigen Leiber von Renaissanceprinzessinnen je begehrt waren, kann sich unter den Attraktivitätsforschern momentan jedenfalls keiner vorstellen.

Man könnte diese Wissenschaft als Begleiterscheinung einer unersättlichen Unterhaltungs- und Informationsindustrie abtun, die jeden Tag spektakulären Stoff verschlingen muss und keine Zeit hat, lange darüber nachzudenken, ob das, was sie berichtet, Unsinn ist oder nicht. Die Nachricht muss einen Tag überstehen, höchstens einen Monat, das ist nicht lang. Aber diese Theorien haben mittlerweile einen gewaltigen Einfluss auf unser Verständnis von unserem Leben. Ich spreche mit kaum noch jemandem, der nicht glaubt, es handle sich dabei um erhellende Fakten, die uns das Leben erklären könnten.

Im Frühjahr 2006 erschien die *Brigitte Young Miss* mit dem Aufmacher auf dem Titel: »90-60-90. Von was Männer träumen«. Im Heft ging es darum, ob Männer nun von Natur aus auf Pin-up-Maße gepolt sind oder nicht. Eine mehrseitige Modestrecke demonstrierte der pubertierenden Leserin erst einmal, wie sich ihre neuralgischen Körperzonen am wirkungsvollsten präsentieren lassen: der Busen mittels eines transparenten Tops, das Dekolleté durch einen sehr tiefen V-Ausschnitt, der Bauch durch eine aufgeknöpfte Bluse, die Oberschenkel mit Hotpants und der Rücken durch ein Stretch-Irgendwas mit einem großen Loch drin. Ein recht heilsamer Artikel erklärte weiter hinten trotzdem, dass natürlich auch junge Männer zwischen Ansprüchen an eine lebendige Freundin und Fantasiegebilden unterscheiden können. Dann kam aber noch der Attraktivitätsexperte Martin Gründl zu Wort:»Schönheit liegt nicht im Auge des Betrachters. Wir nehmen die Attraktivitätsmerkmale alle gleich wahr und kommen so zu dem gleichen Eindruck.« Auf die Frage: *Lieben Männer nur schöne Frauen?* antwortete er:»Man kann sagen: Männer wollen Attraktivität, Frauen wollen Status.« Wie gut, dass die 14-jährigen Leserinnen das dann doch noch erfuhren. *Von was Männer träumen.* Nicht einmal die Grammatik taugte etwas.

Vielleicht liegt der Grund, warum wir so begierig sind, die Weisheiten der Attraktivitätsforschung für bare Münze zu nehmen, auch hierin begründet: Wenn uns die Schönheitsindustrie mit ihren Anti-Aging-Produkten hysterisch macht und TV-Dokumentationen uns zeigen, wie andere Frauen sich pampelmusenförmige Brüste operieren lassen, und wenn wir uns diesen Mist kaufen oder sogar angucken, befremdet uns unser eigenes Verhalten, und wir wollen wissen, warum das alles so ist. Dann kommt die Attraktivitätsforschung und erklärt uns, dass diese Hysterie genetisch veranlagt sei und wir uns überhaupt gar nicht gegen sie wehren können. Ja!, denken wir, genau!, so ist das!, und trotten wie die Lämmer zum Schönheitschirurgen. Oder wenigstens an die Kasse von Kosmetik-Discountern. Und Männer, die so blöd sind, einer blondierten, 5-fach operierten, mehrfach mit Botox erfrischten 44-Jährigen mit künstlichem Busen zu glauben, sie sähe aus wie ein junges Mädchen, können sich sagen: Das sind jahrtausendealte psychologische Mechanismen in mir, sie führen mich an der Nase herum, aber ich bin wehrlos.

Im Frühjahr 2006 hörte ich im Radioprogramm der BBC ein Feature über den Wandel des weiblichen Schönheitsideals in Mauretanien. Dort herrschte bisher die jahrhundertealte Überzeugung, dass nur eine sehr, sehr dicke Frau schön sein kann. Interessanterweise teilen sich die Mauretanier zwar nicht dasselbe Schönheitsideal mit der Attraktivitätsforschung, aber dieselbe Begründung. Sie sagen, eine sehr dicke Frau sei deshalb schön, weil sie jung *und gesund* aussehe und viele Kinder bekommen werde! Wahrscheinlich ist die einzige Universalität in Sachen Schönheit dieses jung-gesund-und-fruchtbar-Argument – was immer dann für jung-gesund-und-fruchtbar gehalten wird.

Weil Fettleibigkeit nach modernen Erkenntnissen weder gesund ist noch einen Kindersegen erwarten lässt, warnt mittlerweile eine von der Regierung bezahlte Aufklärungskampagne junge Frauen, ihre Mütter und Großmütter vor den gesundheitlichen Folgen der Adipositas. Aber wirkungsvoller als die Arbeit der Ärzte erweist sich plötzlich die Existenz der Satellitenschüssel am eigenen Haus. Seitdem junge Mädchen *Star Academy* – die libanesische Version der französischen Variante von *Deutschland sucht den Superstar* – empfangen können, wandelt sich das Schönheitsideal allmählich. Mädchen schwärmen neuerdings für libanesische und ägyptische Popstars und für Britney Spears, Jennifer Lopez und Beyoncé. »Das Fernsehen hat alles verändert«, sagt eine junge Frau, und im Hintergrund hört man, dass der Fernsehapparat an ist. Es soll auch Ehemänner geben, die ihren beleibten Frauen mit dem Blick auf JLo oder arabische Schönheiten gesagt haben:»Warum siehst du nicht so aus?« Die meisten Frauen halten ihre Männer dann für geisteskrank. Wie kann man aussehen wollen wie JLo? Die Mauretanierinnen sind stolz auf ihr Übergewicht. Denn die Tradition sagt, nur eine sehr dicke Frau ist eine schöne Frau. Eine alte Frau, die in ihrer Sippe für das Mästen der Mädchen zuständig ist, gerät ins Schwärmen:»Ich füttere sie so lange, bis ihr Bauch sehr, sehr dick wird. Dann bildet sich viel, viel, wunderschönes Fett, das von der Unterseite ihrer Arme herabhängt. Mit wunderschönen Dehnungsstreifen. Und wunderschöne fette Oberschenkel. Der Po wird dick und wunderschön. Wenn wir sie nicht mästen würden, blieben sie dünn. Und das ist *wirklich* hässlich.«

So viel dann zur Universalität der Sanduhrfigur. So viel zur Schön-ist-gesund- Theorie. So viel zur universalen Vorliebe für glatte, unversehrte Haut. *Wunderschöne Dehnungsstreifen.*

Selbst Regensburger Psychologen kennen jetzt»die Formel für eine schöne Frauenfigur«. Das Wunder-Ding kombiniert Gewicht, Taillen- und Hüftbreite, Beinlänge und Oberweite. Die Wissenschaftler hatten per Internet Frauen und Männer aufgefordert, sich im Internet am»Body Generator« zu betätigen:»Stellen Sie sich selbst einen idealen Frauenkörper zusammen!« Dazu durften die Teilnehmer an einer abgebildeten hübschen, makellosen, jungen Frau im schwarzen Bikini beliebig herummäkeln. In einem zweiten Experiment sollten die Teilnehmer aus über 200 vorgegebenen Figuren die schönste heraussuchen. Aus den Daten berechneten die Wissenschaftler dann die Formel, mit der sie die Schönheit jeder beliebigen Frau auf einer Skala von 0 bis 100 feststellen können. Diese Formel für eine schöne Frauenfigur wurde im Juli 2007 auf dem Weltkongress der Plastischen, Rekonstruktiven und Ästhetischen Chirurgie in Berlin vorgestellt.

Wie praktisch.

165

5
Perfekt

Einige Straßen von unserer Wohnung entfernt liegt ein Fotostudio, dessen Spezialität darin besteht, Porträts zu machen, auf denen die Abgebildeten wesentlich besser aussehen als in Wirklichkeit. In den sieben großen Schaufenstern des Eckgeschäfts sind Beispiele zu sehen. Großformatige Abzüge, überwiegend von jungen Frauen in Dessous, die sich entweder über ihre Schulter nach hinten umdrehen oder auf Fellimitat kuscheln, dazwischen auch der ein oder andere Mann in Jeans, aufgeknöpftem Herrenhemd und mit Sixpack. Die Konturen auf den Bildern sind schmeichelnd weich gezeichnet, und sogar das Schwarz der spitzenverzierten Push-ups und Stringtangas wirkt etwas pastellfarben. Links unten auf jedem Porträt ist ein kleines, aber gut erkennbares Foto der Person in Echtansicht eingesetzt. Der Effekt ist überwältigend.

Menschen, die aussehen wie ganz normale Frauen und Männer von der Straße, mit roten Nasen, empfindlicher Haut und dünnen Haaren, haben sich in makellose Wesen verwandelt. Sie scheinen aus einem Traumland zu stammen, dessen nebliges, rätselhaftes Licht mildert, was nicht gut aussieht. Menschliche Haut hat einen Zustand erreicht, der einer extrem hochwertigen Kunststoffoberfläche gleicht. Alle sind jung und sexy, und pornografische Grundstellungen wirken unanstößig und irgendwie nett.

Es seien schon Kunden da gewesen, erzählt mir eine freundliche Mitarbeiterin, die hätten vor Freude geweint, als sie nach den zirka dreistündigen Fotoaufnahmen die Bilder von sich zu Gesicht bekommen hatten. Die meisten können ihre Verwandlung gar nicht glauben, alle sind überwältigt, viele brauchen ein paar Tage Zeit, bis sie in der Lage sind, sich für die Motive zu entscheiden, von denen sie auch Abzüge mit nach Hause nehmen wollen. Einige Frauen kommen, um die Fotos ihrem zukünftigen Mann zur eigenen Hochzeit zu schenken. Andere, um etwas für sich selbst zu haben, zur Erinnerung, ein paar Bilder, die ihnen in 20, 30 Jahren zeigen werden: So wundervoll sah ich einmal aus.

Ich besuche das Fotostudio an einem unerträglich heißen Tag im Mai. Die Mitarbeiterin und ich sitzen neben der Rezeption auf einem senffarbenen Ledersofa mit dem Schick der Wohnzimmereinrichtungen aus *Derrick*. In kürzester Zeit klebt der Stoff meines Rocks an meinen Beinen. Auf meiner Stirn perlt Schweiß, von der Wand gegenüber gucken perfekte, flachbäuchige Frauen in Unterwäsche kühl auf uns herab. Ihre Haut hat keine Härchen, keine Pickel, keine Falten, keine Poren und scheidet weder Talg noch Schweiß aus. Wochenendtermine muss man mehrere Wochen im Voraus abmachen, da ist das Studio fast immer ausgebucht.

»Viele Kundinnen merken«, erklärt die Mitarbeiterin, »wenn sie die Bilder sehen: ›Ich kann ja auch aussehen wie Heidi Klum!‹ Ihnen wird plötzlich bewusst, wie viel man mit Makeup und *digitaler Bildbearbeitung* erreichen kann.«

Tatsächlich? Aus diesem Grund kommen die Kundinnen doch wohl eher nicht. Keine Braut schenkt ihrem zukünftigen Mann Bilder, von denen beide wissen, dass sie darauf tausendmal besser aussieht als in der Hochzeitsnacht, weil die Bilder Fake sind. *Guck mal, Schatz. Wenn man anständig retouchiert, sehe ich super aus.* Nein. Sie schenkt ihm diese Bilder, weil sie damit zeigen kann, wie fantastisch sie *in Wirklichkeit* aussieht. In Wirklichkeit ist sie perfekt.

Mein allererstes Bild von mir

Die amerikanische Publizistin Susan Sontag beobachtete Ende der 70er Jahre, dass seit der Erfindung der Fotografie (und des Films) die Wirklichkeit mehr und mehr zu dem geworden ist, was die Kamera abbildet. Das, was wir als Wirklichkeit wahrnehmen, ist das, was die Kamera für uns sichtbar macht. Im Zeitalter der massenhaften Verbreitung von Bildern sehen wir die Welt nur noch mit den Augen der Kamera. Wir tragen längst von allem und jedem fertige Bilder in uns herum, wir leben in einer Realität, die wir von Fotos oder aus Filmen kennen. Wir wissen aus dem Fernsehen: so sieht eine New Yorker Anwältin aus; wir wissen aus der Werbung: so sieht ein glückliches Familienfest aus, und wir wissen aus der *Elle* oder jeder anderen Frauenzeitschrift: so sieht eine *wirklich* schöne Frau aus. Wir vertrauen Fotos mehr als unserer eigenen Wahrnehmungsfähigkeit, weshalb wir ständig von allem und jedem Fotos oder Filme machen. Wer will sich schon auf die inneren Bilder und die eigene Erinnerung verlassen müssen. Bilder sind Katalysatoren für unsere Gefühle. Wir müssen nie an einem Traumstrand gewesen sein, um das »Traumstrand-Feeling« haben zu können, und 16-Jährige müssen nie auch nur in die Nähe eines halbwegs glamourösen Lebensstils geraten sein, um genau zu wissen, dass sich das Leben *so* am besten anfühlt.

Bilder sind unser Zugang zur Welt. Sontag fiel als Erster auf, dass wir außergewöhnliche, unbegreifliche Ereignisse – ein Flugzeugunglück, einen Unfall – mit der Formulierung beschreiben, alles sei »wie im Film« gewesen. Mit dieser Beschreibung wollen wir deutlich machen, wie *real* das Ganze war und wie intensiv wir es erlebt hatten. Sontag schrieb das vor 30 Jahren. Inzwischen hat beinahe jeder unter 30 sein persönliches Fotoalbum auf Internetportalen wie myspace.com oder facebook.com, weil die Existenz von Bildern, die man der ganzen Welt zeigt, in dem Gefühl bestärkt, auch wirklich auf dieser Welt existent zu sein. Und wenn heute die Manie herrscht, Neugeborene unmittelbar nach der Geburt zu fotografieren (*KEIN!* Schwangerschaftsratgeber, der nicht die Kamera zu den gänzlich unverzichtbaren Utensilien für den Krankenhauskoffer auflistet), dann liegt das nicht daran, dass man eine schöne Erinnerung braucht, sondern weil wir ahnen, dass das neue Lebewesen auf dieser Welt erst dann angekommen ist, wenn das allererste Bild von ihm gemacht worden ist.

Schönheitsranking

Sontag stellte auch fest: die Kamera macht die Welt für uns nicht nur real, sie ist auch unser »Weltverschönerer«. Alles, was wir als schön bezeichnen, muss sich in einer Abbildung als schön beweisen. Nicht die Welt (oder die Biologie, wie die Attraktivitätsforschung behauptet) ist der Maßstab des Schönen, sondern die Fotografie. Wir beurteilen die ästhetischen Vorzüge von Gegenständen und Menschen im Hinblick darauf, ob sie auch in unserer Vorstellung auf einem Foto gut aussähen. Sontag brachte folgendes herrliche Beispiel: Hausbesitzer zeigen Gästen Fotografien ihres Hauses und ihrer Zimmer, um zu zeigen, wie schön das Haus tatsächlich ist, in dem sich alle versammelt haben und die Fotos angucken.

Zur Beurteilung unserer eigenen Attraktivität benötigen wir

inzwischen weniger einen Spiegel als eher Fotos. »Sich für attraktiv zu halten, heißt nichts anderes als glauben, dass man auf einem Foto gut aussehen würde«, schrieb Susan Sontag. Weil das in den meisten Fällen aber eher nicht der Fall ist, bzw. weil wir auf selbst geschossenen Fotos vielleicht halbwegs gut aussehen, aber noch längst nicht so gut wie Nicole Kidman auf dem Cover von *Vanity Fair*, gibt es Gott sei Dank mittlerweile die Löschen-Taste unserer Digitalkamera. Wenn es keine schrecklichen Bilder von uns gibt, fühlt sich das fast so an, als sähen wir aus wie Göttinnen … Na ja. Es ist zumindest ein Anfang.

Inzwischen reichen viele Frauen die schönsten, häufig digital bearbeiteten, Fotos von sich nicht bei einem gemütlichen Beisammensein mit ihren besten Freunden über den Couchtisch, sondern stellen sie ins Netz. Attraktivität bemisst sich heute nicht nur an der Fähigkeit, auf einem Foto gut auszusehen, sondern mit diesem Foto auch noch neben den schönsten Fotos einer weltweiten Konkurrenz gut auszusehen. Und das gilt übrigens auch für alle, die noch kein Konto bei einer Internetplattform haben.

Die Allgegenwart von Bildern hat die Bedeutung und den Standard von Schönheit völlig verändert. Das gilt erst recht in Zeiten digitaler Bildbearbeitungsprogramme. Weil wir ständig von attraktiven Menschen umgeben sind, genauer gesagt, von Bildern makelloser Frauen, ist Perfektion für uns ständig präsent. Die Frage »Bin ich denn auch schön genug?« stellen wir uns nicht erst vor unserer Hochzeit oder anlässlich des sommerlichen Tanzes unter der Dorflinde, zu dem wir uns ein paar Schleifen an unser Alltagskleid gebunden haben. Nein, wir befragen uns jeden einzelnen Tag des Jahres, gleich morgens beim Aufstehen, und ab dann ist die Überlegung, ob wir gut genug aussehen, immer da wie ein mehr oder weniger nervendes Hintergrundgeräusch, an das wir uns allerdings so gut gewöhnt haben, dass es uns noch nicht einmal sehr lästig erscheint. Jede sonnengebräunte Frühstücksfernsehen-Moderatorin, jede Mutter auf einer Plakatwand, die nicht nur leckeren Joghurt, sondern auch eine Idealfigur und das dazu passende Glück verspricht, erinnert uns daran, wie wir selbst aussehen. Nie gut genug.

Niemand kann heute ein Bild von Gwyneth Paltrow in der *Gala* oder von Sandy aus Plainview, Nebraska, auf *myspace. com* oder meinetwegen auch von Juliette Binoche im Feuilleton der *FAZ* betrachten, ohne zu denken (und sei es auch noch so flüchtig):»Und wie sehe ich im Vergleich dazu aus?« Weil auch von uns selbst massenhaft Fotos existieren (und jeder von uns könnte theoretisch auch im Internet zur Ansicht stehen), nehmen wir an einem ständigen virtuellen Modelwettbewerb teil, ob wir wollen oder nicht.

Unser Schönheitsstandard ist längst keine Frage von Ästhetik mehr, sofern man darunter eine Theorie versteht, die Kriterien beschreibt, nach denen etwas schön oder hässlich ist. Unser Schönheitsstandard entsteht durch das permanente so genannte Rating, durch das ständige Vergleichen von überall abrufbaren Fotos. Wir brauchen nicht zum Schönheitschirurgen zu gehen, um Schönheitssüchtige zu sein, wir sind Schönheits-Junkies, weil wir uns ständig mit Bildern vergleichen (müssen).

Hinter jeder schönen Frau befand sich zu allen Zeiten immer ein Bild, ein Ideal, mit dem man sie in Beziehung setzte. *Sie war so schön wie ... .* So schön wie eine Rose, so schön wie Helena, so schön wie die Mona Lisa. Die Literatur der Renaissance kannte zum Lob der Frauen ein regelrechtes System der angemessenen Metaphern: Augen waren wie die Sonne oder Sterne, Haare wie Gold, Wangen wie Schnee, die Brüste wie Milch oder Marmor. Inzwischen haben die Rose und Helena ihre Magie verloren, es ist uns völlig egal, ob wir so aussehen wie sie, und wenn unsere Augen Sternen gleichen, ist das in Ordnung, solange die Sterne keine Schlupflider haben. Die Allgegenwart von Fotografien hat Schönheit für uns nicht nur zum Dauerthema, sondern auch schmerzhaft konkret gemacht. Wir sehen die Dellen in unseren Oberschenkeln, wir sehen die Falten um unsere Mundwinkel, und wir sehen das alles plötzlich deshalb so genau, weil es auf den Fotos, die uns millionenfach umgeben, *nicht* zu sehen ist.

Die Kunst, sich selbst zu sehen

Wie würden wir eigentlich unseren Körper wahrnehmen, wenn wir morgens aufstünden, das Haus verließen, unter Menschen gingen und den ganzen Tag, Woche um Woche, Monat für Monat, jahrelang, keine Bilder von uns und anderen Menschen zu sehen bekämen? Keine Werbeplakate, keine Handybotschaft mit Bild, kein Frühstücksfernsehen, kein Foto-Anhang an der E-Mail, keine Hochglanzmagazine an den Zeitungskiosken. Wie würden wir über unsere Nasen und Beine denken, wenn es nur Menschen auf der Straße gäbe, mit denen wir uns vergleichen könnten, aber keine Bilder?

Jedes Mal, wenn wir über den Schönheitswahn sprechen oder lesen, ist sofort die Rede von den »Magermodels« und der Schönheitschirurgie. Dies sind dann häufig die »Schuldigen«. Das ist zwar nicht richtig – aber auch nicht völlig falsch, denn die Einflüsse, die die Modeindustrie und eine Dienstleister-Medizin, deren Patienten vor allem Kunden sind, auf unsere Schönheitsideale ausüben, sind sicher nicht harmlos. Selten aber kommt im Zusammenhang mit dem Schönheitswahn

die Rede auf die schiere Präsenz von Bildern in unserem Alltag. Wir denken selten über diese Frage nach: Was bedeutet es
für die Wahrnehmung unseres Körpers und anderer Körper,
dass wir täglich von Tausenden von Bildern umgeben sind,
von denen die meisten Menschen zeigen, die besser aussehen
als wir selbst? Wahrscheinlich hören wir so selten von diesem
Problem, weil »Wahrnehmung« ein abstrakter Begriff ist, der
keine starken Emotionen hervorruft – im Unterschied zu sehr
dünnen Models und gierigen Ärzten.

Aber wir dürfen die Flut der Bilder, die uns täglich über-
schwemmt, nicht unterschätzen. Denn die bloße Existenz von
unzähligen Bildern schöner, junger, glücklicher Menschen,
die den perfekten Urlaub machen, den perfekten Rum trinken
und die perfekte Kreditkarte besitzen, terrorisiert uns nicht
weniger als die Versprechungen der Schönheitschirurgie, der
Mode und der Kosmetik. Wir verstehen nur zur Hälfte, warum
uns das Thema Schönheit so sehr in Beschlag nimmt, wenn
wir nicht auch dies sehen: Die Auseinandersetzung mit dem
eigenen Aussehen hat sich dramatisch, *nahezu unvorstellbar*
verändert, seitdem Bilder Massenware geworden sind. Und
in einem zweiten Schritt hat sich unsere Wahrnehmung von
Schönheit noch einmal radikal verändert, als vor zirka zehn
Jahren Fotografien digitalisiert werden konnten und seitdem
jede Nase, jedes Dekolleté und jede einzelne Pore in der Werbung und Modefotografie manipuliert ist.

Wenn wir über Schönheit sprechen, müssen wir unterscheiden zwischen einer Zeit, in der Bilder Mangelware waren, und
einer, in der sie Massenware sind.

Ich glaube, dass man diese Unterscheidung gar nicht *zu
sehr* betonen kann. Natürlich gab es auch vor der Erfindung
der Fotografie im 19. Jahrhundert Gemälde und Fresken und

Zeichnungen und Statuen, aber die waren in den meisten Fällen nicht öffentlich. Sie waren also eigentlich gar nicht zu sehen. Die *Venus von Milo* oder die *Venus* von Botticelli kannte nur, wer privilegiert genug war, an Ort und Stelle zu gehen, wo sie sich befanden: nach Italien, in Privatgalerien. Erst im Laufe des 19. Jahrhunderts entstanden so etwas wie »öffentliche« Museen, aber auch die waren *de facto* dem größten Teil der arbeitenden Bevölkerung verschlossen.

Wir können heute nur noch erahnen, wie sehr ein Leben mit Fotografien und Filmen unsere Vorstellung von Schönheit und unsere ständige Beschäftigung mit unserem Körper beeinflusst. Wir können es deshalb nur *erahnen*, weil wir nicht die geringste Vorstellung davon haben, wie es wäre, in einer Welt zu leben, in der wir nicht permanent von Fotografien umgeben sind.

Was mag meine Urgroßmutter gedacht haben, als sie in den Spiegel guckte? Was sah sie? Wie nahm sie sich selbst in ihrem Körper wahr? Zuckte sie zusammen, als sie jenes Porträtfoto vom Fotografen ausgehändigt bekam, auf dem sie ein helles Sommerkleid trägt? Rief sie: »*Wie sehe ich denn aus?*«, so wie wir das grundsätzlich tun, wenn wir die Schnappschüsse vom letzten Familientreffen per E-mail bekommen? Oder fand sie sich auf den Bildern, ganz im Gegenteil, sehr schön, weil der Besuch beim Fotografen etwas Besonderes gewesen war, etwas ganz und gar Unalltägliches, und weil der Fotograf sich natürlich Mühe gegeben hatte, und weil sie zu Hause keinen Stapel Hochglanzmagazine liegen hatte, deren Models besser aussahen als sie selbst, und weil sie das Porträt vom Fotografen auch nicht binnen Sekunden selbst löschen würde, sondern stattdessen an die nächsten Generationen vererben würde, und weil sie ahnte, dass eine Urenkelin dieses Bild bewahren würde wie einen Schatz.

Fand meine Urgroßmutter sich schön oder hässlich? Fühlte sie sich schlecht, wenn sie von schönen Frauen las, so wie die meisten von uns sich deprimiert fühlen, wenn sie Kate Moss in Hotpants sehen? Mit wem verglich sie sich? War dem Wunsch meiner Urgroßmutter, für ihren Verlobten hübsch auszusehen, Genüge getan, wenn ihre blonden Locken perfekt unter dem französischen Strohhut saßen und ihr Teint strahlte? Oder quälte sie unablässig das Gefühl, ihre Oberschenkel seien zu dick, ihre Zähne zu gelb, ihr Busen zu klein, ihre Haut zu schlaff, ihre Haare zu dünn und ihre Nase zu groß?

Ich bin mir sicher, dass wir unsere Körper mit mehr Angst und mit größerem Argwohn betrachten, als meine Urgroßmutter das tat, weil wir ständig von Bildern umgeben sind, die ungeheure Maßstäbe setzen. *Jedes* Bild von einer Person, das wir zu sehen bekommen, ist die Aufforderung:»Guck mich an! – Und dann guck dich an!«

Es gibt eine ebenso wunderbare wie verstörende Anekdote aus dem viktorianischen London, die nahelegt, dass sich die Eigenwahrnehmung der meisten Menschen nach der Erfindung der Fotografie völlig geändert hat. Sie lässt vermuten, dass die meisten Menschen vor 200 Jahren nicht in der Lage gewesen wären, mit derselben Selbstverständlichkeit Schönheitskriterien auf sich selbst und auf ihre Mitmenschen anzulegen, wie das heute jede Achtjährige macht. Sie taten das nicht, weil sie weder wussten, wie man Fotos anguckt, *noch wie sie selbst aussehen.* Sie wussten nicht, wie sie selbst aussehen, weil sie sich vielleicht mal kurz im Spiegel, aber noch nie auf einem Foto gesehen hatten.

Die Episode ist durch den englischen Journalisten Henry Mayhew (1812–1887) dokumentiert. Wie sein Zeitgenosse Charles Dickens war Mayhew der Auffassung, die bürgerlichen Mittelschichten hätten die ethische Verpflichtung, sich um die Verlierer der Gesellschaft zu kümmern. Allerdings war Mayhew weit weniger sentimental als Dickens; er rührte die Nation nicht durch Romane zu Tränen, sondern ging als Reporter in die Londoner Slums und Armenviertel. Er sprach mit Straßenhändlern, die für einen Tagesverdienst von wenigen Pfennigen Nähseide oder Gemüse verkaufen, mit barfüßigen, hungrigen Waisenkindern in Lumpen, die sommers wie winters Straßenkreuzungen fegen oder den stinkenden Schlamm der Themse nach Brocken von Holz und Kohle absuchen, mit Schornsteinfegern, mit Müllmännern, mit Straßenclowns, mit entlassenen Sträflingen, mit gescheiterten Männern und gefallenen Frauen aus den Mittelschichten – und das Panorama des Elends, das sich ihm dabei auftat, ist für unsere Begriffe schier unvorstellbar.

Zu den wenigen komischen Reportagen gehört Mayhews Bericht über ein Fotoatelier. Dessen Betreiber erzählte Mayhew von einer eigenartigen Dienstleistung. Gelegentlich passierte es, dass die Kunden Porträtbilder abholen wollten, die er noch gar nicht entwickelt hatte. Der Besitzer des Fotoladens ließ die potenziellen Abnehmer aber nicht ohne Bilder abziehen – denn das hätte bedeutet, sich einen Verdienst entgehen zu lassen, und das konnte er sich nicht leisten (das Geschäft mit den Porträts ging so schleppend, dass er nebenbei noch Warzen behandelte). Er bat also scheinheilig um ein paar Minuten Geduld, die Fotos seien gleich fertig. *Vielleicht wollten der Herr oder die Dame noch einmal kurz Platz nehmen?* In der Zwischenzeit nahm sein Angestellter eines der Fotos, das zu Dekorationszwecken im Schaufenster auslag, verpackte es, und gab es dem Käufer *als dessen* Porträt mit. Dem Kunden wurde geraten, das Bild drei Tage lang lieber nicht auszupacken, um es vor Licht zu schützen.

Natürlich kamen die meisten zurück, um den »Irrtum« aufklären zu lassen. In einigen Fällen hatte der Assistent bei der Auswahl des Fotos auch erstaunlich danebengegriffen. Einer kinderlosen Frau hatte man in der Eile das Bild einer Frau mit Kind mitgegeben. Aber wenn die Kunden kamen, um das Bild zu reklamieren, gelang es erstaunlicherweise fast immer, sie davon zu überzeugen, dass es sie selbst zeige. *Nein. Wirklich. Ganz wunderbar getroffen.* Einem Matrosen war weiszumachen, die abgelichtete Person stelle ihn dar, obwohl der Abgebildete völlig andere Kleidung anhatte. Der Mann auf dem Foto trug einen hellen Anzug, der Matrose einen marineblauen Wollpullover. Der Besitzer des Fotoladens erklärte, es handle sich um einen besonderen Lichteffekt. Der Matrose war davon so angetan, dass er statt der geforderten sechs Schillinge neun bezahlte. Eine junge, unverheiratete Frau kaufte das Bild, das »sie« als Witwe darstellte, nachdem man ihr glaubhaft versichert hatte, die Witwenhaube sei ein Effekt, der durch ihre gelockten Haare zustande käme. Die junge Frau war entzückt und versprach, den Laden an Bekannte weiterzuempfehlen, die umgehend vorbeikamen. Die kinderlose Frau sah ein, dass das Bild von der Mutter mit Kind eines der besten war, das im Fotoatelier je gemacht worden war, und war davon zu überzeugen, das fremde Kind habe während der Aufnahme zufällig im Hinterhof gestanden.

Nur ein einziges Mal kam der geschäftstüchtige Ladenbesitzer mit seinem Trick nicht weiter. Einer älteren Dame ließ sich nicht einreden, der Mann mit dem Schnurrbart auf dem Bild sei sie selbst. Eine andere ältere Dame wollte mit ihrem Lieblingshuhn fotografiert werden. Das Bild misslang, man konnte darauf nur mit großer Mühe das Gesicht der Frau und einen weißen Fleck (den Schnabel des Huhns) erkennen. Als die enttäuschte Kundin fragte, wo denn ihr Huhn geblieben sei, nahm der Assistent eine Nadel und ritzte das Auge und den Umriss des Tieres in den Abzug. »Sehen Sie, es kommt langsam heraus.« »Wunderbar!,« rief die Frau.

Mayhews Geschichte offenbart eine geradezu rührende Ahnungslosigkeit im Umgang mit Bildern und vor allem eine für uns kaum nachzuvollziehende Unfähigkeit, sich selbst wiederzuerkennen. Wussten die Porträtierten überhaupt, wie sie selbst aussahen? Selbst wenn man in Betracht zieht, dass die ungebildeten Kunden dem merkwürdigen schwarzen Kasten wahre Zauberkräfte zutrauten, bedeutet das noch lange nicht, dass sie dadurch ihren Wunsch nach einem Abbild von sich selbst aufgaben und zufrieden mit dem Bild einer wildfremden Person nach Hause gingen, für das sie immerhin nicht wenig Geld bezahlt hatten. Warum also sagten sie nicht: »Verzeihung, aber das bin ich nicht!« Ich denke: Weil sie es nicht konnten. Wenn sie sich die falschen Bilder aufschwatzen ließen, dann aus dem schlichten Grund, weil sie gar nicht so genau wussten, wie sie selbst aussahen. Und was sie von einem Foto überhaupt zu erwarten hatten.

Keine gute Voraussetzung, um sich den ganzen Tag mit der Frage »Bin ich schön?« zu beschäftigen. Paradoxerweise muss man ziemlich genau wissen, wie man aussieht, um sich wieder und wieder die Frage stellen zu können: »Wie sehe ich eigentlich aus?« Die Kunden des Londoner Fotografen trennen Lichtjahre von der Drittklässlerin, die täglich die *Bravo*, *MTV*, *TV Today* und *barbie.de* sowie sämtliche Plakate, die sie vom Bus aus auf ihrem Schulweg sehen kann, befragt, und abends die neueste Castingshow als Maßstab heranzieht, um dann am Ende eines Kindertages festzustellen, dass sie selbst »zu hässlich« ist.

Bilder lügen – nicht

Wir halten Hüte, die wir nie besessen haben, nicht für unsere Frisur. Wir kennen jeden Millimeter unseres Körpers. Die besonders »fehlerhaften« Millimeter natürlich noch etwas besser als den Rest. Das unterscheidet uns von den düpierten Kunden des Fotoladens. Allerdings soll es auch in dem Porträtstudio in unserer Nachbarschaft vorkommen, dass eine fassungslose Kundin angesichts der digital bearbeiteten Bilder ruft: »Das bin doch nicht ich!« Sie meint damit dann aber nicht: »Das ist doch jemand völlig anderes.« Sie meint dann: »Das ist doch eine Frau, die viel schöner ist als ich.« Kein Grund, den Bildern nicht trotzdem zu glauben.

Fotos können lügen. Sie können eine perfekte Welt abbilden. Das machte die Fotografie von Anfang an so faszinierend. Das richtige Licht konnte Wunder wirken, Negative wurden koloriert, manipuliert, es wurde in sie hineingemalt. Auch die Bilder von Sara Bernard zeigten eine Diva, die noch etwas vollkommener war als die Frau der Wirklichkeit.

Dass die Kamera täuschen kann, hindert uns nicht daran, sie zum Maßstab der Wirklichkeit zu nehmen. Es hindert uns erst recht nicht daran, sie zum Maßstab der Schönheit zu nehmen. Nicht einmal in Zeiten von Photoshop. Auch wenn wir selbstverständlich wissen, dass jedes Foto in Zeitschriften und in der Werbung digital bearbeitet worden ist, betrachten wir sämtliche Bilder, die uns umgeben, nicht kritisch daraufhin, was an ihnen nachträglich alles bearbeitet sein könnte. *Guck mal, der Po auf dem Tui-Plakat, viel zu rund, den hat doch kein Mensch. Hast du schon einmal irgendwo so glatte Haut gesehen? Die Nase von Claudia Schiffer, die haben sie diesmal aber auch wieder etwas kleiner gemacht?* Wir betrachten stattdessen unseren Körper daraufhin, was daran alles nicht den Möglichkeiten von Photoshop entspricht. Dank digitaler Bildbearbeitung leben wir mit einem Standard von Perfektion, der nicht erreichbar ist, weil er im Wesentlichen unmenschlich ist. Nur die Schönheitschirurgie kann einer sehr dünnen Frau sehr große Brüste verschaffen, einer 66-Jährigen die kindlichen Augen einer Mangacomic-Heldin und einer 43-jährigen Mutter von vier Kindern die Vagina ihrer jüngsten Tochter. Und das tut sie ja auch.

Wir vertrauen Fotos, auch wenn sie uns anlügen. Das liegt daran, dass unser Gehirn die Botschaft einer Fotografie schneller in Informationen verwandelt, als wir uns klarmachen könnten:»Hier handelt es sich um eine Täuschung.« Dass wir getäuscht worden sind, können wir uns nur zeitverzögert vergegenwärtigen. Dieser zweite, nachträgliche Schritt braucht Zeit und macht etwas Mühe. In einigen Berliner Schulen gibt es mittlerweile Aufklärungsunterricht, in dem Schülerinnen und Schülern anhand von Werbefilmen gezeigt wird, was an den schönen Gesichtern der Models und ihren runden Popos alles nicht echt ist. Das sind sinnvoll verbrachte 45 Minuten. Aber sie können nichts an diesem Punkt ändern: Der postproduzierte Hintern von Kylie Minogue hat dann zuvor immer schon seine korrumpierende Wirkung gehabt.

Denn es liegt eine gewaltige Ironie in der Art und Weise, wie digital bearbeitete Bilder auf uns wirken. Sie sind *perfekt*. Und weil sie perfekt sind, sieht man ihnen ihre Künstlichkeit nicht auf Anhieb an. Wir glauben den Kunstgesichtern und -körpern, eben weil sie so perfekt aussehen. Kann Perfektion uns denn anlügen? Nein, natürlich nicht, Perfektion lügt nie, dann wäre sie ja nicht Vollkommenheit, sondern wirklich nur Fake. Also gucken wir auf diese wunderschönen, unwirklichen, perfekten Gesichter der Models auf den Plakaten und sind im wahrsten Sinne des Wortes davon geblendet.

Irgendwann brachte die *Gala* mal ein Heft heraus, auf dessen Titelseite versprochen wurde, Schönheitsoperationen der einschlägigen Superstars zu enthüllen, von Sandra Bullock über Nicole Kidman bis zu Halle Berry. Hat sie …? Und vor allem *wo* hat sie …? Ein »Experte« gab anhand von Vorher/Nachher-Bildern sein Wissen zum Besten … und sagte Wunderbares über Michael Douglas: »Er sieht zwar operiert aus, aber eigentlich gar nicht so schlecht.«

Der Beitrag wurde durch ganzformatige, hochklassige Werbung unterbrochen, Parfum, Lippenstift, Wäsche von Chanel bis La Perla. Die Bilder zeigten makellose Gesichter und Körper – Models, die zweifellos in Natur fantastisch aussehen, aber auf den Fotos jenes Maß an Perfektion erreicht hatten, das nicht nur entsprechende Gene, sondern auch eine entsprechende Grafikerin voraussetzt. Stellen Sie sich das so vor: Links das Vorher/Nachher-Gesicht eines Hollywoodstars, rechts das perfekte, digital bearbeitete Gesicht eines Models in der Chanel-Anzeige. Erstaunlicherweise hatte die Tatsache, dass links erklärt wurde, was im Gesicht von Uma Thurman alles »passiert« ist oder was Meg Ryan mit ihrem alles falsch gemacht hat, nicht den geringsten Effekt auf die Art und Weise, wie ich die vollkommenen Gesichter und Körper auf der rechten Seite, in den Anzeigen, betrachtete. Ich hätte wissen können, dass daran so gut wie nichts echt ist. Ich hätte sehen können, dass die Nasen entweder mit Hilfe des Skalpells oder wenigstens mit Hilfe der Computermaus entstanden waren, oder mit Hilfe von beidem. Aber die Gesichter und die Körper der Models waren so perfekt, wie in Stein gemeißelt, und eben weil sie perfekt waren, ließen sie sich auch nicht ohne weiteres entzaubern. Sie sahen einfach nicht aus wie Fakes, so wie Chanel-Ohrringe vom Straßenmarkt aussehen wie Fakes. Sie sahen aus wie reine, absolute Vollkommenheit. Sie sahen so aus wie das Endprodukt, das jede Frau, die Augen im Kopf hat, anstreben sollte.

Es gibt bekanntlich Technologien, die Menschen nicht wirklich wollen können. Bildbearbeitungsprogramme gehören eindeutig dazu.

»In der Fotografie wurde immer getäuscht, langsam könnten wir das doch mal begriffen haben«, sagt die junge Fotografin Frauke Fischer, die ich in Berlin-Kreuzberg besuche. Ich habe sie gebeten, mir zu zeigen, wie sie ihre Fotos mit Photoshop bearbeitet. Jedes Bild, das sie fotografiere, berichtet sie ganz nüchtern, ob Porträts oder Werbung, ob für Agenturen oder Lifestyle-Zeitschriften, werde von ihr bearbeitet – wenigstens minimal. Ein bestimmter Grad an Perfektion werde eben immer erwartet. »Sieh mal«, sie zeigt mir ein Foto, auf dem das Model an einem Teich sitzt, der, wie die meisten Teiche dieser Welt, nicht die Farbe einer türkisfarbenen Lagune hat. »Hier musste ich das Wasser ein bisschen grüner machen, die Farben stimmten nicht.« Wenn die Bearbeitung sehr aufwändig ist, gehen die Bilder an Grafiker. Bei Modeaufnahmen werden standardmäßig die Beine gestreckt, die Taille wird schmaler gemacht, die Oberarme werden vielleicht etwas dünner, die Augen etwas größer, die Nase etwas kleiner. Haut wird immer bearbeitet. »Es geht darum, eine Idealform zu erreichen.«

Die Fotografin öffnet eine Datei, die sie schon vor einiger Zeit bearbeitet hat. Ein Frauengesicht, ein schöner, klassischer Kopf. Schritt für Schritt klicke ich die Stadien der Veränderungen durch. Die Haare, der Haaransatz, der Hals, die Stirn, die Nase, die Form der Augen, das Weiß der Augen, die Farbe der Iris, die Augenbrauen, die Haut, Falten, der Armausschnitt des Kleides, das Kinn, der Hintergrund, das Licht: alles nur ein bisschen. Das Model sah auf dem ursprünglichen Bild sehr hübsch aus – am Ende ist es perfekt. »Ich betrachte die Models, wenn ich mit ihnen arbeite, nicht als Individuen. Es sind Bilder. Ich treibe sie in einen bestimmten Perfektionismus«, sagt die Fotografin.

In den nächsten zwei Stunden bearbeitet sie das Gesicht eines sehr dünnen Models mit – tatsächlich erstaunlich – schlechter Haut. Sie »verflüssigt« die Ränder der Lippen und zieht sie in eine andere Form, sie verschiebt auf die gleiche Weise die Nasenflügel, sie verändert die Form der Augen. Sie entfernt Haare, hellt Falten auf und »wedelt« Unebenheiten »ab«. Den größten Aufwand bereitet immer die Haut. Man könne jeden Pickel »überschminken«, indem man ihn grünlich koloriert, aber das wäre eher eine Aufgabe für den Grafiker, es koste zu viel Zeit. Die Fotografin kopiert stattdessen die besseren Stellen der Haut dorthin, wo die Haut des Models besonders schlecht ist. Sie kann dabei die gute Stelle so einsetzen, dass sie sich an die angrenzenden Hautpartien angleichen wird, dann sieht die Hautoberfläche »natürlicher« aus; sie kann die gute Haut aber auch wie Pflaster aufkleben, dann entsteht der Eindruck einer sehr glatten Oberfläche.

Hochklassige Werbung und die Modestrecken teurer Modezeitschriften achten normalerweise darauf, dass die Gesichtshaut der Models nicht wie Plastik aussieht, denn das wirkt billig. Man soll Poren sehen können. Absurderweise handelt es sich dabei aber dann um künstliche Poren. Wenn in der Werbung Haut so aussieht, als bilde sie eine realistische Hautstruktur ab, stammt diese Realität in den meisten Fällen aus einem Bildbearbeitungsprogramm.

Makellose Haut

Noch nie gab es so viele Produkte, die makellose Haut versprechen, noch nie wurden in so kurzen Abständen immer neue,
sensationelle »Innovationen« auf den Markt befördert, die Haut
jünger, straffer, sportlicher, strahlender, gesünder aussehen
lassen. 60 Millionen Euro geben wir in Deutschland jährlich
für Anti-Cellulite-Cremes aus oder 75 Millionen Euro jährlich
für Anti-Aging-Produkte oder 11 Milliarden Euro jährlich für
Körperpflege. Viel, sehr viel, Geld, um ein Leben lang makellose Haut zu behalten. Noch nie wurde in Babyhaut mit 40 so
viel investiert. Glauben wir der Attraktivitätsforschung, hätten
das auch schon unsere Vorfahren vor zirka 50 000 Jahren gern
getan, weil das listige Genom dafür sorgt, dass Homo sapiens
makellose, jugendlich wirkende Haut attraktiv findet, um den
Fortbestand seiner Art zu sichern.

Ein bisschen wahrscheinlicher ist, dass unser aktueller
Wunsch nach immer strafferer, immer ebenmäßigerer Haut
etwas mit Bildbearbeitungsprogrammen zu tun hat. Es handelt sich also vermutlich weniger um ein biologisches als um
ein Wahrnehmungsproblem. 1973 klärte eine Ausgabe der *Vogue* darüber auf, was Cellulite ist, und vor allem, dass es sich
dabei um etwas ausgesprochen Hässliches handelt. Das weiß
inzwischen jeder Mensch, und wahrscheinlich lernen Mädchen das Wort »Bindegewebe« heute noch, bevor sie in den
Kindergarten kommen.

Alles deutet darauf hin, dass es auch für Haut *Moden* gibt.
Niemand kommt heute mehr auf die Idee, Haut dann besonders schön zu finden, wenn sie weiß ist und von dicken blauen
Adern durchzogen wird. Am Hof Ludwigs XIV. war genau
diese Durchsichtigkeit angesagt. Es ging darum, Status zu zeigen – so wie heute, wenn wir mit junger, leicht gebräunter

Haut zeigen wollen, was wir uns alles leisten können (den Urlaub, die Anti-Aging-Creme, die Botoxbehandlungen und den entsprechenden Freundeskreis, für den wir uns in Schuss halten). Vor 300 Jahren zeigte eine Frau mit einer sehr hellen, dünnen Haut, dass sie weder arbeiten musste, noch permanent ungeschützt der Sonne ausgesetzt war. Um den gewünschten Effekt zu erreichen, kam es vor, dass sich die Damen der Oberschichten die Adern einfach aufmalten.

Zeitreise

Neben mir liegen die Ausgaben von zwei Modemagazinen. Zwischen den Publikationsdaten der beiden Hefte liegen 15 Jahre. Das eine ist die Septemberausgabe der französischen *Marie Claire* von 1981, das andere das Novemberheft der *Vogue* von 2006. Der Unterschied zwischen den beiden Heften ist ungeheuerlich. Er ist so groß, dass ich im ersten Moment fassungslos bin.

Es geht hier nicht um unterschiedliches Styling, sondern um die Qualität der Haut auf beiden Bildern. Ich beschreibe die Kleidung der beiden Models aber trotzdem, sonst können Sie sich die Fotos ja nicht vorstellen: Das 80er-Jahre-Model auf der *Marie Claire* trägt einen schwarzen, runden Spitzenkragen zu einem dunkelbraunen Tweed-Velours-Jackett mit breiten Schultern. Es ist ein ziemlich herbstliches, um nicht zu sagen trostloses Outfit. Allerdings ist es warm und der Jahreszeit angemessen. Seine Haare hat das Model nach oben toupiert (so wie Ursula von der Leyen bis vor einiger Zeit). Eine kurze Franse hängt in die Stirn, außerdem haben sich überall einzelne Härchen aus der Frisur verselbständigt, sie stehen ab und hoch und quer, bilden eine Art halbseitigen, unordentlichen Heiligenschein, der ganz lustig wirkt. Eine so offensichtlich durch Wind durcheinandergeratene Frisur habe ich lange nicht mehr auf einem Modefoto gesehen, und nach meinem Besuch bei der Fotografin Frauke Fischer weiß ich, was eine Computermaus heute damit machen würde.

Das Model auf der *Vogue* von 2006 trägt eine schwarze, grob gestrickte Strickmütze wie ein Rapper tief in die Stirn gezogen, ihre langen Haare gucken darunter hervor und sind mit Wachs oder Gel geknetet worden. Sie sollen wahrscheinlich aussehen, als seien sie nass (unter einer Wollmütze?), auf dem Hals perlt jedenfalls »Schweiß«, und der Rundhalsausschnitt des Pullovers ist ebenfalls feucht. Das macht natürlich alles überhaupt keinen Sinn – was soll ein schwitzendes oder gar nasses Model auf einem November-Heft? Mich beschleicht der Verdacht, dass Bildbearbeitung mittlerweile ein solcher Selbstgänger ist, dass in den Grafikabteilungen eigene Gesetze gelten, die besagen: Ein November-Cover ist dann gelungen, wenn die Feuchtigkeit auf der Haut sexy wirkt – ob die Mütze den Eindruck macht, als könne sie auch wärmen, ist völlig egal. Und *cool* ist das Cover in jedem Fall, erst recht im Vergleich zum seltsam traurigen Outfit auf der *Marie Claire*. Dieser Unterschied ist aber keine sehr große Überraschung, Moden und Stile ändern sich eben. Völlig verändert hat sich aber auch die Haut der beiden Models.

Natürlich ist die Haut des 80er-Jahre-Models auf dem Cover der *Marie Claire* glatt, rein, faltenlos. Selbstverständlich wurde das Foto retouchiert; auch in den 80er Jahren sah man auf den Titelblättern von Modemagazinen keine Frauen mit Mitessern und geplatzten Äderchen, und warum sollte man auch, schließlich reden wir von Modezeitschriften und nicht von Fachzeitschriften für Dermatologen. Legt man die *Marie Claire* von 1981 dann aber neben die *Vogue* von 2006, verpufft der

Eindruck von Perfektion in Sekunden. Neben der *Vogue* wirkt die Haut des *Marie-Claire*-Models seltsam verwaschen. Der Teint ist stumpf und leblos, das Gesicht wirkt flächig, Nase und Lippen heben sich nicht plastisch hervor, die Augenbrauen sind zwei braune Balken, man kann kein einzelnes Härchen davon erkennen. Das Foto hat kaum Tiefenschärfe – kein Wunder, dass die Haut makellos aussieht, man sieht ja nichts.

Und dann das Gesicht auf der *Vogue*. Es wirkt so *echt*, es tritt so unmittelbar an mich heran, dass ich beinahe die winzige Spur von Feuchtigkeit, die exquisit auf der Oberlippe perlt, riechen kann. Ich kann jedes Härchen der perfekt gezupften und der in Form gebürsteten Augenbrauen erkennen. Ich sehe, dank einer wahnsinnigen Tiefenschärfe, wie sich die vollendet geformte Nase im Gesicht erhebt, wie sich die sinnliche Unterlippe über dem Kinn rundet, ich erkenne *jede einzelne* Sommersprosse auf einem porzellanglatten Teint (was für ein köstliches Spiel mit dem Makel in der Perfektion). Ich sehe mühelos die Blaugrün-Schattierungen der Iris, ich sehe das Schimmern der Tränenflüssigkeit am Lidrand des rechten Auges, ich sehe die Wassertröpfchen auf dem Dekolleté. Ich sehe sogar, wenn ich genau genug hingucke, ein wenig Flaum auf der Wange und etwas Puder darauf. Und ausgerechnet dies, das Make-up, wirkt wie die einzige, dezente Spur von »Realität« in einem Gesicht, in dem alles andere nicht echt ist.

Die Ironie: Alles in diesem Gesicht ist so detailliert, so gestochen scharf, dass ich der Illusion erliege, hier sehe ich wirklich alles. Tatsächlich sehe ich eine ganze Menge gar nicht. Keine einzige Hautunebenheit, keine einzige Falte, noch nicht einmal die Andeutung eines Augenringes, keine Rötung, kein noch so winziges geplatztes Äderchen. Auf dem Cover von 1981 sah ich das natürlich auch alles nicht, aber das ist insofern etwas anderes, als ich darauf auch sonst so gut wie keine Details erkennen konnte. Ich sah dort den Anflug von Schatten unter den Augen und eine zerzauste Frisur, und beides gab mir das Gefühl, in ein menschliches Gesicht zu gucken, aber ich sah dort keine Haut unter dem Vergrößerungsglas. Jetzt, auf der *Vogue*, habe ich den perversen Eindruck, Haut zu sehen, die echter ist als alle Haut, die ich je zuvor gesehen habe. Ich sehe Haut, der ich so nah gekommen bin, dass ich jede Einzelheit sehen kann, scheinbar jeden Makel offenbart bekomme. Aber ich sehe nichts Hässliches. Es gibt keinen Makel.

Der Hyperrealismus von digitalen und nachträglich bearbeiteten Fotografien hat unseren Blick anspruchsvoll werden lassen. Insbesondere den Blick auf Haut. Nehmen Sie die x-beliebige Ausgabe eines aktuellen teuren Modemagazins, und vergleichen Sie das Titelbild mit einem zirka 15 Jahre alten Heft aus Ihrem Keller oder vom Flohmarkt. Es ist die Mühe wert.

Morphing macht schön

Im Frühjahr 2001 führte eine Gruppe deutscher Studenten und Nachwuchswissenschaftler an der Uni Regensburg eine große Studie über Attraktivität durch. Für ihr Experiment fotografierten sie zunächst die Gesichter von knapp hundert weiblichen und männlichen Kommilitonen und ließen sie an einem Samstag von den Besuchern eines örtlichen Einkaufszentrums nach gutem und schlechtem Aussehen bewerten. Anschließend komponierten die Studenten aus diesen Gesichtern am Computer neue, künstliche Gesichter, wobei nach einem bestimmten Schema jeweils dieselben Referenzpunkte eines Gesichts mit dem eines anderen (oder mehrerer anderer) verbunden wurden, um auf diese Weise aus mehreren realen Gesichtern ein neues, künstliches zu schaffen. Dabei entstanden Gesichter mit auffallend glatter Haut. Anschließend gingen die Studenten mit ihren künstlichen, so genannten gemorphten Gesichtern erneut in das Einkaufszentrum und ließen diese Kunstgesichter wieder bewerten. Die Computergesichter machten das Rennen. Kein einziges echtes Frauengesicht wurde von den Besuchern im Shopping-Center so hoch bewertet wie die weiblichen Computergesichter. Die Studenten kommentierten: Vermutlich habe die absolut glatte Qualität der Haut den Ausschlag für die Computergesichter gegeben.

Die Bilder, die wir täglich sehen, beeinflussen unseren Schönheitssinn. Eine amerikanische Studie wies schon 1980 nach, dass Männer, denen Filme mit attraktiven Frauen vorgeführt wurden, im Vergleich zu Männern, die die Filme nicht zu sehen bekamen, anschließend höhere Schönheitserwartungen an Frauen stellten.

Aber nicht nur unsere Ansprüche an eine perfekte Haut steigen, wenn wir ständig hyperrealistischen Täuschungen erliegen, sondern auch die Vorstellungen davon, wie ein Po, ein Bein, ein Mund auszusehen haben. Und wie sieht eigentlich eine junge Frau aus? Ist sie dünn oder dick? Hat sie Cellulite oder nicht? Hat sie ein Doppelkinn oder keines? Hat sie nennenswerte Oberschenkel oder nicht?

Im 16. Jahrhundert malte der italienische Maler Alessandro Allori eine schöne, sinnliche junge Frau: Venus, von Eros geküsst, dem Gott der Liebe. Das Gemälde zeigt sie nach dem Geschmack der Zeit, mit muskulösen Armen und kräftigem Hals, mit Doppelkinn und kleinen runden Brüsten, einem langen Oberkörper, mit einem prächtigen Bauch, mit nicht besonders langen Beinen und dicken Oberschenkeln. Kurzum, so, wie wir uns nicht an den Strand trauen. Aber jeder, der dieses Bild betrachtet, sieht, dass es vor 400 Jahren die Schönheit der Jugend feierte. Die Haut der Venus schimmert hell und zart, es ist junge, lebendige Haut, sie ist prall und fest und frisch, und die Venus wirkt so verführerisch und duftend und strahlend, dass sie alle Sinne des Betrachters in ihren Bann zieht. (Sie können sich das Bild auf wikipedia.de angucken).

Wie merkwürdig also, als ich in einem aktuellen Text unter dem Titel »Was ist Schönheit?« erfuhr, Alloris Venus sei das Paradebeispiel einer »äußerst reifen Frau«. Der Verfasser des Textes, Martin Gründl, einer der Nachwuchsforscher aus Regensburg, schrieb: Das jugendliche Gesicht der Venus passe überhaupt nicht zu ihrem üppigen Körper, solche Frauen gebe es in der Realität gar nicht, denn eine Frau, die »so viele Pfunde auf die Waage« brächte, könne einfach nicht das Gesicht eines jungen Mädchens haben.

Hm. Kann sie nicht? Sehen alle jungen Mädchen aus wie Kate Moss? Offenbar bezog sich Gründl auf »die Realität« der Massenmedien. Alloris Venus sieht nämlich nicht *alt* aus, sondern einfach nur wie eine 19-Jährige, die Kleidergröße 44 trägt. Davon ist heute auf Plakaten, in Vorabendsoaps und Modemagazinen tatsächlich wenig zu sehen. Und offenbar hat der junge Attraktivitätsforscher aus Regensburg schon so viele Plakate junger Frauen mit schmalen Hüften und dünnen Ärmchen gesehen, dass seine Wahrnehmung junger Frauen davon komplett gestört ist.

Die Geschichte geht noch etwas weiter: Alloris Schönheit sieht genau genommen so aus wie die Nackte, die den Wikipedia-Artikel »Frau« bebildert. Natürlich hat dieses Wikipedia-Foto für sich genommen etwas köstlich Absurdes. Warum wird ein Artikel über Frauen mit einer nackten Frau illustriert – als hätten wir nicht bereits genug nackte Frauen gesehen, um zu wissen, wie eine Frau aussieht! Als müsse man uns aufklären: *Aha! So also sieht eine Frau aus* – so wie man uns in Lexikonartikeln zeigt, wie eine Zahnstangenwinde aussieht.

Aber offenbar muss man uns wohl wirklich zeigen, wie eine normale Frau aussieht. Mit ganz leichten Dellen an den Oberschenkeln, zwei, drei Dehnungsstreifen an den Hüften, einem kleinen, gewölbten Bauch und Brüsten, die nicht wie Fußbälle am Oberkörper kleben. Und die trotzdem (»trotzdem«!!, ich schreibe wirklich *trotzdem*) immer noch schön dabei ist. Unter dem Foto der nackten Frau im Wikipedia-Artikel steht zur Sicherheit übrigens: »Eine junge Frau.«

Um Missverständnissen vorzubeugen.

Für den Nachwuchsforscher Martin Gründl aus Regensburg hatte das Aussehen der fülligen Venus von Allori jedenfalls »etwas Eigenartiges«. Warum? Weil wir Bilder von pummeligen jungen Frauen nirgends mehr zu Gesicht bekommen, schon gar nicht, wenn sie nackt sind? Unsere Vorstellung von jugendlicher Weiblichkcit ist schlank, in der Regel ist sie gebräunt und verfügt über eine pralle Hülle, sie ist langbeinig und schmalhüftig, und niemals hat sie einen Bauch. Wie sonst hätte Alloris Venus umstandslos zu einer »äußerst reifen Frau« mutieren können?

Schön für die Massen

Für die Griechen gab es eine Frau, die schöner war als alle anderen Frauen. Es war Helena, Tochter des Zeus und der Leda, Königin von Sparta. Erstaunlicherweise wusste niemand genau, wie Helena aussah. Groß? Füllig? Schlank? Hatte sie eine Waist-to-Hip-Ratio von 0,7? Ein Babyface mit Reifezeichen?

Einen BMI von 19 oder 22? Sah sie aus wie Pamela Anderson? Oder wie Audrey Hepburn?

Solche Details interessierten im antiken Griechenland nicht, solange nur klar war: Helena ist einzigartig, und sie ist perfekt. Sie ist die schönste Frau der Welt. Sie ist so schön, dass sie gefährlich ist. Halb herrliche, unsterbliche Göttin, halb sinnliche Frau aus Fleisch und Blut – überirdisch und irdisch zugleich. Was bedurfte es mehr, um die Fantasie zu beflügeln. Homer beschrieb sie in der *Ilias* mit formelhaften Bezeichnungen, er sprach von ihren »weißen Armen« und »goldenen« Haaren, aber das waren Redewendungen, die nur ausdrücken sollten, dass sie unbeschreiblich schön war. Unter Helenas Schönheit konnte sich der Zuhörer alles Mögliche vorstellen.

Ein Alptraum, nicht? Zu wissen, *sie* ist perfekt, *sie* verkörpert die Weltformel für Schönheit – und alles, was Homer für nötig befand, seinen Zuhörern (und deren Nachfahren, also uns Schönheits-Junkies) mitzuteilen, sind weiße Arme und goldene Haare! Weiße Arme.

Zweieinhalbtausend Jahre später, mit dem Siegeszug der Fotografie, waren die Zeiten, in denen man Schönheit der Fantasie des Einzelnen überlassen konnte (oder musste), für immer vorbei. Noch in den Romanen des 19. Jahrhunderts wurden die darin vorkommenden Schönheiten nie sehr genau beschrieben; von Anna Karenina wissen wir kaum mehr, als dass sie schöne graue Augen hat und eine kleine, rundliche Statur, und wir erfahren deshalb nicht viel mehr über diese zweifellos sehr schöne Frau, weil sich ihre Schönheit nicht in der Summe idealer Körpereigenschaften offenbart, sondern in der außergewöhnlichen Wirkung, die sie auf andere Menschen hat.

Inzwischen definiert die Attraktivitätsforschung Schönheit als das, was »in Umfragen eine repräsentative Mehrheit als schön bezeichnet«. Wie wir wissen, ist das Hauptargument dieser Wissenschaftler, ein Schönheitssinn sei uns angeboren. Interessanterweise aber hat sich die Behauptung, bestimmte Schönheitsideale seien von Geburt an veranlagt, in just jenem Moment in unserer Kultur durchgesetzt, in der wir alle wie verrückt begonnen haben, unseren Körper permanent an wirkungsmächtigen, ständig präsenten Bildern auszurichten.

Auf der Suche nach der Weltformel für Schönheit haben einige Attraktivitätsforscher und Schönheitschirurgen nun auch die antike Lehre von den richtigen, perfekten Proportionen wiederentdeckt. Dieser so genannte Kanon wurde zum erstem Mal im 5. Jahrhundert v. Chr. von dem Bildhauer Polyklet erfunden und durchlief bis zur Renaissance immer neue Versionen. Michelangelo, Leonardo da Vinci und Dürer berechneten immer kompliziertere Körperideale. Der Kanon legte fest, in welchem Verhältnis die Größe des Kopfes zur Größe des Körpers sein musste – um ein einfaches Beispiel zu nennen. Auf der Basis komplexer Berechnungen legte der Kanon zum Beispiel auch die Länge eines Fingerglieds im Verhältnis zur Hand und deren beider Verhältnis zur Elle und deren gesamtes Verhältnis zum ganzen Arm fest. So entstanden komplexe Zahlenreihen, die selbst schön, also perfekt zu sein hatten, weil sich in den Zahlenreihen des Kanons eine mystische Ordnung des vortrefflichen Ganzen widerspiegeln musste. Das ist heute schwer zu verstehen, um nicht zu sagen: Es ist überhaupt nicht zu verstehen, und das ist auch nicht verwunderlich, denn der Kanon basierte auf einem Weltbild, das nicht mehr das unsere ist.

In diesem Weltbild galt: Der Mensch, die Welt und der Kosmos entstammen einem göttlichen Bauplan, dessen Perfektion sich in harmonischen Zahlen ausdrücken ließ. Die mathematischen Berechnungen für die idealen Proportionen einer Statue entsprachen immer dieser geheimnisvollen Ordnung von Zahlen, die auch dem Kosmos zugrunde lagen. Wenn die in Marmor gemeißelten Körper der Götter und Göttinnen also vollkommen waren, dann nicht nur deshalb, weil der Künstler die Berechnungen für die Idealmaße an besonders gut gebauten Männern vorgenommen hatte, sondern weil er seine Berechnungen zugleich im Glauben an eine absolute Perfektion des Kosmos getroffen hatte. Die Berechnungen des Kanons gehorchten einer eigenen Logik, die mehr verlangte als die Beachtung idealer Körperproportionen eines nackten Menschen. Darüber hinaus war der antike Kanon nie dazu gedacht, sich am lebendigen Menschen bewähren zu müssen. Er war eine Gebrauchsanleitung für *Bildhauer* – später auch für Maler. Er war für vollkommene Wesen gedacht, die ein *Künstler* schaffen sollte, nicht der Schönheitschirurg.

Den Beweis dafür, dass der Kanon nicht für lebende Menschen taugt und nie getaugt hat, erbrachte in den 80er Jahren des letzten Jahrhunderts Leslie Farkas, ein Anthropologe und Mediziner. Er überprüfte den Körperkanon an echten Menschen, vermaß dazu die Gesichter von Models und verglich seine Ergebnisse dann mit den Zahlen der klassischen Proportionslehren. Auf lebendige Menschen übertragen, erwiesen sich die kanonischen Maßangaben als eher unbrauchbar. Mit anderen Worten: Hätten Models die Gesichtsproportionen antiker Statuen, wären sie vermutlich keine Models.

Seit 3000 Jahren sind alle Versuche, perfekte Schönheit in ultimativen Zahlen auszudrücken, sei es mit Hilfe des Kanons, des Goldenen Schnitts oder mit Computerprogrammen, gescheitert. Dass dies endlich im Jahr 2008 gelänge, ist eher unwahrscheinlich. Andererseits haben komplexe Rechenspiele zweifellos ihren ganz eigenen Reiz, und die Suche nach der Weltformel für Schönheit hat ihn sowieso, und so ist es vielleicht kein Wunder, dass sich das Thema »Schönheit in Zahlen« immer noch nicht erschöpft hat.

Der kalifornische Arzt Dr. Stephen J. Marquardt vertraut auf den Goldenen Schnitt und die Zahl Phi (Φ). Er hat die Formel für das ultimative, perfekte, ultraschöne Gesicht errechnet. Marquardt arbeitete als plastischer Chirurg, bevor er an Arthrose erkrankte und seinen Beruf aufgeben musste. In der sich ihm nun eröffnenden Freizeit kam er auf die Idee, die Gesichtsformel zu errechnen, die jedem Menschen die Vorlage in die Hand gäbe, um selbst schön zu sein. Er nennt es seine Phi-Maske. Sie müssen Ihr Gesicht jetzt einfach nur mit der Phi-Maske von Dr. Marquardt vergleichen, kurz überschlagen, ob sie sich die paar Eingriffe auch leisten können (bzw. welche davon evtl. zu vernachlässigen sind) und: Schon bekommen Sie das schönste Gesicht der Welt!

Das klingt ein bisschen nach Dr. Frankenstein, andererseits macht Dr. Marquardt auf seiner Homepage einen recht harmlosen Eindruck. Er beschwört die betörende Wirkung der Schönheit (»Ah, Schönheit – welch herrliche Eigenschaft. Ohne sie wäre das Leben langweilig. Interessanterweise können so viele Dinge schön sein. Ein Sonnenuntergang, eine Blume, ein neuer Sportwagen, ein neues Paar Schuhe...« und so weiter, und so weiter), bereichert diese Einsichten dann durch die Illustration eines Sonnenuntergangs und erklärt schließlich: Schon im alten Ägypten habe man versucht, Formeln für wahre Schönheit zu finden.

Marquardts an ein Spinnennetz erinnernde, aus 40 Zehnecken bestehende »Phi-Maske«, die er sowohl Nofretete, der heiligen Elisabeth von Portugal als auch Marilyn Monroe überzieht, um zu zeigen, dass alle drei schön sind (und die er dann noch einem Mädchen mit Downsyndrom aufsetzt, um zu zeigen, dass sie dem nicht passt), könnte nicht besser benannt sein. Er hat eine *Maske* berechnet. Kein Gesicht. Seine Maske gibt nicht das perfekte mathematische Modell für ein absolut schönes Gesicht ab, sondern – für eine richtig super Maske.

Göttinnen vom Fließband

Perfektion ist nie menschlich. Sie kann es nicht sein. Perfektion bedeutet, dass etwas so gut ist, dass es nicht besser werden kann. Die umgangssprachliche Formulierung, jemand werde »immer perfekter«, ist, streng genommen, Unsinn. Es gibt keine Steigerung von Perfektion, und es gibt keinen allmählichen Fortschritt auf dem Weg der Makellosigkeit. Entweder etwas *ist* perfekt – oder es ist es eben nicht. Perfektion bedeutet dann natürlich auch, dass etwas nicht schlechter werden kann, denn in dem Moment, in dem Perfektion verfällt, hört sie auf, perfekt zu sein. Das ist das Schicksal der Perfektion – sie kann nicht größer werden, sie darf nicht geringer werden –, und weil sie weder das eine kann noch das andere darf, muss sie bleiben, wie sie ist. Sie kann keine eigene Geschichte haben, keinen eigenen Blick, keine eigene Fantasie, kein eigenes Leben.

Barbie ist perfekt. Man hat sie in den vergangenen fünf Jahrzehnten in noch so unterschiedliche Kostümierungen gesteckt, vom damenhaften Jackie-Kennedy-Look der 60er Jahre bis zum aktuellen Rockstar-Outfit, man hat ihr die Lippen verändert und man hat ihr noch so viele »Identitäten« auf den Leib geschrieben – von der Tierpflegerin bis zur Gynäkologin –, aber Barbie blieb von allen Versuchen, ein halbwegs individualisiert wirkendes, von der Historie (oder dem Zeitgeist) beeinflusstes Wesen aus ihr machen zu wollen, völlig unbeeindruckt. Barbie ist Barbie, perfekt und völlig ohne Identität, daher grauenhaft langweilig für Erwachsene, aber gerade aufgrund ihrer tiefen Bedeutungslosigkeit gewissermaßen ein Fass ohne Boden für millionenfache Mädchensehnsüchte und -träume.

Man kann Barbie oberflächlich und stereotyp finden, und man kann auch bemängeln, sie sei – trotz ihrer verschiedenen »Doktortitel«, die sie in unterschiedlichen akademischen Disziplinen besitzt – ein kleines Dummchen, dessen Horizont höchstens bis zum nächsten Shoppingtrip reicht. Und man kann der Meinung sein, sie zementiere ein Körper- und Frauenbild, das für Mädchen (und natürlich auch für Jungen) katastrophal ist. Man kann das alles denken und sagen. Aber es wird nichts helfen, jeder Tadel gleitet an Barbie ab, denn sie ist *perfekt*. Sie ist die plastikgewordene Fantasie weiblicher Vollkommenheit der westlichen Konsumgesellschaft. Ja, natürlich, Barbie ist nur eine Puppe. Und wäre sie es nicht, könnte sie auch nicht perfekt sein. Sie ist für alle Zeiten die beste Freundin, die mal auch Lack und Leder trägt, die Tiere lieb hat, die eine Prinzessin ist und, natürlich, auch eine Karrierefrau. Sie bleibt hinter ihrer Maske unmenschlich, unangreifbar, untadelig. Perfekt eben, und dass sie das ist, ist vermutlich schlimmer als ihre idiotischen Füße, ihre Waist-to-Hip-Ratio von 0,54 und ihre großen Kindchenschema-Äuglein, aus denen sie, stets gut aufgelegt, in unsere unperfekte Welt schaut. Denn welches intelligente, ehrgeizige Mädchen möchte nicht insgeheim perfekt werden? Eine Powerfrau, klug, sexy, schlank, beliebt, reich, autonom, selbstbewusst, glücklich und schön.

Models sind ebenfalls perfekt, deshalb sehen sie übrigens im Großen und Ganzen alle gleich aus. Sie seien moderne Göttinnen, erklärt der Berliner Modelbooker Falko Drews. Seine Agentur, Seeds, die größte Berlins, liegt in einem zweiten Hinterhof im schicken Winsviertel. Falko Drews und Pascal Kluttig, die beiden Inhaber, sind nette, coole Typen, deren Charme vor allem aus ihrem deutlich zur Schau gestellten Understatement herrührt. Pascal trägt ein Blockstreifen-Sweatshirt, dem man ansieht, dass es unmöglich aussehen soll. Falko denkt laut darüber nach, warum Models so lang und groß sind, immer viel größer als die durchschnittliche Frau, der durchschnittliche Mann, und kommt auf interessante Analogien: »Es ist etwas Göttliches. Sie verkörpern unsere Sehnsucht nach schönen, perfekten Wesen. Deshalb sind sie so groß und dünn. Wir stellen uns darunter große, lange Wesen vor. Irgendwelche Gestalten, die uns überragen. Das ist immer dasselbe Muster. Models sind vielleicht so wie die Elben in *Der Herr der Ringe*. Das sind diese großen, langen, super-edlen, moralisch überlegenen Wesen, die kaum den Boden berühren, in deren Nähe man sich kaum zu atmen traut. Es sind überirdische Wesen, das Abbild von Grazie und Symmetrie.« Dann fügt er überraschend hinzu: »Neulich rief ein Radiosender an und wollte wissen, warum Models so aussehen, wie sie aussehen, und warum wir das alle heute so schön finden. Aber eine Antwort darauf kann kein bescheuerter Modelagent geben.«

Wenn Models unsere modernen Göttinnen sind, erklärt das jedenfalls, warum sie weder von Fotografen, noch von Stylistinnen noch von Regisseuren noch von Grafikerinnen noch von irgendjemand anderem, der mit ihnen arbeitet, als Menschen betrachtet werden. Es erklärt auch, warum sie sich (jedenfalls in ihrer Funktion als Models vor der Kamera) nach Möglichkeit auch nicht wie Menschen benehmen sollten: nicht frieren, wenn's kalt wird, nicht aufs Klo müssen, keinen Hunger haben, nie müde werden und immer einfach fraglos tun, was verlangt wird.

Und dann wird mir plötzlich klar, woher Selbstironie, Understatement und jene feine Spur von Ennui bei den beiden Modelbookern herrühren – was Pascals Blockstreifen-Sweatshirt-Look im schicken Ambiente der Agentur zu bedeuten hat und warum Falko mir erst seine wunderbare Elben-Erklärung liefert und mir im nächsten Moment um die Ohren schlägt, er könne ja zu dem ganzen Thema nichts sagen. Diese Selbstironie ist ihre Antwort auf den Job, den sie machen. Sie wissen, dass sie Göttinnen am Fließband produzieren, wenn sie Mädchen von der Straße zu Models machen. Aber es sind eben Göttinnen *am Fließband*. Das macht zynisch.

Die Zeiten, in denen Schönheit wirklich exklusiv sein konnte, sind lange vorbei. Helenas Schönheit war etwas *wirklich, wirklich* Besonderes, weil es nur eine einzige Helena gab. Außer Helena konnte niemand diesen Standard erreichen. Noch vor 100 Jahren hatte Schönheit den Hauch des Außergewöhnlichen. Viel für seine Schönheit zu tun, war etwas für Frauen mit zu viel Geld und zu viel Freizeit. Inzwischen ist Schönheit für alle erreichbar. Man kann perfekte Brüste kaufen, das legt die Schwelle ziemlich niedrig.

Zwar bemühen sich Mode- und Kosmetikindustrie immer noch nach Kräften, so zu tun, als seien die jährlichen Winterkollektionen etwas ganz *Exklusives* und Tausende von Luxus-Cremes und Extra-Fluids so *außergewöhnlich*, dass eigentlich kein Normalsterblicher sie besitzen kann oder besser – darf? Die Botschaft kommt auch an. Wir kommen nicht im Traum auf die Idee, mit uns zufrieden zu sein, so wie wir sind, solange es noch *solche* Wintermäntel und *solche* Cremes gibt.

Aber egal, wie teuer ein Cremetöpfchen von La Prairie mit zermahlenen Perlen drin ist, und egal, was ein gutes Facelifting kostet, Schönheit ist billig geworden. Sie trägt ein göttliches Dutzendgesicht. Damit wir die »exklusive« Schönheit der Werbung und der Mode nicht wirklich für unerreichbar halten, hat man ihr dieses Gesicht verpasst. Und wahrscheinlich sind es die Booker, die sich im Herzen dieser absurden Situation befinden. Sie wissen, was passiert: Vorn kommt ein etwas verhuschtes, schüchternes und leicht pickeliges junges Mädchen zur Tür rein, und hinten geht eine Eintagsgöttin hinaus, die vielen anderen Eintagsgöttinnen zum Verwechseln ähnlich sieht. Wer würde da nicht zynisch werden.

Model zu sein gehört immer noch zu den Traumberufen junger Mädchen. Auch 30 Jahre nach der Frauenbewegung hat die Vorstellung, für andere Frauen ein Vorbild an weiblicher Vollkommenheit zu sein, ihren Schrecken noch nicht verloren. Wie viele Mädchen kokettieren immer noch mit dem Satz: »Ich bin so eine Perfektionistin!« Perfekt sein zu wollen ist immer noch sehr weiblich. Nicht bloß die beste Tennisspielerin zu sein oder die beste Mathematikerin – sondern im umfassenden Sinn: die beste Mutter, sexyste Liebhaberin, erfolgreichste Karrierefrau und selbstverständlich attraktivste Frau der Welt, alles auf einmal.

Aber Perfektion ist ein unerreichbares Ziel. Nach Perfektion können wir allenfalls streben, erreichen können wir sie nicht. Wir können uns hübscher machen als wir sind, wir können unsere dünnen Haare ein bisschen auföhnen und uns Cremes kaufen, wir können uns auch die Brust vergrößern lassen und Fett an den Zehen absaugen lassen. Was können wir nicht alles tun! Aber wir werden Perfektion nicht erreichen.

Erst recht nicht, wenn das, wonach wir streben, aus dem

Computer stammt, und kein Mensch der Welt je so aussehen wird wie das schönste Covergirl einer Frauenzeitschrift. Die digital bearbeiteten Gesichter sehen vielleicht atemberaubend aus, aber sie sind nicht als Vorbilder geeignet. Sie sind Kunstprodukte, ihre Haut besteht nicht aus Proteinen, sondern aus Pixeln, ihre Haare fliegen nicht im Wind und werden nicht spröde, ihre Gliedmaßen sind beliebig verlängerbar. Wir werden nie so aussehen. Noch so viele Botoxspritzen und noch so häufige Dermabrasionen werden daran nichts ändern. Irgendwann werden wir es verstanden haben. Schließlich konnten unsere Großeltern ja auch lernen, sich nicht mehr so für dumm verkaufen zu lassen wie die Kunden des viktorianischen Fotoateliers.

6
Normal

Zur Premiere von *Notting Hill* (1999) kam Julia Roberts schön wie immer. Ein bodenlanges, hautenges, knallrotes, ärmelloses Kleid, hochtoupierte Haare, ein dunkelroter Mund, leuchtende Augen und ein strahlendes Lächeln. Ein gewunkener Gruß an die Fans. Und dann der Schock: *unrasierte Achseln!* Die britische Boulevardpresse kürte das Foto von Julia Roberts mit Achselhaarflaum zum »schockierendsten« Bild des Jahres, und es soll Leute gegeben haben, die ihr Hassbriefe schrieben.

Schönheitsdiktate kennen keinen Spaß. Sie sind unerbittlich. Sie setzen unter Konformitätsdruck, und wenn man sich nicht an sie hält, muss man befürchten, den Zorn und die Verachtung des Mehrheitsgeschmacks zu spüren zu bekommen oder wie eine Ausgestoßene behandelt zu werden. Das zeigt sich heute besonders deutlich in unserem Umgang mit Körperhaar.

Als die Rocksäume kürzer wurden und ärmellose Kleider in Mode kamen, begannen Frauen sich die Achseln und die Beine zu rasieren. Die erste Werbung für ein Haarentfernungs-Produkt erschien 1915 in *Harpers Bazaar* und zeigte eine Frau in einem ärmellosen Abendkleid und mit makellos rasierten Achseln. Seitdem betrachten wir Körperhaar immer mehr als eine Monstrosität, von der *Frau* (und mittlerweile auch *Mann*) sich lieber befreien sollte, notfalls mit drakonischen, überaus schmerzhaften Mitteln.

Um die Zeit des Zweiten Weltkrieges rasierten sich bereits über die Hälfte aller Frauen Beine und Achseln, wobei die Toleranz gegenüber Körperhaar in den USA von Anfang an etwas geringer war als in Europa. Mittlerweile entfernen sich aber hier wie dort schätzungsweise 99% aller jungen Frauen den größten Teil ihrer Körperhaare. Sich die Achseln und Beine zu rasieren (oder zu epilieren oder zu wachsen), ist längst eine Selbstverständlichkeit. Wir betrachten haarlose Beine und Achseln als normal, und es ist heute für jede Frau nahezu undenkbar, im Sommer etwas anderes zu zeigen. Eine Freundin, die aus spirituellen Gründen im letzten Sommer beschloss, sich die Beine fortan nicht mehr zu rasieren (es hatte etwas damit zu tun, dass Körperhaare Energieströme leiten sollen), griff sehr schnell wieder zum Rasierapparat. Es ging einfach nicht.

Im Gegensatz hierzu wird Haarentfernung im Genitalbereich unter jungen Frauen zwar immer üblicher, ist aber noch längst nicht selbstverständlich – wie hitzige Diskussionen in Internetforen vermuten lassen. Die Wogen gehen hier schnell sehr hoch, denn die Entscheidung zu einem *Brazilian* betrachten wir eben noch nicht mit derselben Gelassenheit, mit der wir auf gewachste Waden gucken und auf säuberlich gezupfte Augenbrauen. Als Brazilian bezeichnet man die Entfernung der Schamhaare und der Behaarung in der Analzone mit Wachs, meistens lässt man einen kleinen schmalen Haarstreifen übrig, den so genannten *landing strip*. Der Eifer, mit dem heute noch darüber debattiert wird, ob man (vor allem aber *Frau*) Schamhaare haben dürfe oder nicht, ist aller Wahrscheinlichkeit nach ein Übergangsphänomen. Wir sind auf dem besten Weg, den haarlosen Körper als völlig normal zu betrachten.

Auf denselben Blogs kann man dann auch seitenweise Begründungen lesen, warum man sich heute auch im Genitalbereich haarlos zeigen sollte. Die Argumentation benennt dabei hygienische Aspekte, Schönheitsvorstellungen und stärkere Gefühle beim Sex. Tatsächlich sind all diese Begründungen weitgehend irrelevant. Rasiert, epiliert oder gewachst wird heute vor allem, weil Körperhaare unmodisch sind. Der Trend zur Haarlosigkeit war von Anfang an eine unmittelbare Reaktion auf Kleidermoden, erklärt die holländische Kulturwissenschaftlerin Anneke Smelik. Nachdem die Rock- und Ärmelsäume gestiegen waren und rasierte Beine und Achseln als normal galten, wurden in den 50ern unmittelbar als Reaktion auf die Erfindung des Bikinis die Schamhaare getrimmt. Der Brazilian kam 30 Jahre später in Mode, als Antwort auf den Tanga. Er wurde von brasilianischen Kosmetikerinnen in New York kreiert, daher stammt sein Name.

Eine Frau, die sich heute die Schamhaare (und alle anderen Körperhaare) entfernt, mag sich sagen, sie tue das, um sich besonders sexy oder hygienischer zu fühlen. Sie tut es aber vor allem, weil sie die Radikalität fürchtet, mit der wir Körperhaar brandmarken. Wer sich haarlos zeigt, passt sich damit zuerst einmal unseren Vorstellungen von »Normalität« an. Keine Frau entfernt sich heute Haare an den Beinen, unter den Achseln und ihre Schamhaare, weil sie sich von allen anderen unterscheiden und *schöner* sein will als alle anderen. Sie macht es, weil es alle machen. Man mag wissen, dass haarlose Beine und Genitalien nicht sauberer sind als täglich geduschte, behaarte, und man mag das Rasieren lästig finden oder den Schmerz jenes Moments fürchten, wenn die im Wachs klebenden Härchen zu Hunderten ruckartig aus der Haut gerissen werden; man mag sich über die juckenden, entzündeten Stellen grämen, die sich dort bilden, wo Haare aus feiner Haut gerupft worden sind ... es wird nichts ändern. Die Haare müssen weg.

Bestimmte Schönheitsideale machen uns nicht schöner, sondern normaler. Sie haben die Tendenz, uns den Weg in die sichere Durchschnittlichkeit zu weisen. Sie sorgen dafür, dass wir nicht auffallen. Sie sind ungeschriebene Gesetze für *Normalität*. Wir können dann kaum noch unterscheiden, ob wir uns epilieren (oder rasieren oder wachsen), weil wir das schön finden, oder ob wir das tun, weil alle das tun. Nur: was gilt dann eigentlich als *normal*? Im Fall der haarlosen Erwachsenenkörper ist das, was uns da als »normal« vorkommt, im Grunde alles andere als normal. Unser epiliertes Körperideal orientiert sich am kindlichen, vorpubertären Körper. Gleichzeitig orientieren wir uns dabei auch nicht am biologischen Körper, sondern am perfekten, digital erschaffenen Körper, dessen Vorbild die neuen sexy Pixelwesen mit ihrer glatten, schimmernden Oberfläche sind. Die Normalität, nach der wir uns in Sachen Schönheit richten, hat selten etwas mit Natürlichkeit zu tun. »Normal« ist in Sachen Schönheit vor allem das Normierte.

Ist noch jemand unter uns, der sich über *Jeans* wundert? Aufregt? Gibt es etwa jemanden unter uns, der keine Jeans trägt? Es gab einmal Zeiten, in denen waren »Röhrenhosen« so schockierend wie Krähenfüße an Supermodels. Heute sind sie in fast allen Lebenslagen das Normalste der Welt: Wenn ich für jedes Mal, das eine Verkäuferin mir in den letzten zehn Jahren gesagt hat, dieses oder jenes Kleidungsstück würde auch gut zur Jeans aussehen, 1 Euro bekommen hätte, könnte ich mir davon ein Designerkleid kaufen. Wenn irgendetwas »zu Jeans passt«, dann ist das ein Passierschein ins Akzeptable, dann weiß man, dass man auf der sicheren Seite ist. Jeans sind wunderbr normal, wir lieben sie, weil wir darin auf angenehme Weise in der Masse verschwinden. Wir werden darin angenehm unsichtbar, und selbst die ganz teuren sind noch unauffälliger als ein 0-8-15-Kleid. Wenn Superstars wie Brad Pitt uns zeigen wollen, dass sie ganz normale Menschen sind, kommen sie zu öffentlichen Veranstaltungen in Jeans.

Es gibt, erstaunlicherweise, in unserer Popkultur, in der beachtet zu werden das Höchste ist, ein allgemein verbreitetes Bedürfnis nach Unsichtbarkeit – nach Normalität. Es gibt eine tiefe Sehnsucht danach, nicht aus der Reihe zu tanzen, und es gibt eine Tendenz, Sicherheit in dem Gefühl zu finden, um Himmels willen bloß nicht anders zu sein als alle anderen. Oder, genauer gesagt: Es gibt den Wunsch, sich selbst so sehen zu können, wie man glaubt, sein zu müssen, um normal zu sein. Keine Nase zu haben, die zu groß ist, keinen Busen, der zu klein ist, keine Falten, die zu tief sind, keinen Po, der zu dick ist, und bitte, natürlich, keine Haare auf den Beinen. Nicht ständig etwas an sich wahrnehmen zu müssen, das man selbst als großen Makel empfindet: Nicht zu alt auszusehen, nicht zu erfolglos, nicht zu unsexy. *Doch nicht diese Nase für mich, nicht diese Brüste, nicht diese Füße,* was auch immer. *Die anderen haben so etwas ja auch nicht.* Normalität empfinden wir als ein großes Glück. Und darin liegt das Geheimnis hinter dem gewaltigen Erfolg der Schönheitschirurgie.

Denn bizarrerweise liegt der gewaltige Erfolg der Ästhetischen Chirurgie nicht darin, dass sie unverwechselbare, einzigartige Schönheit schenkt, sondern Durchschnittlichkeit. Der größte Teil aller Schönheitsoperationen wird heute durchgeführt, nicht etwa, weil die Betroffenen zu Schönheitsköniginnen oder Hollywoodstars werden wollen, sondern weil sie eine bestimmte Normalität erreichen oder wiederhaben wollen. Sie leiden an einem Körperteil, der sie von der Normalität trennt. Sie wollen aussehen wie alle anderen Frauen, so, wie eine Frau eben aussieht (oder nach gängigen westlichen Vorstellungen »normalerweise« aussehen sollte). Sie wollen sich fühlen, wie »normale« moderne Frauen: wohl in ihrem Körper, selbstbewusst und sexy. Alle acht Frauen im Alter zwischen 32 und 70, mit denen ich über ihre Schönheitsoperation sprach (jede hatte nur einen einzigen Eingriff hinter sich), sagten, ihre Brust, ihre Gesichtshaut, ihre Schlupflider hätten sie so unglücklich gemacht, weil *andere Frauen* in ihrem Alter schließlich so nicht aussähen. Der Busen der anderen sei größer, ihre Bäuche nach der Schwangerschaft weniger sichtbar, ihre Haut im Gesicht oder am Hals weniger faltig oder ledrig, die Schlupflider weniger hängend.

Gelegentlich übersteigt das Bedürfnis nach Schönheit allerdings das Bedürfnis nach Normalität. Dann endet die Orgie der chirurgischen Verschönerung wie bei Dolly Parton oder Donatella Versace oder wie bei jener, inzwischen wirklich einfach nur grässlich anzuschauenden, New Yorker Society-Dame namens Jocelyn Wildenstein, die ein Vermögen ausgegeben hat, um auszusehen wie eine – Katze. Wir kennen die aufgequollenen Münder, die schweren Riesenbrüste, die viel zu weit aufgerissenen Augen mit dem müden Blick und die zu Masken erstarrten Gesichter. Es gibt Milieus, erklärt mir ein junger Schönheitschirurg, in denen eine Brustvergrößerung als Statussymbol fungiert, und dann soll jeder auch sehen, dass ein Busen über Nacht mindestens doppelt so groß geworden ist. Es gibt auch Teenies, die mit Fotos von Angelina Jolie kommen. Wir erfahren von solchen Fällen aus dem Fernsehen, jeder kennt sie.

Es gibt diese Extreme, aber um sie geht es in diesem Kapitel nicht. Hier interessiert mich, warum so gut wie keine Frau unter 50 heute mehr ausschließt, sich (vielleicht) einmal operativ behandeln zu lassen, und hier interessiert mich, warum operative Eingriffe in völlig gesunde Körper heute so überaus akzeptabel geworden sind. Denn beinahe alle Frauen, mit denen ich für dieses Buch sprach, konnten sich vorstellen, sich irgendwann mal, eventuell, operieren zu lassen. Keine wollte diese Option aus ihrem Leben grundsätzlich ausschließen. Eine 27-Jährige sagte symptomatisch: »*Eigentlich* möchte ich das vermeiden« – ein entschiedenes *Nein* klingt anders.

Wenn nahezu alle Frauen schon einmal über Schönheitsoperationen an sich selbst nachgedacht haben, dann aber unter einer Bedingung: keine will mit den Brüsten von Victoria Beckham oder einem Gesicht wie dem von Dolly Parton enden. Die meisten Klientinnen, die heute zum Schönheitschirurgen gehen, möchten hinterher nicht, dass man ihnen die OP ansieht. Die typische Klientin, so ergab eine kleine Studie eines Bonner Arztes für plastische und ästhetische Chirurgie, verschweigt ihre Operation. Die Angeberkultur in Los Angeles, in der Frauen sich tatsächlich gegenseitig ihre neuen Brüste präsentieren und die Adressen ihrer Ärzte austauschen wie früher Sammelbilder aus der Kellogg's-Packung, ist eine Subkultur. Die meisten Hollywood-Megastars gehen doch gar nicht mit ihren Operationen hausieren, sondern lassen uns auf ihre Nasen und Brüste und Pos und Oberarme und Wangen gucken und dabei schön im Unklaren, was echt ist und was nicht.

Darin liegt die Ironie des gewaltigen Erfolgs der Schönheitschirurgie: Die Operationen sollen unsichtbar bleiben. Alles in der ästhetischen Chirurgie ist darauf angelegt, die Tatsache zu verschleiern, dass geschnitten, gestrafft, abgesaugt und sediert worden ist. »Der Patient muss nach dem Eingriff unoperiert und vollkommen natürlich aussehen«, erklärt der Facharzt Friedrich Pullmann im *Stern*. Und er benutzt dabei den Euphemismus »Eingriff« statt Operation, weil ein »Eingriff« irgendwie so klingt, als sei das etwas Flüchtiges, kaum Merkliches, und als seien dazu weder Vollnarkose noch ein stationärer Klinikaufenthalt nötig.

Sichtbare Narben darf es natürlich auch nicht geben. Die Operation MUSS gelingen, und das bedeutet, man sollte im Idealfall hinterher nicht sehen, dass sie überhaupt stattgefunden hat. Die Klientin, die heute zum Schönheitschirurgen geht, will keine Übertreibungen, sondern etwas, das annähernd »normal« (oder »natürlich«) aussieht. So sind die Operationstechniken für Brustvergrößerungen beispielsweise in den letzten Jahren so weiterentwickelt worden, dass die Brust anschließend eine Form erhalten hat, die weniger einer Pampelmuse XXL als einem riesigen Wassertropfen ähnelt.

Meinem Eindruck nach sprechen Frauen eher über ihre Operationen, je weniger man ihnen »den Eingriff« tatsächlich ansieht. Und er gilt als besonders geglückt, wenn Dritte hinterher sagen: »Ach, das sieht ja ganz natürlich aus.« Oder: »Ah, das ist mir gar nicht aufgefallen, aber du siehst *irgendwie* jünger aus.« Eine Frau erzählte mir, sie habe ihren Star-Chirurgen noch kurz vor der Operation angefleht, er solle bloß nicht zu viel machen. Sie sagte, eine gelungene Operation bedeute für sie, dass Freunde und Mitarbeiter in den nächsten Wochen kommentieren: »Du siehst aber gut erholt aus.« Nicht mehr. Zuzugeben, man habe sich einer Schönheitsoperation unterzogen, ist inzwischen o.k. Aber es sich allzu deutlich ansehen zu lassen, ist so peinlich wie noch nie.

Nun gut. Ein bisschen Unterschied sollte man für 5000 Euro für die Brustvergrößerung plus Klinikbett und Anästhesie vielleicht doch sehen. Aber erstaunlicherweise bedeutet dieser Unterschied für die Patientinnen (bei einer gelungenen Operation) viel mehr, als er für Außenstehende sichtbar ist. Den beiden Frauen aus meinem Freundeskreis, die sich die Augenlider haben operieren lassen, habe ich das nie angesehen. Ich erfuhr viel später davon. Mich haben auch die Vorher/Nachher-Bilder (mit denen in Deutschland inzwischen für Schönheitsoperationen nicht mehr geworben werden darf) stets etwas irritiert. Sieht man darauf vorher eine sehr attraktive Frau, sieht man darauf auch hinterher eine sehr attraktive Frau, mit etwas größeren Brüsten, zum Beispiel. Sieht man darauf vorher eine alte Frau, sieht man darauf auch hinterher eine alte Frau, mit etwas weniger fliehendem Kinn, zum Beispiel. Sieht man darauf vorher eine ganz passabel aussehende Frau, sieht man darauf auch hinterher eine ganz passabel aussehende Frau, mit weniger fülligen Oberschenkeln, vielleicht. Wenn wir heute über Schönheitsoperationen sprechen, dann tun sowohl ihre Befürworter als auch ihre Kritiker gelegentlich so, als würde die kosmetische Chirurgie halbwegs passabel aussehende Menschen zu Tausenden in überwältigende, künstliche Schönheiten verwandeln. Das kann sie natürlich nicht. Wenn alles gut läuft, passiert dies: Der so genannte Eingriff verändert einen Teil des Körpers, aber in erster Linie verändert er das Gefühl der Klientin für sich selbst. Er befreit sie von dem Eindruck, etwas an ihr sei nicht schön genug oder nicht normal. Unter Umständen hat sie seit Jahren unter diesem Gefühl gelitten. »Wunder können wir auch nicht vollbringen«, sagt mein junger Informant aus dem Schönheits-OP lapidar und ganz wahrheitsgetreu.

Aber um Wunder geht es letztlich, wenigstens um kleine. *Zum ersten Mal in meinem Leben traue ich mich im Bikini an den Strand. Endlich kann ich beim Lachen die Hand vor dem Mund wegnehmen und meine Zähne zeigen. Endlich kann ich wieder T-Shirts statt Blusen tragen. Endlich gehe ich mit meinen*

Kindern ins Schwimmbad. Endlich sehe ich so jung aus, wie ich mich fühle. Endlich bin ich, wer ich sein will. Endlich kann ich mir schöne Dessous kaufen. Endlich muss ich meinen Po nicht länger unter Pullovern verstecken. Endlich, endlich, endlich. Endlich fühle ich mich, als hätte man mir zehn Jahre meines Lebens geschenkt. Wenn das keine kleinen Wunder sind.

Wie sind sie möglich?

Die Soziologin Kathy Davis hat über einen längeren Zeitraum Frauen beobachtet, die sich in den Niederlanden einer Schönheitsoperation unterziehen wollten. Sie bekam die Möglichkeit, bei Konsultationen anwesend zu sein, in denen ein Arzt die Klientinnen begutachtet und entscheidet, ob die Kosten der Operation vom holländischen Gesundheitssystem getragen werden können. Davis stellt fest: »Mit einer Ausnahme, einem Mann mit Blumenkohlnase, war ich nie in der Lage zu erraten, weshalb die Person gekommen war. In einigen Fällen hatte ich einen Verdacht, etwa, wenn eine Frau mit einer ziemlich auffälligen Nase erschien. Aber der zerstreute sich im Nu, als sie erklärte, sie wolle eine Lidkorrektur, weil ihr fünfjähriger Sohn sie gefragt habe, ›warum sie geweint hat‹. Mein erster Eindruck bestätigte sich: Die Bewerber für kosmetische Chirurgie sahen nicht anders aus als die 0-8-15-Frau (oder -Mann) von der Straße, und einige waren sogar entschieden attraktiver.«

Fast alle der gut ausgebildeten, erwachsenen Frauen, mit denen die Soziologin Davis über Schönheitsoperationen sprach, hatten überraschenderweise eine eher kritische Einstellung gegenüber dem Schönheitswahn. Keine wollte sich operieren lassen, um hinterher bloß *schöner* auszusehen. Eine von ihnen verwahrte sich sogar gegen Frauen, die sich ihre Brüste vergrößern lassen, und erklärte, ihr eigenes Facelifting sei etwas völlig anderes, da ginge es schließlich um das Gesicht – so als sei das Gesicht ein seriöser Körperteil, der Busen hingegen ein frivoler. Mir fiel eine ähnliche Doppelmoral auf: Unter den Frauen, mit denen ich sprach, war eine, die beiläufig sagte: »Ach, diese Diät-Hysterie... Ich nehme das nicht so ernst.« Drei Minuten später erzählte sie, sie habe sich Botox spritzen lassen, um weniger »grimmig« auszusehen. Sie sagte nicht, sie habe es getan, um *besser* auszusehen. Wir Schönheits-Junkies fürchten die Trivialität des Schönen.

Es geht bei den meisten Schönheitsoperationen nur auf den ersten Blick um schönere Nasen, perfekte Brüste und makellose Schenkel oder darum, »für den Partner attraktiv zu bleiben«. Es geht um Wichtigeres, um Größeres. Es geht um ein gutes Lebensgefühl, um Normalität, um die Chance, sich zum ersten Mal im Leben an einen Strand zu trauen. Es geht darum, einen unerträglich gewordenen Widerspruch zwischen Innen und Außen aufzuheben. Oder darum, eins mit sich selbst – und vor allem mit seinem Körper – zu werden. Oder es geht darum, zu werden, wer man sein könnte, oder wer man schon lange glaubt zu sein. Um ein besseres Leben. Oder um die wahre Identität. Oder es geht um das Gefühl existenzieller Sicherheit: darum, keine Angst haben zu müssen, verlassen zu werden, weil man zu alt ist oder die falsche Frau. Aus dem Füllhorn der Möglichkeiten zur Verbesserung ihres Körpers zwischen Brustwarzenvergrößerung, Nabelkorrektur und Fettabsaugung am großen Zeh ergießt sich vor allem Glück über die Klientin.

Es ist das Glück derjenigen, die eine Entscheidung über ihr Leben getroffen hat. Es ist die Erleichterung derjenigen, die sich sagen kann: Endlich kann ich es ertragen, angesehen zu werden, ohne zu glauben, mein Gegenüber sieht nur meinen

Makel und nicht mich. Endlich halte ich nicht nur die Blicke der anderen tapfer aus, endlich tue ich selbst etwas. Endlich nehme ich mein Leben in die Hand. Jetzt habe ich die Kontrolle. Jetzt ducke ich mich nicht mehr, jetzt zeige ich mich. Jetzt sehe ich mich mit anderen Augen. Jetzt kann ich glücklich sein.

Es sieht so aus, schreibt der Historiker Sander Gilman in seiner Geschichte der Schönheitschirurgie, dass der Chirurg den Körper aus Fleisch und Blut in eine neue Form bringt (und das tut er ja auch). Aber wichtiger als dies ist etwas anderes: Er gestaltet nicht nur die Brust neu, sondern auch die Fantasien der operierten Frau, die sie von sich selbst haben kann. Fortan kann sie sich vorstellen: Jetzt bin ich doch sexy, bin ich jung, bin ich normal. Jetzt bin ich dies, bin ich das.

Weil Schönheitsoperationen nicht nur den Körper umbauen, sondern auch das Selbstbild, funktionieren sie – und deshalb funktionieren sie nicht. Sie funktionieren nicht, weil sie die Klientin nicht in einen völlig anderen Menschen verwandeln. Sie wird nicht plötzlich eine begnadete Schauspielerin oder streift ihre Vergangenheit ab. Eine Frau mit einer großen inneren Unsicherheit bleibt eine Frau mit einer großen inneren Unsicherheit. Eine Frau, die Angst vor dem Älterwerden hat, wird trotzdem älter werden. Aber die Frau mit dem neuen Busen, dem anderen Gesicht beginnt, sich selbst neu zu betrachten. Sie bekommt eine neue Fantasie von sich, sie kann sich ausmalen, jetzt könnte alles anders werden. Deshalb funktionieren Schönheitsoperationen irgendwie doch.

Wenn die Klientinnen der kosmetischen Chirurgie einhellig erklären: »Das habe ich für mich getan!«, haben sie ironischerweise Recht. Das Gros der Klientinnen hat keine sadistischen Ehemänner, die von ihren Partnerinnen Brüste in der Größe von zwei Kleinwagen erwarten; und es gibt auch keine unterbeschäftigten Mütter, denen für die Töchter wahlweise die Karriere als Filmstar oder die Millionärshochzeit vorschwebt. Die meisten Frauen haben sich selbst informiert (gut oder schlecht), und sie haben eine ziemlich genaue Vorstellung von dem, was sie für sich selbst wollen (machbar oder nicht).

Ja, vielleicht sind sie mit einem Bild aus der *Glamour* zum Arzt gegangen, vielleicht trieb sie eine tiefe Beunruhigung dorthin, vielleicht hatten sie die Fantasie, man könne sie nicht mehr lieben, wenn sie altern, man könne sie verlassen und allein lassen. Vielleicht haben sie es für den Partner getan (der sie immer noch verlassen kann) oder für die Anerkennung der Kollegen und der Leute in der Straßenbahn.

Aber in einem übertragenen Sinn haben sie es tatsächlich auch »für sich« getan. Sie haben ihre Fantasie von sich selbst verändert, sie haben sich aus einer Frau mit einem Makel in eine Frau ohne Makel verändert, jedenfalls für eine Weile. *Ich gehe jetzt mit ganz neuem Selbstbewusstsein auf die Straße. Ich habe eine ganz andere Ausstrahlung. Mein Selbstwertgefühl ist jetzt viel größer. Ich würde es immer wieder tun. Ich sehe jetzt ohne Angst in den Spiegel. Ich bin so froh, dass ich es getan habe.*

Man kann kritisch gegenüber Schönheitsoperationen sein. Aber man kann den Frauen, die einem sagen: »Ich bin jetzt so glücklich!«, schlecht entgegnen: »Nein, bist du nicht.« Man kann ihnen sagen: »Aber ich fand dich vorher schon hübsch.« Oder: »Äh, man sieht kaum einen Unterschied.« Dann ist die Operation gelungen. Oder: »Ja, du strahlst neuerdings auch so.« Interessanterweise gucken die Klientinnen für Faceliftings auf Vorher-Bildern immer unglücklich. Sie lächeln nie. Auf den Nachher-Bildern sehen sie immer glücklich aus, sie wirken gelöst, und ihre Augen leuchten.

Und wenn die Klientinnen der Schönheitschirurgie nun einhellig davon erzählen, wie *selbstbewusst* sie nach der Operation geworden sind, wie *glücklich* sie sich fühlen, wie *erleichtert* sie endlich sind, wie *wohl* sie sich in ihrem Körper fühlen – so gut wie noch nie zuvor –, wie sehr ihr *Selbstwert* gestiegen ist, wie viel sicherer sie sich fühlen und wie unschätzbar all diese inneren Triumphe sind, und wenn nun auch die Schönheitschirurgen davon schwärmen, dass sie ihren Klientinnen neue Selbstsicherheit und neues Lebensglück geben, und wenn dann noch Psychologinnen im Zusammenhang mit optimalen Brüsten und Hüften von »Identitätsarbeit« sprechen – dann zeigt uns der Siegeszug der kosmetischen Chirurgie ironischerweise vor allem eines: Schönheit kommt eben doch von innen.

7
Älter

Oder müsste dieses Kapitel etwa nicht »Älter«, sondern »Plus« heißen? In der großen Buchhandlung, in der ich vor ein paar Tagen war, standen die Bücher übers Älterwerden unter der Rubrik »Generation Plus«. Plus was? Plus Erfahrung? Plus Reife? Plus Geld? Oder plus Falten und plus Speck an den Hüften und plus graue Haare?

Während ich die Plus-Bücher in Augenschein nahm, wurde mir klar, dass sie *für mich* gedacht waren: weiblich, 43 Jahre. Sie waren keineswegs für die beiden gut gekleideten Herren in Cordhosen vorgesehen, die neben mir in der roten Polsterlandschaft saßen. Die waren zwar mindestens 25 Jahre älter als ich, weißhaarig und hatten Altersflecken auf ihren Händen, aber der eine durchblätterte genüsslich eine 800 Seiten starke Abhandlung über den Dreißigjährigen Krieg – der andere stöberte in einem Stapel mit Titeln über den Nahen Osten. Pest, Katastrophen, Kriege, Hungersnöte, Terroristen, das ging. Aber selbstverständlich würde keiner von beiden sich je mit Falten, sackenden Augenlidern, dem Fluch der Schwerkraft, ausbleibenden Flirts und dem Elend in Umkleidekabinen beschäftigen.

Nirgends wird die Ungleichbehandlung zwischen Männern und Frauen in Sachen Schönheit heute noch so augenfällig wie dort, wo es ums Älterwerden geht. Es gilt immer noch, dass ein Mann mit jedem Jahr interessanter werden kann, eine Frau mit jedem weiteren Jahr nur ein größeres Problem hat.

Jede junge Frau erfährt mit jedem Bild einer schönen Frau: »Du lebst mit geliehener Zeit.« Natürlich leben wir alle mit geliehener Zeit, aber Männer werden nicht permanent daran erinnert. Allerdings scheinen die unbeschwerten Tage der Cordhosenträger gezählt, denn die ersten sportlich-männlich-nüchtern verpackten Anti-Aging-Produkte für den so genannten reifen Mann sind auf dem Markt… um einen Kaufanreiz zu geben, sind sie allerdings noch erstaunlich billig.

Trotz alledem klangen die Buchtitel in dem Regal für die Generation Plus unerschrocken und lustig. Von den Autorenfotos auf den Buchumschlägen zwinkerten mir verschmitzt ältere Frauen zu, deren Gesichter entweder zur Hälfte hinter Büchern versteckt waren oder nahezu vollständig von Rollkragen verschluckt wurden. Die Autorinnen schienen großen Spaß daran zu haben, wie Schildkröten in ihren Panzer gekrochen zu sein. Ihre Lachfältchen in den Augenwinkeln – mehr als die Augen sah man ja nicht – zeigten, dass sie sich köstlich amüsierten. »Hallihallo, ich bin *plus* und schon gar nicht mehr ganz zu sehen. Hihi.«

Das kann ja heiter werden, dachte ich.

Alterspanik und Verjüngungssucht

In einer englischen Frauenzeitschrift fand ich vor einigen Monaten einen Artikel der wörtlich übersetzt die Überschrift trug: »Ich heiße Christa. Ich bin alt-orexisch.« Das war ein nicht besonders geglücktes Wortspiel mit dem Begriff »anorexisch« für magersüchtig und bedeutete, halb im Scherz: »Ich bin an der Angst vor dem Älterwerden erkrankt.« Die Verfasserin war Christa D'Souza – eine englische Society-Reporterin und ein bekennender Schönheits-Junkie. Sie war zu jenem Zeitpunkt

46 und Mutter zweier Vorschulkinder. Ihr Text war der Aufmacher des Heftes, und daher war sie auch auf dem Cover abgebildet: sehr dünn, mit einem modisch ausgefransten Langhaarschnitt, in einem Jeans-Minirock und auf Bastschuhen mit Keilabsatz. Das Bild zeigte eine attraktive Frau mit sehr schönen Beinen, die jugendlich angezogen ist und aussieht wie irgendetwas zwischen 40 und 45. Alles wunderbar also. Daneben stand in großer Schrift über die ganze Seite geschrieben: »Ich mache dreimal in der Woche Yoga. Ich trage Jeans-Minis und Wedges*. Ich kaufe bei Topshop*. Ich bin Mutter von zwei Kindern, aber ich hätte gern meinen Körper wie mit 30. In drei Jahren werde ich 50. Ich bin vom Altern besessen. Aber geben Sie's zu: Sie doch auch!« In ihrem Artikel gestand Christa D'Souza dann: »Wenn Sie sich das Bild von mir angucken und sagen würden, Sie sähen darauf eine attraktive Frau mittleren Alters (was ich mit 46, nüchtern betrachtet, bin), empfände ich das nicht nur als Beleidigung, sondern hätte in gewisser Hinsicht das Gefühl, total versagt zu haben.«

Ich glaube, D'Souza meinte das alles zu einem Viertel (oder Achtel?) ironisch. Sie hoffte auf unser zustimmendes, schmunzelndes: »Jaja, kenn ich, alt zu werden ist nicht leicht ...« Aber beim Lesen dieser Sätze blieb mir das Lachen im Halse stecken. Mich erinnerte diese Angst, alt und nicht gut genug zu sein, tatsächlich an die selbstzerstörerische Angst von Magersüchtigen, die glauben, dick und daher nichts wert zu sein.

Sieht so das Stimmungsbild heutiger Frauen um die 45 aus? Erkennen wir uns in D'Souza tatsächlich augenzwinkernd wieder? Und falls ja, wäre das nicht unendlich traurig? Eine ganze

---

* Wedges heißen Schuhe mit hohem Keilabsatz, und Topshop ist eine englische Teenie-Modekette.

Generation von Gewinnerinnen der Emanzipation, die mit 50 so jung und gut aussieht wie noch keine Generation davor, und die sich selbst ab Mitte 40 als Ruine betrachtet?

Obwohl D'Souza ihren Artikel mit dem versöhnlichen Gedanken beschloss, in den kommenden Jahren vielleicht doch eine schöne alte Frau mit langen weißen Haaren, rotem Lippenstift und sommerbrauner Haut zu werden, hatte ich das Gefühl, dass sie wirklich von Angst besessen war. Es lag Panik hinter ihrer Überlegung, ob eine Frau jenseits der 50 noch Spaghettiträgerhemdchen und Miniröcke und Bikinis tragen dürfe, ohne sich dabei lächerlich zu machen. Es lag Trotz hinter dem Bekenntnis, sich demnächst die Haut abschmirgeln zu lassen, um die hauteigene Collagenproduktion anzukurbeln. Es lag eine tiefe Kränkung hinter dieser Anekdote: Vor Monaten habe sie jemand in einem eleganten Londoner Kaufhaus angesprochen und gefragt, ob sie nicht für die neue Dove-Kampagne »Pro-age« modeln wolle. Warum konnte sie sich darüber nicht freuen, als die Frau ausgewählt worden zu sein, die bemerkenswert attraktiv aussieht?

Als Society-Reporterin tummelt sich Christa D'Souza in Regionen, in denen keine Frau älter ist als 30. Sie hat Stars und Sternchen interviewt und schreibt unter anderem auch für die *Vogue*. Hier gelten, was das Aussehen und das Alter betrifft, Extrembedingungen. Im Universum der Medien muss jede Frau, die älter ist als 30, nicht nur sehr gut sein (und sehr dünn), sondern auch permanent beweisen, dass sie bereit ist, »etwas für sich zu tun« – und damit sind keine Fortbildungen gemeint. Frauen vor der Kamera unterliegen einer Altersdiskriminierung wie sonst nur Models; sind sie zu alt, sind sie draußen. Nach der Lektüre von Petra Gersters Autobiografie hat man fröstelnd einen Eindruck davon gewinnen können, wie kränkend und wie beunruhigend das sein muss: zu wissen, man ist richtig gut und muss trotzdem Angst haben, alsbald aus dem Blickfang des Publikums wegkomplimentiert zu werden, weil man nicht mehr aussieht wie eine hübsche Studentin.

Aber seien wir ehrlich: *Jenseits* der Medien ist die Realität nicht ganz so trostlos. Nirgendwo außerhalb der Medien werden Frauen entlassen, weil sie 40 sind und wie 40 aussehen. Niemand wirft meine alte, faltige HNO-Ärztin aus ihrer Praxis, im Gegenteil, wir suchen ihren Rat, weil sie nach über 40 Jahren Berufserfahrung so unglaublich gelassen ist. Niemand glaubt Politikerinnen nicht, weil sie über 40 sind. Niemand macht einer Frau einen Führungsjob streitig, weil sie *zu alt* ist. Niemand meidet eine Pastorin, Psychologin, Krankenschwester, Sprechstundenhilfe, Kundenberaterin, weil sie nicht mehr aussieht wie 22. Niemand überlässt sein Kind lieber einer Frau, die aussieht wie Paris Hilton, als einer, die aussieht wie eine rüstige Großmutter. Es gibt natürlich eine allgemeine Diskriminierung gegenüber älteren Menschen, wenn es um Einstellungen geht, aber davon sind Männer genauso betroffen wie Frauen, und diese Ungerechtigkeit hat nichts mit dem Aussehen zu tun, sondern damit, dass wir die Wunderwaffen der modernen Karriere – Flexibilität, Unterordnung in eine Gruppe (so genannter »Teamgeist«) und die Bereitschaft zur hemmungslosen Selbstausbeutung – nun mal nicht mit Menschen assoziieren, die über 50 sind.

Nein, was uns da aus dem Mediendschungel entgegenschallt, ist die Angst derjenigen, die wie keine andere Gruppe von dem Wahnsinn des Jugendwahns betroffen sind – und die ihn deshalb noch schürt. Models, Promis, Filmstars, Moderatorinnen im Fernsehen, Schauspielerinnen, Frauen und

Männer, die in Werbeagenturen und Zeitgeistmagazinen arbeiten – sie sind die Zielscheibe des Jugendwahns. Sie haben zugleich aber auch das Privileg, uns unsere Ideen über Schönheit zu vermitteln: per Werbung, in Modezeitschriften, in Filmen. Sie suchen die Bilder aus, und von ihnen stammen die Texte. Diese Kombination wirkt sich augenblicklich fatal aus. Weil die Medienfrauen wie niemand sonst vom Jugendwahn betroffen sind, schreiben sie darüber. Sie lassen uns wissen, wie schwierig das Leben wird, wenn man älter aussieht; sie beichten uns ihre Alters-orexie und offenbaren ihren Kummer mit faltigen Hälsen. Weil sie es selbst Tag für Tag so erfahren, hämmern sie uns Tag für Tag ein, wie überlebenswichtig es ist, jung auszusehen.

Und sofort packt auch uns ein bisschen die Furcht. Nicht, weil wir mit 40 alt aussehen oder plötzlich unansehnlich geworden sind oder auch nur fürchten müssten, morgen entlassen zu werden, weil das Bindegewebe nachlässt. Auch wir nehmen zwar die ersten Fältchen nicht gerade mit Hochstimmung wahr – und warum sollten wir auch, erinnern sie uns doch zum ersten Mal im Leben sichtlich daran, dass Lebenszeit *vergeht* und sich unser Körper, im Unterschied zu der Wärmedämmung unseres Hauses oder dem Design unseres Handys, nicht beliebig auf den neuesten Stand bringen lässt. Aber wenn uns nun permanent aus den Medien entgegenschallt, dass wir so, wie wir jetzt aussehen (jenseits der 30, 40, 50 oder 60), nicht mehr gesellschaftsfähig sind, bekommen wir allmählich ein Problem, von dem nicht ganz klar ist, ob wir es unter anderen Umständen überhaupt hätten. Niemand behauptet, dass älter zu werden toll sei. Aber niemand behauptet auch, es sei herrlich, in der Pubertät zu stecken und ständig zu glauben, man habe einen zu dicken Hintern. Ich bin mir sicher: Gäbe es so viele 14-jährige Journalistinnen, wie es 49-

jährige Journalistinnen gibt, würden sie uns die Freude am Jungseinwollen gehörig verderben. Denn dann würde es meterweise Bücher von der Generation Minus geben, und darin wäre dann von Unbehaglichkeiten zu lesen, gegen die Falten und Dellen harmlos sind: Wir würden von Pickeln und Warzen erfahren und von der Angst vor zu kleinen Brüsten und von zerzupften Augenbrauen, von Peinlichkeit als Lebensgefühl und von der Kränkung, vom tollsten Jungen der Schule ignoriert zu werden und von vielen weiteren Grässlichkeiten, die das Leben mit 14 so schwer machen.

Nein, jeder Lebensabschnitt stellt seine eigenen Herausforderungen an uns, das mittlere Alter wie die Pubertät und das hohe Alter wie der 35. Geburtstag. Doch welche Herausforderungen sind das nun eigentlich *für mich*, und welche sind das *für Sie*? Mit jedem Artikel über die Alters-orexie einer Lifestyle-Reporterin, die uns suggeriert, wir alle hätten Angst vor dem Älterwerden, wird es schwieriger für uns, uns aus dem Sog des Jugendwahns herauszuziehen und nachzufragen, was älter zu werden *für uns* eigentlich bedeutet. Teilen wir die Befürchtungen der Alters-Orektikerinnen? Oder nicht? Gibt es vielleicht sogar Falten an uns, die wir sogar ganz sympathisch finden könnten – wäre da nicht das offizielle Faltenverbot? Ist es nicht ganz schön zu wissen, dass wir nun, im mittleren Alter, treue Freunde und Freundinnen haben, die uns niemals im Stich lassen werden – nicht einmal dann, wenn uns eine allergische Reaktion auf einen Filler für ein halbes Jahr verunstalten sollte? Ist es nicht toll, dass wir nicht mehr ständig auf uns aufmerksam machen müssen, um bei der Verteilung bestimmter Dinge (Männer, Jobs, One-Night-Stands) nicht übergangen zu werden?

Wir sollten uns lieber jedes Mal fragen, ob die Ängste, die wir zu Gesicht bekommen, wirklich unsere eigenen sind.

Anti-Aging-Wahn

In England hatte im März 2007 eine BBC-Fernsehsendung über die leeren Versprechen von Anti-Aging-Produkten berichtet. Eine Anti-Falten-Creme war dabei relativ gut weggekommen. In den folgenden 24 Stunden stieg der Verkauf dieser Creme um 2000 Prozent. Auf *Ebay* wurden einzelne Tiegel für stolze 100 Pfund (144 €) versteigert – der reguläre Preis betrug bis dahin 16,75 Pfund (24 Euro). »Hurra! Ich bin nicht die einzige Alters-Orektikerin!«, kommentierte Christa D'Souza.

Ja! Hurra! Hurra! für das amerikanische Unternehmen Allergan, den Hersteller von Botox! Hurra! für alle Schönheitschirurgen. Ein Arzt erzählte mir, die Motivation seines Chefs sei, »Frauen ihre Jugend zu bewahren«, und das klang, als gelte es, Schulkinder in Krisengebieten vor Landminen zu schützen. Hurra! auch für die Pharmaindustrie, die Wachstumshormone gegen schlaffe Haut zur Verfügung stellt. Hurra! für die Kosmetikfirmen, die uns in ihren Werbungen für Anti-Falten-Cremes im Tonfall von Ordensschwestern darauf hinweisen, dass es mit spätestens 30 »an der Zeit« sei, etwas gegen »reife Haut« zu unternehmen.

Älter zu werden scheint heutzutage das Schlimmste zu sein, was einer Frau passieren kann. Ratgeberkolumnen widmen sich den Nöten von Frauen, die ihr erstes graues Haar entdecken, mit einer Fürsorglichkeit, die man sich von Therapeutinnen auf Krebsstationen wünschen würde: »Hilfe! Ich habe mein erstes graues Haar entdeckt und bin gar nicht glücklich. Was kann ich tun?« Antwort: »Vor allem: Geraten Sie nicht in Panik! Graue Haare haben nichts mit dem Alter zu tun, sondern mit den Genen!« Ob dieser Rat hilfreich ist, weiß ich nicht. Vielleicht ist es ja wirklich leichter zu verkraften, die Ursache des Übels grauer Haare sei nicht das Alter, sondern die biologische Grundausstattung.

Vielleicht ist inzwischen alles besser als das Alter. Wir verwenden mit Vorliebe Euphemismen fürs Älterwerden: Haut wird reif, und mit einer gewissen Schizophrenie bezeichnen wir auch als alt – oder als reif –, was weder das eine noch das andere ist. Bereits 40-Jährige sind »reife« Frauen, und später, sehr veredelt, werden sie Silver-Agers. Heute Morgen hörte ich einen Politiker im Radio, dem es offenbar so peinlich war, über Menschen zu sprechen, die älter als 50 sind, dass er vor lauter Verlegenheit das Wort »Lebensältere« bemühte.

Die jüngste Hysterisierungswelle, die uns in Sachen Schönheit erfasst hat, ist die panische Angst vor den sichtbaren Anzeichen des Alters. Früher galt das Sprichwort, man habe mit 20 das Gesicht, das die Natur einem gab, und mit 50 das, was man verdient (und gemeint war damit etwas Positives, nämlich dass man sich im Laufe eines interessanten Lebens ein interessantes Gesicht aneignen könne). Inzwischen wagt man sich kaum noch an das Diktum von früher zu erinnern, denn heute gilt: Jeder ist selbst schuld, wenn er – und vor allem *sie* – so aussieht wie 35 oder sogar *noch* älter. Seitdem es Frauen endlich erlaubt ist, ein interessantes Leben zu leben, herrscht enorme Nervosität bei dem Gedanken, man könne es ihnen auch ansehen. All die Zigaretten, den Wein, den Sex, die Tränen, das Lachen, die Kämpfe, die Sonne, den Schmerz, die Arbeit, die Schwangerschaften, die Sorgen, die Wut und die Freude.

Älter auszusehen ist heute etwas, das dringend behandelt werden muss, etwa wie eine schwere Grippe oder Klumpfüße. Aber genau genommen ist älter auszusehen eigentlich noch schlimmer, als krank zu werden, denn eine Krankheit bekommt man schuldlos, für eine Grippe oder Klumpfüße kann man nichts. Für die Tatsache, alt auszusehen, kann man aber sehr wohl etwas. Es gilt: Jeder Frau sieht man das Alter an, das sie *sich verdient hat*. Mit anderen Worten: Idealerweise sieht man ihr dann kein Alter über 25 an, sofern sie durch regelmäßiges Work-out, Selbstdisziplinierungsmaßnahmen wie Diäten, durch eine Reihe von kostspieligen Investitionen in Anti-Aging-Pflege, Wellnessreisen, Botox sowie kleinere operative Eingriffe bewiesen hat, dass sie sämtliche Potenziale ihres Lebens ausschöpft.

Je früher man anfängt, die Spuren zu tilgen, desto besser. Desto besser natürlich auch für alle, die daran verdienen. Botox spätestens mit Mitte 20, die erste Oberlidstraffung mit 30, eine Brustvergrößerung nach Abschluss der Familienplanung mit 34, Fettabsaugen an der Hüfte mit 40 und so weiter. Zu tun gibt es mit der richtigen Einstellung früher oder später ja genug.

Jede Erstklässlerin lernt, sich – mit Rücksicht auf die Menschen, denen sie etwas sagen möchte – verständlich auszudrücken. Diese Regel ist in der Produktbeschreibung für Anti-Aging-Cremes komplett außer Kraft gesetzt. Es gilt das Gesetz: Sei rätselhaft, und man wird dir glauben! Hier ist eine Auswahl aus aktuellen Produktbeschreibungen.

Ein Duo aus Ceramiden und Peptiden wird Sie um etliche Jahre jünger und *strahlender* aussehen lassen! *Anti-Oxidationsstoffe* oder *Proaktive Komplexe* oder ein *Ox-Cellular-Komplex* oder das *Bio Hyaluron*-System geben Ihnen *neue Ausstrahlung*. Das *biologische Filling* wird Ihre Falten *wie von innen* wieder auffüllen. Sogar die *Geheimnisse des Ozeans* werden, mittels einer Kombination aus *perfekter Synergie* und *kontinuierlicher Wirkstoffabgabe,* die *Langlebigkeit* Ihrer Haut fördern! (Ist das nicht toll? Eine Creme, die *kontinuierlich* ihre Wirkstoffe abgibt, anstatt alle zehn Minuten eine Pause einzulegen!)

225

Wenn Sie das Konkurrenzprodukt verwenden, bekommen Sie *durchtrainiert wirkende Haut in nur acht Tagen. Weltneuheit*en straffen und festigen *langfristig. Fließmasken gewährleisten* schnelles *Einschleusen exklusiver Wirkstoffe in tiefe Hautschichten. Pflege-Luxus* wird das *Stützgewebe* der Haut wieder aufbauen! Eine *reichhaltige Formulierung* wird Ihren *Lippen Volumen schenken!!! W*irklich!

Repair Lift und ein *nachtaktives* Liftserum werden Ihre Haut gesünder aussehen lassen. Eine am *Ursprung der Hautalterung* wirkende *Zellerneuerung* wird auch Ihnen einen strahlenden Teint *schenken. Luxuriöse Reichhaltigkeit* und eine Wirkungsweise, die durch *in-vitro-Tests* nachgewiesen wurde, verleihen Ihrer Haut Festigkeit. (Aber eine fette Creme, deren Wirksamkeit im Reagenzglas getestet worden ist, ist wohl das Mindeste, was wir für 250 Euro pro 50ml erwarten können). Eine *glättende Silikon Textur* füllt Ihre *Falten-Hohlräume* auf. Die *Collagen Biosphären wachsen.* Die Wirksamkeit des *Alpha-Longoza* ist anhand der *Pixxel-Skin Methode* wissenschaftlich bestätigt worden. *Bio-Performance* Systeme *schenken Ihren Zellen Vitalität.* SCHENKEN IHREN ZELLEN VITALITÄT! Es ist wunderbar, was man alles geschenkt bekommt, wenn man nur bereit ist, genügend Geld auszugeben! Der Forschungsabteilung von Dior ist endlich die Entdeckung der *Zellmigration zwischen Dermis und Epidermis* gelungen!

Ich vertraue der Wirksamkeit von Anti-Aging-Produkten. Vor allem der Wirksamkeit ihrer Informationstexte. Ich muss dann immer sehr lachen. Das hält mich jung.

Man kann die Tiefe von Falten tatsächlich messen. Man verwendet dazu eine Technologie, die ursprünglich entwickelt wurde, um Formel-1-Pisten auf Spurrillen zu untersuchen. Je mehr sich eine Falte auf der Hautoberfläche biegt, desto tiefer ist sie. Erstaunlicherweise kann aber bereits eine ganz normale Feuchtigkeitscreme nahezu sofort dafür sorgen, dass Falten weniger tief aussehen. Wenn die Creme von der Haut aufgenommen wird, bläht sie sie etwas auf, und *voilà*, schon verschwinden die Falten für eine Weile.

Die wirkungsvollste Möglichkeit, die Entstehung von Falten hinauszuzögern, ist bekanntlich, Sonne zu meiden, Sonnenschutzmittel zu verwenden und nie zu rauchen. Aber was, wenn man nun in den letzten 30 Jahren nicht schneeweiß aus dem immerhin teuer bezahlten Urlaub an der Algarve, in der Dominikanischen Republik, Thailand, Florida und der Serengeti wiederkommen wollte? Dann muss man die Sünden der Vergangenheit später ebenso teuer bezahlen. Oder auch nicht. Am besten cremt man mit der Creme, deren Geruch man ertragen kann und die den eigenen Geldbeutel nicht zu sehr strapaziert… Doch wer weiß? Vielleicht ist ja an dem einen oder anderen Anti-Aging-Versprechen der Kosmetikhersteller doch etwas dran. Die Cremes dürfen ja *nicht* beweisen, dass sie tatsächlich sonnengeschädigte Haut »heilen«. Täten sie es, fielen die Wundermittel nämlich unter das Arzneimittelgesetz. Dann müssten sie jahrelang kostspielig getestet werden, und es würde eine Ewigkeit dauern, bevor wir die Chance bekämen, sie an uns auszuprobieren – und zu bezahlen.

Vom Luxus, älter zu werden

Die amerikanische Reporterin der *New York Times*, Alex Kuczinski, hat weise bemerkt, unsere Bemühungen, jung und schön zu bleiben, seien vor allem die Beschäftigungen *junger* Menschen. Sie meinte damit nicht, dass wir idealerweise bereits nach dem Abschluss der Schule mit den halbjährlichen

Botoxsitzungen anfangen sollten, damit Falten erst gar nicht entstehen, sondern sie meinte damit, dass wir an Falten und Schlupflidern so herrlich verzweifeln können, weil wir heute lange genug gesund sind und tatsächlich auch lange genug jung genug aussehen, um uns über unser möglichst unverbrauchtes, frisches Aussehen ernsthafte Sorgen machen zu können. »Welche Frau schaut nicht auf eine Ausgabe einer *National Geographic*, sieht dort das Bild einer 70-jährigen afghanischen Frau mit Furchen im Gesicht, erfährt in der Bildunterschrift, dass sie tatsächlich erst 36 ist, und denkt: ›Habe ich nicht ein Glück, dass ich nicht in einem Entwicklungsland lebe?‹«

Wenn wir heute schon mit 25 am Älterwerden leiden, ist das ein Luxus, den wir uns vor allem deshalb leisten können, weil wir unter optimalen Bedingungen älter werden können und weil unser hoher Lebensstandard die Sichtbarkeit des Älterwerdens relativ lange hinauszögert. Paradoxerweise führt aber heute unser relativ spät sichtbares Altern dazu, dass wir immer früher Angst davor bekommen. Je älter wir unter verhältnismäßig angenehmen Bedingungen werden können, desto weiter nach vorn verlegen wir neuerdings die Angst vor dem Älteraussehen. Diese Angst ist keineswegs nur eine Befürchtung, mit der Frauen sich das Leben schwermachen, die älter sind als 70 oder meinetwegen auch 48. Bei den jungen Frauen zwischen 20 und 29, mit denen ich sprach, war diese Angst längst da. Ihre größte unmittelbare Befürchtung war die Hautalterung. Sie datieren den Beginn des Verfalls auf »Ende 20« – genau wie die Kosmetikindustrie das vorschreibt, wenn erklärt wird, »reife Haut« bekomme eine Frau ab 30. Einige von ihnen kauften bereits Anti-Aging-Cremes. Ich sprach mit zwei 27-jährigen Studentinnen, die allen Ernstes befürchteten, in *fünf* Jahren keine schöne Haut mehr zu haben.

Ich erinnere mich (ungern) daran, wie ich vor vielen Jahren einer Freundin, die 35 Jahre älter ist als ich, meinte, mitteilen zu müssen, ich verstünde ja nun allmählich auch etwas von den unschönen Seiten des Alterungsprozesses. Ich war damals noch keine 35. Meine Freundin, damals beinahe 70, lachte schallend.

Wenn sich heute also schon 20-Jährige als vom Zahn der Zeit angenagt betrachten, ist das im Prinzip sicher nicht ganz falsch, denn auch 10-Jährige altern gewissermaßen. Aber wenn nun mittlerweile jede *junge* Frau ihren Körper unentwegt auf Spuren des Verfalls absucht, Falten entdeckt, wo nur Mimik ist, und Anti-Aging-Produkte mit 25 kauft – welche Freude soll sie je daran haben können, einen jungen Körper zu haben?

In den Wochen, in denen ich an diesem Kapitel schreibe, schwebt eine strahlende Penélope Cruz durch einen TV-Werbespot für eine Anti-Aging-Creme, die, laut Werbetext, zwei ganz besonders »außergewöhnliche« Moleküle enthalten soll. Da guckt sogar Penélope Cruz verwundert in die Kamera. Cruz (unglaublich junge 33!) verrät, sie habe schon »seit Jahren« nach ihrer »Wundercreme« gesucht – und dann drückt sie ein Mal ihren Zeigefinger kurz gegen ihre Wange, um damit zu zeigen, dass ihre Haut so elastisch ist wie ein prall aufgepusteter Luftballon.

Wir leben augenblicklich mit einem seltsamen Phänomen: Während die Zahl der Älteren die der Jüngeren immer weiter übersteigt, weil die Geburtenrate zurückgeht, und während diese Älteren auch noch immer älter werden, weil die Lebensbedingungen das erlauben, verschwenden wir das bisschen Jugendlichkeit, das uns bleibt, an die ganz Jungen. Unbeschwert jung ist man unter den Bedingungen der Alterspanik eigentlich nur noch im Kindergarten. Und so fängt in unserer al-

ternden Gesellschaft das Altern nun bizarrerweise schon mit
dem Ende der Pubertät an.

Warum ist das so? Ganz einfach, weil niemand Anti-Aging-
Produkte kauft, der nicht Angst hat, älter zu werden. Dass heute
bereits 33-jährige Schönheiten als Greisinnen *in spe* durch
Designerwohnungen hüpfen, ist den Gesetzen des Marktes
geschuldet. Wenn wir die Jugend an die ganz Jungen verschwenden und es von denen immer weniger gibt, dann wird
die Jugend richtig knapp. Aber dann will sie auch wirklich jeder haben. Dann hat niemand je genug davon.

Nicht einmal mehr die, die genug davon haben.

Zwischen Alterspanik
und Widerstandskampf

Gelegentlich gibt es älter werdende Frauen in der Öffentlichkeit, die offiziell erklären: Ich verweigere mich dem Jugendwahn. In Hollywood verkündete vor einigen Jahren Jamie Lee
Curtis mit ihrem Ausstieg aus dem Filmgeschäft, dass sie das
Wettrüsten der Kolleginnen um den straffesten Körper nicht
mehr mitmache. In England erklärte 2007 die Herausgebe-
rin der britischen *Vogue*, Alexandra Schulman (50), mit bri-
tischem Humor, sie müsse ständig der Versuchung widerste-
hen, sich die Haare *nicht* zu färben, *nicht* weit schwingende
Kleidung und *nicht* dicke Brillengläser zu tragen. Schulman ist
in England so etwas wie die Ikone im Widerstand gegen den
Jugendwahn geworden. Wann immer sie gefragt wird, sagt sie,
sie habe einfach keine Lust, mehr gegen das Älterwerden zu
unternehmen, als auf ihre gepflegte Erscheinung zu achten.
Sie fände die Beschäftigung mit ihrem Körper so langweilig,
dass sie eher Geld und Zeit in Dinge investieren wolle, die sie

mehr interessieren als der eigene alternde Körper. Vielleicht, sagt sie, werde sie noch eine Sprache lernen.

Schulman erinnert mich an eine Widerstandskämpferin gegen ein tyrannisches Regime. Sie scheint entweder gar keine Angst zu haben oder ihre Unabhängigkeit noch wichtiger zu finden als die Angst vor der Tyrannei des Schönheitswahns.

Die wenigsten von uns sind wohl zur Rebellion gegen den Jugendwahn geboren. Einige ergreift statt Widerstandsgeist vielleicht eher Wehmut. So wie Sarah. Es sei wie ein Abschied, sagt sie, die 58 ist. »Es tut mir leid um diesen Abschied«, erklärt sie. »Ich finde es schade, schöne Kleidung in Läden zu sehen, die ich mir früher gekauft hätte, und mir sagen zu müssen: Das kannst du jetzt nicht mehr anziehen. Ich hätte dann gern eine Tochter, der ich all die Dinge kaufen würde, die ich selber nicht mehr anziehen kann oder will.« Sie lacht: »So wie eine große Babypuppe«, und sie weiß natürlich, dass sich diese erwachsene Tochter von ihrer Mutter nicht einkleiden ließe. Seit Jahrzehnten fährt Sarah im Sommer zu einer Freundin mit Haus am Meer, zu deren Geburtstagsfest, jedes Jahr springen alle Gäste ins Wasser. Bis vor einigen Jahren liefen die meisten danach einfach weiter im Badeanzug herum – jetzt ziehen sich alle nach dem Bad wieder schnell etwas über. Sarah ist eine sehr attraktive Frau, sie sieht jünger aus, als sie ist. Am Strand trägt sie immer noch einen Bikini, aber sie sagt, sie ziehe sich jetzt ein Kleid an, wenn sie an der Promenade ein Eis kaufen geht. Als das Café, in dem wir uns getroffen haben, von einer klassisch schönen Blonden betreten wird, sagt sie: »Früher hätte ich mich mit ihr verglichen.« Vor einigen Jahren habe sie damit aufgehört, es mache keinen Sinn mehr. Ihre »Restauration«, wie sie das scherzhaft nennt, ist teurer geworden, sie kauft Kleidung nie mehr bei den billigen Modeketten – die Qualität der Wolle und der Schnitte muss neuerdings das Älterwerden ausgleichen.

»Es geht so schnell vorbei«, sagt sie. »Ich habe das Gefühl, eben war ich noch jung und jetzt bin ich alt.«

Mir fällt auf, dass es in Sarahs Erzählung neben der Wehmut und dem Thema Vergänglichkeit um noch etwas anderes geht: um schwindende Optionen. Sie beschreibt den Verfall von Möglichkeiten und Freiheiten. Dies möchte ich nicht mehr, jenes würde mich in den Augen der anderen lächerlich machen. Dies geht nicht, jenes darf ich nicht mehr. Keine schulterfreien Hemdchen. Diese Farbe geht nicht mehr in meinem Alter. Am Meer nicht mehr gedankenlos halbnackt herumlaufen.

Sarah ist aber auch das Paradebeispiel einer Frau, die sich viele andere Optionen erhalten hat. Sie führt ein interessantes Leben, und das sieht man ihr eben auch noch an. Sie macht Dokumentarfilme fürs Fernsehen, ist ständig auf Reisen, sie führt Interviews und hört Geschichten, die die meisten von uns nur aus dem Fernsehen kennen. Sie gehört zu jenen Frauen, die in den 70ern von den neuen Möglichkeiten profitierten und mehr Freiheiten erstritten. Sie ist das beste Beispiel dafür, dass eine allein lebende berufstätige Frau nicht automatisch eine einsame und bedauernswerte Existenz ist, sondern eine, mit der man sich gern unterhält und von der man lernen möchte.

Neben Altersorexie und Widerstandskampf steht Sarah für einen dritten Weg im Umgang mit dem Älterwerden und -aussehen. Warum sollten wir nicht ruhig auch Bedauern darüber empfinden, nicht mehr jung auszusehen? Und ich meine *Bedauern* – keine Panik. Was wäre so schlimm daran, sich einzugestehen, dass man mit 45 nicht mehr aussieht wie mit 20 und mit 66 nicht mehr wie mit 35? Und was wäre so schlimm daran, dies auch mit Wehmut oder Traurigkeit wahrzunehmen und es schade zu finden? Natürlich müssen wir zurückblicken, und wir sollten das auch mit Wehmut tun dürfen. Nur so können wir lernen, mit den äußerlichen und innerlichen Veränderungen klarzukommen, die das Alter in jeder Phase mit sich bringt. Aber es sollte kein Grund sein, die eigene Selbstachtung an den Nagel zu hängen, in Panik zu verfallen und zu glauben, die einzige Option auf ein halbwegs menschliches Leben nach 50 sei, jung auszusehen.

Ein Leben lang zu jung, um alt zu sein

Auf der Internetseite von Unilever, zu der die Marke *Dove* gehört, lese ich: »87% aller Frauen über 50 fühlen sich zu jung, um bereits als alt abgestempelt zu werden.« Ich stutze über diese Aussage. Ich weiß, dass jede Frau über 50, die ich auf der Straße anspräche, diesem Satz zustimmen würde. Mit Sicherheit werde auch ich mich in sieben Jahren – dann bin ich 50 – zu jung fühlen, um »als alt abgestempelt« zu werden. Ich werde wahrscheinlich noch mit 99 nicht bereit sein, mich als alt abstempeln zu lassen. Eine merkwürdig aggressive Formulierung. Seltsam herzlos und zugleich sehr entlarvend. Wer so über das Älterwerden spricht, muss es fürchten. Ausgerechnet auf der Internetseite der Marke, die damit wirbt, dass der Schönheitswahn uns den Blick für »wahre Schönheit« verstellt, finden wir es: das Glaubensbekenntnis unseres Jugendwahns. *Bleib jung! Sonst blüht dir Schreckliches!*

Ja, doch, wir fühlen uns alle jünger, als wir sind, und wir sind mit 50 sicher keine alten Frauen. 40 zu sein bedeutet heute, ungefähr wie unsere Eltern mit Ende 20 zu leben, lesen wir immer wieder. Ich bezweifle allerdings, ob solche Vergleiche immer viel bringen, denn wenn zwar mein Haushalt gerade von einem Kleinkind durcheinandergebracht wird (meine Mutter war in ihren 20ern, als meine Geschwister und ich zur Welt kamen), heißt das ja noch lange nicht, dass ich nicht trotzdem lebe wie eine 43-Jährige.

Wie dem auch sei – wir tun nun also mit 40 teilweise das, was unsere Eltern mit 20 taten, und wir halten uns jung, mit Sport und gesunder Ernährung und vor allem mit großen Plänen für die Zukunft nach 60. Und wir sorgen dafür, dass wir auch jung aussehen mit Pflegeprodukten und jugendlicher Mode und mit Botox und Augenlidkorrekturen und Liftings. Aber wir tun das alles mit der Angst im Nacken. Wir tun das nicht, weil es uns Spaß macht. Wir denken dabei: bloß nicht *als alt abgestempelt* werden!

Ist das klug? Gibt es keine bessere Art und Weise, sich auf das Älterwerden einzustellen?

Als mir ein Dermatologe wissenschaftliche Studien über Behandlungen mit Botox zeigte, stellte ich etwas sehr Simples fest. Ich konnte bei mehr als der Hälfte der behandelten Frauen (es war nur ein Mann dabei) mit einiger Mühe gerade mal unterscheiden, welches das Vorher- und welches das Nachher-Stadium war. Das lag nicht daran, dass die Falten über der Nasenwurzel und auf der Stirn nicht reduziert worden waren; in einigen Fällen war der Effekt kaum, in anderen deutlich sichtbar. Es lag schlicht und einfach daran, dass die Frauen nicht erst älter und dann jünger aussahen. Sie sahen – mit und ohne Botoxbehandlung – aus wie gepflegte Frauen, die sichtlich älter sind als 50. Sie sahen genau genommen aus wie Frauen, die über 50 sind, und die entweder eine Botoxbehandlung *vor* sich hatten – oder *hinter* sich. Man sah nicht mehr, nicht weniger. Sie hatten eine Falte in der Stirn – oder sie hatten sie nicht. Sie sahen nicht erst aus wie Großmütter und dann wie blühende Abiturientinnen. Sie sahen hinterher nicht einmal aus wie greisenhafte, künstliche oder mumifizierte Abiturientinnen. Sie sahen aus wie gepflegte, ältere Frauen.

In Deutschland haben Frauen mittlerweile eine durchschnittliche Lebenserwartung von 80 Jahren, Männer von 74. Auch die tollsten Techniken der Schönheitschirurgie können irgendwann nicht länger verbergen, dass eine Frau (oder ein Mann) nicht mehr 25 oder 45 ist, sondern 65 und 70. Wäre in etwa dann die Zeit gekommen, sie (oder ihn) als alt abzustempeln? Wann stempeln wir Madonna als alt ab? Wann Angelina Jolie? Wann Isabelle Huppert? Und wann ist es bei uns so weit?

Der Dermatologe riet, möglichst früh mit Botox zu beginnen, idealerweise ab Anfang 30, damit Mimikfalten sich erst gar nicht in der Haut einkerben können und jene feinen Linien hinterlassen, die man später immer schlechter unsichtbar machen kann. Das ist vom medizinischen Standpunkt vielleicht sinnvoll, allerdings würde der Kampf gegen das Alter damit wirklich zur Lebensaufgabe. Die Frage ist, ob wir nichts Besseres mit unserer Lebenszeit anfangen möchten.

Die amerikanische Reporterin Alex Kuczinski (39), die selbst Erfahrungen mit Fillern gemacht hat (nicht nur gute), bezeichnet die ständige Aufmerksamkeit, die wir dem Körper schenken, um dessen Alter aufzuhalten, als eine Reihe von gewonnenen Schlachten in einem verlorenen Krieg. Sicher gibt es Leserinnen, die an dieser Stelle einwenden: Aber dann gewinne ich doch lieber die paar Schlachten. Ja, das ist eine Möglichkeit von vielen. Das entscheidet jede für sich selbst. Bisher gibt es nur keinen überzeugenden Beweis dafür, dass eine Frau, die mit 27 begonnen hat, sich unentwegt verjüngen zu lassen, im Alter besser aussieht als die Frau, die einfach nur gern gelebt hat und zufrieden mit sich ist. Und keine Operation hält für immer. Auch ein geliftetes Gesicht bekommt irgendwann wieder Falten, auch ein gestrafftes Lid fängt wieder an zu hängen.

Und es kann immer noch einiges erstaunlich schiefgehen. In einem Radiofeature erzählt Kuczinski, sie habe einmal einen Freund zum Essen getroffen, als eine von dessen Bekannten an den Tisch kam. Es war eine attraktive Frau, der ein geschultes Auge ansehen konnte, dass sie schon eine Reihe von Schönheitsoperationen hinter sich hatte. »Wie alt schätzt du sie?«, fragte der Freund. Kuczinski rechnete die Eingriffe zusammen, die sie erkennen konnte: die Augenlidstraffung, der vergrößerte Busen, die aufgespritzten Lippen und so weiter. Sie riet: »44?« Weit gefehlt. »Sie ist 26«, sagte der Freund.

Meine Großtante Henny starb vor einigen Jahren, da war sie 90. Da hatte sie eine ledrig und faltig gewordene Haut, schneeweiße Haare und strahlend blaue Augen. Sie hatte das Glück, bis zu ihrem Tod alleine in ihrem kleinen Holzhaus auf dem Land leben zu können, umgeben von einem riesigen wilden Garten, den sie 30 Jahre lang gepflegt und bearbeitet hatte. Wenn wir sie als Kinder besuchten, bekamen wir harte, selbst gebackene Kekse, die es nirgendwo sonst auf der Welt zu essen gab, manchmal lud sie uns in teure Restaurants ein, die wir uns nicht leisten konnten. Sie fuhr Auto, bevor die meisten Frauen das konnten, und sie reiste in Länder, von denen in den 70ern kaum jemand wusste, dass es sie gab. Tante Henny schenkte mir zu Weihnachten einmal eine Sechser-Packung orangefarbener Küchenwecker, da war ich acht oder zehn. Ich habe nie gewagt, sie zu fragen, was ich damit machen sollte. Tante Henny war nicht wirklich würdevoll, dafür saß ihre Kleidung zu schlecht, und dafür war sie zu verschroben, aber sie wusste, was sie wollte, und wurde selbstverständlich von der Familie und allen Leuten im Dorf mit großem Respekt behandelt. Außerdem war sie voller Energie. Sie hat nach dem Leben gegriffen und so viel festgehalten, wie sie nur konnte.

Wenn man dagegen mit 30 anfängt, sich darüber zu grämen, kein potenzielles Playmate mehr zu sein, wird man mit 90 vermutlich ein halbes Jahrhundert pures Elend hinter sich haben.

Alter vor Schönheit?

Erinnert sich noch jemand an die Formulierung »Alter vor Schönheit«? Die Generation meiner Großmutter verwendete sie, jene Frauengeneration, die sich mit dem Älterwerden irgendwie abfand oder zumindest anders (besser) arrangierte, als wir dazu heute in der Lage sind. Wenn meine Großmutter sich gelegentlich über ihre faltige, »plissierte Oberlippe« lustig machte, dann tat sie das, weil sie zugeben konnte (und durfte), dass sie älter war – und weil sie so alt aussehen durfte, wie sie war. Die ältere Frau, in deren Gesichtsausdruck *Alter vor Schönheit* zu lesen war, segelte triumphierend vor allen anderen durch aufgehaltene Türen, betrat als Erste Räume und okkupierte Sitze in Bussen und Zügen. Sie wusste, dass man ihr Respekt schuldete, allein, weil sie älter war. Die Formel war Ausdruck bestimmter Privilegien, es drückte sich Überlegenheit in ihr aus – und sogar eine gewisse Arroganz.

Zugegeben, es haftet ihr auch etwas ziemlich Verstaubtes an. Sie erinnert ein bisschen an die joviale Stimmung auf Familienfesten, wo entfernte Verwandte stundenlang Kalauer von sich gaben. Aber befreit man »Alter vor Schönheit« vom Mief, bleibt immerhin noch etwas anderes übrig: Wer das sagte, zeigte Humor, Stolz, Überheblichkeit, vielleicht auch Spießigkeit. All das, nur keine Angst vor dem Alter.

Zum ersten Mal in der Geschichte verfügen 20-Jährige massenhaft über weibliche Vorbilder, die weder Heilige sind noch

237

idealisierte Kindfrauen, noch Frauen, die ihr Leben für andere hingegeben haben. Die jetzt 20-Jährigen sehen in ihrer Verwandtschaft, auf der Straße und sogar im Fernsehen, Frauen, die 50 Lebensjahre, oder mehr, mit allen Möglichkeiten angefüllt haben, die das Leben ihnen geboten hat. Aber wir haben immer noch keine befriedigenden Bilder vom Wert des weiblichen Älterwerdens.

Vielleicht ist es aber wirklich noch zu früh, das zu erwarten. Die erste Generation, die gewissermaßen aus dem Vollen der Errungenschaften der Frauenbewegungen schöpfen konnte, ist gerade mal Anfang 40. Aber wie wollen wir eigentlich, dass Weiblichkeit jenseits der 40 in Zukunft aussieht?

Und welche Möglichkeiten haben wir heute, uns darüber zu verständigen? Da ist zunächst die zirka 200 Jahre alte Tradition der bürgerlichen Gesellschaft mit ihrem Ideal von der jungen, jungfräulichen Frau, die auf einen Heiratsmarkt geschickt wurden und deren soziale Aufgabe es war, den Mann und den Staat mit Nachwuchs zu versorgen. Die gewisse Nutzlosigkeit, die sich aus diesem Schema dann ergab, sobald eine Frau das mittlere Alter erreicht hatte, wurde durch die Konvention von der »Würde des Alters« aufgefangen (in dieselbe Schublade gehörte ursprünglich dann auch das Diktum »Alter vor Schönheit«).

Diese Welt gibt es nicht mehr. Weder identifizieren wir die gesellschaftliche Funktion der Frau mit ihrer Rolle als Gebärender, noch vermögen wir mit dem Konzept von der »Würde des Alters« viel anzufangen. Es gibt natürlich die *Menschenwürde*, die selbstverständlich auch dem Alter geschuldet ist. Aber jene Spezialkondition, die mit dem Wort von der *Würde des Alters* verbunden war, diese Mischung aus Respekt, Staunen, Furcht, Ehrfurcht und Scheu – die verstehen wir in Zeiten, in denen wir alle immer älter werden (und dabei nicht im Ohrensessel landen, sondern auf Rollerblades) immer weniger. An den Silver-Agers geht die Formulierung von Würde des Alters seltsam vorbei – und ich meine damit keinesfalls, dass Rentner auf Rollschuhen und 60-Jährige auf hohen Absätzen irgendwie *würdelos* seien. Das sind sie selbstverständlich nicht – nicht mehr jedenfalls, als es 26-Jährige gelegentlich sein können. Warum sollten sie auch? Was soll würdelos daran sein, das Leben zu genießen? Der entscheidende Punkt ist vielmehr, dass das gesamte Konzept von der Würde des Alters inzwischen einfach nicht mehr greift. Früher konnte man mit seiner Hilfe eine klare Unterscheidung treffen zwischen Dingen, die man tat, wenn man alt war, und Dingen, die man *nicht* tat, wenn man alt war. Aber heute kennen wir diese moralische Instanz nicht mehr, die unnachgiebig regelte, was sich im Alter gehöre und was sich im Alter nicht gehöre. Das ist kein großer Verlust. 65-jährige Rockstars stehen immer noch auf der Bühne und sehen dabei auch nicht viel schlimmer aus als silikongefüllte 25-Jährige, und 65-jährige Rentnerinnen hören Robbie Williams und tragen dazu Kapuzenpullover. Na und? Wer das immer noch beklagt, muss sich fragen lassen: Was ist die Alternative?

Wenn wir Argumente gegen Schönheitsoperationen suchen, sprechen wir oft leichthin davon, eine Frau (oder ein Mann) solle »in Würde altern«. Es gibt sicher Gründe, die gegen eine Schönheitsoperation als Verjüngungsmaßnahme sprechen, aber müssen wir dazu wirklich noch die *Würde des Alters* ins Feld führen? Was verstehen wir denn heute darunter? Eine 67-jährige niedergelassene Ärztin, eine 72-jährige Unternehmerin, eine agile 58-jährige Journalistin, eine sozial engagierte 60-jährige Mutter von vier erwachsenen Kindern – das sind vermutlich wunderbare Vorbilder, aber wird sie jemand im Ernst als »in Würde alternd« bezeichnen wollen? Wohl kaum.

Dafür sind sie zu aktiv, zu modern, dafür tragen sie immer noch zu häufig Jeans und T-Shirt, dafür probieren sie zu viel Neues aus – und das ist auch gut so. Unsere sozialen Rollen haben sich in den letzten Jahrzehnten verändert, auch die fürs Älterwerden – und damit auch die Begriffe. Auf der Suche nach einem neuen Bild für älter werdende Frauen schlage ich erst einmal vor, die Rede von der »Würde des Alters« getrost zu vergessen. Sie bringt uns nicht weiter.

Auf der Suche nach einem Bild vom Wert des weiblichen Älterwerdens stolpern wir als Nächstes über die neueren Erkenntnisse der Attraktivitätsforschung. Das magische Wort lautet hier *fruchtbar*. Eine Frau jenseits der Menopause tut gut daran, sich mit allen Mitteln so jung wie möglich zu machen, um mehr schlecht als recht auszugleichen, was sie nun nicht mehr zu bieten hat. Sie verliert im Alter nicht nur ihre Fruchtbarkeit, sondern auch ihre Attraktivität. Da es nach derselben Logik keine nennenswerte Alternative zur Fruchtbarkeit, also zur Attraktivität gibt, verliert eine Frau im selben Zug auch Lebenssinn, Lebensqualität und Identität. Was und wer kann sie eigentlich noch sein, wenn sie nicht jung ist? ... Auch dieses überaus schlichte und letztlich menschenverachtende Konzept bringt uns da nicht weiter.

Dann gibt es noch die Unterhaltungsmedien, mit ganz herrlichen Bildern von älter werdenden Frauen: Madonna (50) oder Halle Berry (42) oder Nicole Kidman (41). Diese Frauen sehen mindestens zehn Jahre jünger als in Echtzeit aus und auch in diesem sensationell verjüngten Zustand noch wesentlich besser als der Rest der weiblichen Weltbevölkerung. Madonna hatte zwei Schwangerschaften und besitzt trotzdem Bauchmuskeln wie eine rumänische Turnerin! Halle Berry ist schon über 40 und hat kein bisschen Cellulite! Und Nicole Kidman hatte eine ganz unglückliche Liebe und zeigt keine einzige Spur der Emotion davon im Gesicht! *Geht doch*, sagen uns diese Bilder. Man kann es ja mal versuchen.

Gelegentlich entdecke ich jetzt in TV-Krimis Kommissarinnen, die Fältchen in den Augenwinkeln haben und Schlupflider. Ich atme dann jedes Mal auf. Wenn ich dann eine 55-jährige Frau sehe, deren Haut faltenloser ist als die eines Kleinkindes, frage ich mich: Hat sie nie gelacht? War sie nie traurig? War sie nie wütend? Hat sie nie geweint? Was soll das für ein Leben sein?

Eine 70-Jährige erzählte mir, sie habe im letzten Sommer am Strand einen Bikini getragen und sei von älteren Herren mit Bauchansatz in Badehosen freundlich in belanglose Urlaubsgespräche verwickelt worden. Eine 60-Jährige erzählte mir, sie sei in einem Konzert von einem Mittdreißiger nett angesprochen worden, als sie über die darstellerischen Leistungen eines Sängers lauthals lachte. Eine 65-jährige Psychiaterin erzählte mir, wie sie auf Kongressen regelmäßig in Hotelbars mit jüngeren Kollegen bis in die frühen Morgenstunden plaudert, und sie sagte, das Beste daran sei, dass beide Seiten wissen, dass es nicht um Sex geht.

Jedes Mal, wenn ich jetzt davon lese, dass Frauen ab 50 »unsichtbar« werden oder sich so fühlen, frage ich mich: Was machen diese drei Frauen anders – damit sie wahrgenommen werden? Wie schaffen sie es, sich von der Panik vor dem Älterwerden nicht anstecken zu lassen und sich Freiheiten herauszunehmen, von denen andere sagen würden: *Aber das geht doch nicht!*

Wie auch immer ihnen dieser Coup gelingt – wenn wir ein Bild vom Wert des weiblichen Älterwerdens suchen, müssen wir in ihre Richtung gucken.

8
Gelassen

Von allen Zeiten, in denen Menschen weder Mühen noch Kosten scheuten, um sich schöner zu machen, unterscheidet sich unsere Kultur des Schönheitswahns darin, dass wir unseren Körper heute permanent und überall im besten Licht zur Schau stellen müssen. Das gilt für Frauen stärker als für Männer. Wir leben mit dem Gefühl, jederzeit den makellosen, faltenfreien, durchtrainierten, dünnen, sexy Körper präsentieren zu müssen. Aber wozu und für wen eigentlich?

Wir brauchen nicht auf der Stelle hässlich zu werden, falls wir uns diesem Diktat des Schönheitswahns nicht klaglos ergeben wollen. Wir sollten aber auch nicht auf eine moralisch wertvollere Schönheit hoffen; diese Erwartung ist schon vor 40 Jahren enttäuscht worden. Wir müssen, während wir uns die Fußnägel lackieren, nur ein paar Dinge im Kopf behalten:

Sexy zu sein ist nicht dasselbe wie sexy sein zu müssen. Darauf zu hoffen, dass ausgerechnet die Modebranche uns vom kollektiven Schlankheitswahn befreit, wäre schlichtweg dumm. Weibliche Fruchtbarkeit ist zu allen Zeiten in allen Kulturen zweifellos verehrt worden, aber sie ist kaum der Schlüssel zur *Playboy*-Körperästhetik. Eine erwachsene Frau hat selten einen kindlichen Körper und noch seltener einen kindlichen Körper mit bemerkenswerten Brüsten. Nach Perfektion können wir immer streben, aber menschliche Haut hat nicht die metallische Oberfläche digital erzeugter Pixelwesen und wird sie nie haben. Schönheitsoperationen können glücklicher und selbstbewusster machen, aber nicht jeder Mensch braucht eine Schönheitsoperation, um glücklich und selbstbewusst zu sein. Ach, und das Alter: Noch so viele Botoxspritzen werden es nicht aus unserer Welt schaffen.

Wenn man alle Versprechungen zusammenzählt, die im Namen der Schönheit gemacht werden – die Aussicht auf einen perfekten Partner, die größere Zufriedenheit mit sich selbst, mehr Status, das aufregendere Leben –, dann steht da am Horizont immer die Aussicht auf ein Leben in perfektem Glück. Aber sollten wir das glauben, darauf reinfallen? Glück erreicht man selten, wenn man von einer fixen Idee besessen ist, und man erreicht es auch nicht, wenn man ständig um sich selbst kreist und seine Makel (oder das, was man dafür hält) im Spiegel begutachtet. Wir lernen heute, unser Leben als ein offenes Projekt zu betrachten, das vielfältig optimiert und bereichert werden kann. Aber vielleicht sollten wir uns dazu Ziele setzen, die größer sind als wir selbst. Wenn wir immerzu wie verrückt an der eigenen Schönheit laborieren, werden wir immer etwas an uns finden, das nicht gut genug ist.

Wir werden nicht morgen unsere Riemchenschuhe zum Fenster hinauswerfen (und auch nicht übermorgen), und wir werden auch nicht beginnen, die Hautcreme von Aldi zu kaufen, auch wenn die besser getestet worden ist als die von Shiseido (und natürlich einen Bruchteil davon kostet), und wir werden auch nicht im Sommer mit unrasierten Beinen am Strand liegen. Aber wir könnten uns etwas entspannen.

Das hilft auf alle Fälle gegen Falten, und so könnten wir dann getrost die nächsten beiden Runden Botox auslassen. Als Nächstes könnten wir versuchen, uns darüber zu freuen, weder Celebrity noch Model zu sein, was bedeutet, dass wir nicht täglich einen Heidenaufwand mit unserem Aussehen treiben müssen, um am Ende auf Fotos dann doch kaum wiederzuerkennen zu sein. So stellt sich vielleicht schon allmählich ein zufriedenes buddhistisches Lächeln ein (und niemand weiß jetzt noch, ob das um unsere Augen herum Krähenfüße sind oder einfach nur Mimik). Schließlich könnten wir dann noch über die Hysterie der so genannten »Attraktivitätsforschung« lachen, die uns einzureden versucht, bereits in der Steinzeit seien unsere zotteligen Vorfahren auf Barbie abgefahren. Und wenn es uns dann noch gelingen sollte, uns vor Lachen auf die Schenkel zu klopfen, weil wir wissen, dass die Attraktivitätsforscher auf spätpubertierende Psychologiestudenten zurückgreifen, um herauszufinden, was echte Männer schön finden, ersparen wir uns nicht nur den Massageroller und die Cellulitecreme, sondern unter Umständen auch die Oberschenkelstraffung in Kapstadt.

Danksagung

An erster Stelle danke ich den Frauen, die mit mir über Schönheit gesprochen haben: über die Befürchtung, nie schön genug zu sein, über die Zumutung, immer gut aussehen zu müssen – und über die Freude darüber, sich schön zu finden. Herzlichen Dank für ihre Hilfsbereitschaft, Expertisen und Auskünfte an: Falko Drews, Frauke Fischer, Jan-Eric Luetjen, Pascal Kluttig, Dr. Silvana Koch-Mehrin, Dr. Kathrin Sasse, Andreas Schnebel und Prof. Dr. Berthold Rzany. Meine Schwester Bettina Zschirnt und meine beste Kritikerin Martina Hütter haben mit ihren Kenntnissen – auf ganz unterschiedliche Weise – das Buch unendlich bereichert.

Mein größter Dank geht an Thomas und Karl.

Literatur

Einleitung

Wer schöner wird, kann »endlich mit sich selbst identisch« sein:
Christa Rohde-Dachser: »Im Dienste der Schönheit. Zur Psychodynamik schönheitschirurgischer Körperinszenierungen«
in: *Psyche, Zeitschrift für Psychoanalyse und Anwendungen*, LXI.
Jahrgang, Heft 2, Feb. 2007, 97–124.

1. Emanzipiert

Madonna im Londoner Luxushotel Langham: Christoph
Amend in *Die Zeit*, »15 Minuten mit Madonna«, Nr. 13,
22. März 2007.

»Schönheit ist der neue Feminismus«… Alex Kuczynski in:
*Beauty Junkies, Inside our $ 15 Billion Obsession with Cosme-
tic Surgery*, 2006, New York, 5.

Aus alten Frauenzeitschriften: *Brigitte* Nr. 14/1970 und *Petra*
Nr. 10/1969.

Jeans, selbst gebatikte T-Shirts,… wie cool dieser Look bei der
Avantgarde der Modeleute wurde, schreibt Ariel Levy in
Female Chauvinist Pigs, Reading, 2005, 86.

Naomi Wolf: *Der Mythos Schönheit*, Reinbek, 1993. Alle Zitate
in dieser Reihenfolge auf den Seiten: 63, 13, 74, 21, 386,
407, 388, 399, 14.

Dass auch Alice Schwarzer diätet hat, erfahren wir in ihrem
jüngsten Buch: *Die Antwort*, Köln, 2007, 105.

Der Feminismus hat in Deutschland auf Frauenmagazine

kaum Wirkung gehabt, schreibt Susanne Gaschke in: *Die Emanzipationsfalle. Erfolgreich, einsam, kinderlos*, München, 2005, 8.

Eva Reski: »Zwischen Folter und Traum« im Dossier *Schönheitsterror* in der *Emma*, Jan/Feb 2003 http://www.emma.de/720.html am 26.03.2006.

Telefongespräch mit Silvana Koch-Mehrin am 23.05.2007.

Eine Umfrage unter 9 jungen Feministinnen zwischen 19 und 26 Jahren ... in: *The Observer*, Louise France und Eva Wisemann: »The new feminists«, http://observer.guardian.co.uk/woman/story/0,,2162791,00.html am 09. 09. 2007.

Naomi Klein lobt *Sex and the City*: *Weltwoche*, »First Ladies« ›Ausgabe 28, 2004‹, http://www.weltwoche.ch/artikel/?AssetID=8129&CategoryID=72 am 26.07.2007.

Den Wandel der Schönheitsideale in der *Vogue* zwischen 1920 und 1940 beschreiben Robin Tolmach Lakoff und Raquel L. Scherr in *Face Value, The Politics of Beauty*, Boston, 1984, 75 ff.

2. Sexy

Mary Wollstonecraft stellte ihre Forderungen in ihrem berühmtesten Werk, *Eine Verteidigung der Rechte der Frau (Vindications of the Rights of Women)*, das erstmals 1792 erschien.

Wer wissen will, wie die New Yorker Künstlerin Periel Aschenbrand Pornografie zitiert, ohne pornografisch zu sein, muss ihre Homepage www.bodyasbillboard.com besuchen.

Ariel Levys Buch ist schon jetzt beinahe ein Klassiker des Feminismus: *Female Chauvinist Pigs*, Reading, 2005.

Ariadne von Schirach, *Der Tanz um die Lust*, 2007, München (die Passage, auf die ich mich beziehe, beginnt auf Seite 30).

Jessica Valenti benennt die Doppelmoral der Sexiness in: *Full Frontal Feminism. A young woman's guide to why Feminism Matters*, Emeryville, Kalifornien, 2007

Die Nachricht, dass Scarlett Johansson Frances Schoenberger in der Zeitschrift *Joy* Auskunft über ihr Sexleben gab, verdanke ich einer reich bebilderten Notiz auf *Spiegel online* am 09. Mai 2006.

David Buss' *Die Evolution des Begehrens* ist auf Deutsch nicht mehr lieferbar; ich zitiere (und übersetze) nach der englischen Ausgabe *The Evolution of Desire*, 2. überarbeitete Ausgabe, 2003, New York, 110 f.

Norah Vincent: *Enthüllungen. Mein Jahr als Mann*, 2007, München, 111 f.

Kritische Gedanken über den Trend zur »Designer Vagina« machten sich die beiden englischen Ärztinnen Lih Mei Liao und Sarah M. Creighton in ihrem Artikel »*Request for cosmetic genitoplasty: how should healthcare providers respond?*« im British Medical Journal, 2007; 334:1090–1092, www.bmj.com/cgi/content/full/334/7603/1090, am 26.05.2007.

3. Dünn

Grace Bowman: *Thin*, Harmondsworth, 2007.

Vorbild Mutter: Lara Fritsche in: *Die Zeit*, »Mama ist die Beste«, Nr. 9, 22.02.2007.

Cate Blanchetts Schlüsselbeine: »Cate Blanchetts Magerlook, Ansichten einer Frau«, Spiegel online, www.spiegel.de/panorama/leute/0,1518,481935,00.html am 09.05.07 und »What a difference a day makes to skeletal Cate« *Daily Mail* online, www.dailymail.co.uk/pages/live/articles/showbiz/showbiznews.html?in_article_id=453616&in_page_id=1773 am 09.05.07.

Hotpants für Schülerinnen: »Streben nach Perfektion. Majas Kampf gegen die Kalorien«, als pdf: www.stuttgarter-zeitung. de/media_fast/626/Seite3.pdf am 03.06.2007.

22 Bilder von Frauen, die keiner sehen will: »Keiner will Skelette sehen«, http://www.faz.net/s/Rub590E63896B724091BF63 CECAEF28A1A7/Doc~EEDF0DD08EE374AE5.

Dick und Dünn von den Ägyptern bis in die 20er Jahre: Didou-Manet, Tran Ky und Hervé Robert: *Dick oder Dünn? Körperkult im Wandel der Zeit,* München, 1998.

Susie Orbach: *Fat is a feminist issue, The Anti-Diet Guide and Fat is a Feminist Issue II,* London, 1997 und 2006 (erste Auflage 1978).

Zu dünne Models auf der Australian Fashion Week: »Models zu dünn, Röcke zu kurz« Spiegel online, www. spiegel.de/ panorama/0,1518,481207,00.html am 05. 05.2007.

Die Modewelt muss ihr Schönheitsideal in Frage stellen: »Kultur der Knochen«, Spiegel online, http://service.spiegel.de/ digas/find?DID=51373604 am 31.04.2007

Über das Verhältnis des Christentums zum Essen: Francine Prose, *Gluttony,* Oxford, 2003.

Frauen sind sich beim Schlankheitswahn die ärgsten Feindinnen, schreibt Alice Schwarzer in *Die Antwort,* Köln, 2007, 111.

Tyra Banks' Bikini: »The supermodel turned spokeswoman«, Euan Ferguson in: *The Guardian online,* http://observer. guardian.co.uk/print/0,,329774527-119091,00.html am 15. 04. 2007.

4. Fruchtbar

Der Versuch mit 15 Minuten alten Neugeborenen wird beschrieben von: Adam J. Rubinstein, Judith H. Langlois und Lori A. Roggmann: »What Makes a Face Attractive and Why: The Role of Averageness in Defining Facial Beauty«, in: Gillian Rhodes und Leslie Zebrowitz (Hrsg.): *Facial Attractiveness. Evolutionary, Cognitive and Social Perspectives*, Westport, Connecticut, 2002, 1–33.

Die amerikanische Soziobiologin Mary Jane West-Eberhard wird zitiert in: Sarah Blaffer Hrdy: *Mutter Natur, Die weibliche Seite der Evolution*, Berlin, 2002, 81.

Unser Schönheitsideal sei in unserem Gehirn »verdrahtet«, liest man u.a. bei Ulrich Renz: *Schönheit. Eine Wissenschaft für sich*, Berlin, 2006, 79. Sowie bei Nancy Etcoff: *Nur die Schönsten überleben, Die Ästhetik des Menschen*, Kreuzlingen, München, 2001, 184.

Ein amerikanischer Student, ein russischer Arzt und südamerikanischer Jäger-Sammler finden dasselbe schön, behauptet Bas Kast in: *Die Liebe. Und wie sich Leidenschaft erklärt*, Frankfurt a. M., 2004, 59.

Clellan S. Ford und Frank A. Beach verglichen die Schönheitsideale von fast 200 unterschiedlichen Ethnien: *Das Sexualverhalten von Mensch und Tier*, Berlin, 1968 (die amerikanische Ausgabe erschien 1951 unter dem Titel *Patterns of Sexual Behavior*).

Blonde Haare sind als Sexsymbol in Skandinavien entstanden, behaupten Alan S.Miller und Satoshi Kanazawa in ihrem Artikel »Ten Politically Incorrect Truths about Human Nature«, veröffentlicht auf http://psychologytoday.com/articles/pto-20070622-000002.xml am 10.07.2007.

Nur eine Handvoll männlicher Gesichter mit kantigem Kinn

findet man z.B. bei Renz (2006), Nancy Etcoff (2001) sowie bei Gillian Rhodes und Leslie Zebrowitz (2002).

Über Darwins Einwände liest man bei Winfried Menninghaus: *Das Versprechen der Schönheit,* Frankfurt a.M., 2003, 109 ff. und natürlich bei Darwin selbst: Charles Darwin, *The Descent of Man,* Harmondsworth, 2004, 665 ff.

Den Versuch mit drei und sechs Monate alten Babys beschreiben Judith H. Langlois et al.: »Infant Preferences for Attractive Faces: Rudiments of a Stereotype« in: *Developmental Psychology, Vol 23,* 1987, *363–369.* – Ihr Experiment mit einer verkleideten Kindergärtnerin beschreibt sie in: Langlois et al. »Infants differential social responses to attractive and unattractive faces« in *Developmental Psychology,* Vol. 26 1990, 153–159.

Nur die Werkzeuge, mit denen wir unsere Schönheitsideale konstruieren, könnten angeboren sein: Adam J. Rubinstein, Judith H. Langlois und Lori A. Roggmann: »What Makes a Face Attractive and Why: The Role of Averageness in Defining Facial Beauty« in: Gillian Rhodes und Leslie Zebrowitz (Hrsg.): *Facial Attractiveness. Evolutionary, Cognitive and Social Perspectives,* Westport, Connecticut, 2002, 1–33.

Über die Erfindung der Dove-Kampagne in Deutschland: *Brand eins,* Heft 5 Mai 2007, 20–28.

Dass Männer mit symmetrischen Gesichtszügen Frauen eher zum Orgasmus bringen, erfährt man zum Beispiel hier: Michael R. Cunningham, Anita P. Barbee und Correna L. Philower: »Dimensions of Facial Physical Attractiveness. The Intersection of Biology and Culture« in: Gillian Rhodes und Leslie Zebrowitz (Hrsg.): *Facial Attractiveness. Evolutionary, Cognitive and Social Perspectives,* Westport, Connecticut, 2002, 215.

Durchschnittlichkeit: Michael R. Cunningham, Anita P. Barbee und Correna L. Philower:»Dimensions of Facial Physical Attractiveness. The Intersection of Biology and Culture« in: Gillian Rhodes und Leslie Zebrowitz (Hrsg.): *Facial Attractiveness. Evolutionary, Cognitive and Social Perspectives,* Westport, Connecticut, 2002, 217. Sowie: Michael R. Cunningham et al.:»Averaged Faces are attractive but very attractive faces are not average«, *Psychological Science* 2, 123–125.

Kindchenschema: Michael R. Cunningham et al.:»Measuring the physical in physical attractiveness. Quasi experiments on the sociobiology of female Beauty« *Journal of Personality and Social Psychology,* 50, 1986, 925–935).

Haut: Donald Symons,»Beauty Is in the Adaptation. The Evolutionary Psychology of Human Female Sexual Attractiveness« in: Paul R. Abramson, Steven D. Pinkerton (Hrsg.): *Sexual Nature/Sexual Culture,* Chicago, 1995, 80–118.

WHR/Waist-to-Hip-Ratio: Siehe: Symons (1995), Etcoff (2001) 219 f. Und: Devendra Singh, Robert K. Young:»Female Health, Waist-to-Hip Ratio, Breasts, and Hips: Role in Judgments of Female Attractiveness and Desirability for Relationships« in: *Ethology and Sociobiology* 16: 1995, 486–507. Devendra Singh:»Female Health, Attractiveness, and Desirability for Relationships: Role of Breast Asymmetry and Waist-to-Hip Ratio« in: *Ethology and Sociobiology,* 16: 1995, 465–481. In Tansania und Peru stehen die Männer nicht auf Singhs magische Formel: Renz (2006) 96, und Adam Wetsman, Frank Marlowe:»How Universal are Preferences for Female Waist-to-Hip Ratios? Evidence from the Hadza of Tanzania« in: *Ethology and Sociobiology,* 20, 1999, 219–228.

Schönheit hängt auch noch von anderen Vorstellungen ab als von Indikatoren für Fruchtbarkeit: www.spiegel.de/wissenschaft/mensch/0,1518,471343,00.html.

Sich in den Hüften zu wiegen, signalisiert nicht Fruchtbarkeit, sondern führt in die Irre: http://news.bbc.co.uk/1/hi/health/7082704.stm am 08.11.2007.

Cargo-Cult-Wissenschaft: Richard Feynman: *Surely you are joking, Mr. Feynman*, London, 1985, 338–346.

Hunderte Beispiele für Experimente, deren Fragestellung durch Geschichten und Klischees geprägt ist, findet man in: Etcoff (2001) und Elaine Hatfield, Susan Sprecher: *Mirror, Mirror. The Importance of Looks in Everyday Life*, New York, 1986.

Das typische Experiment, das mit dem Massachusetts Institute of Technology (MIT) durchgeführt wurde: www.abcnews.go.com/2020/story?id=123853&page=1 am 04.02.2007.

Michael R. Cunningham erklärt, dass bestimmte Vorlieben weltweit gültig sind: Michael R. Cunningham et al.: »»Their Ideas of Beauty are, on the Whole, the Same as Ours«: Consistency and Variability in the Cross-Cultural Perception of Female Physical Attractiveness‹ in: *Journal of Personality and Social Psychology*, Vol. 68, No. 2, 1995, 261–279.

»Höhlenmädchen waren die ersten Blondinen, die richtig Spaß hatten«: *Cavegirls were first Blondes to have fun*: Times online, http://www.timesonline.co.uk/tol/news/uk/article735078.ece am 26. Feb 2006.

Brigitte Young Miss: »Von was Männer träumen«, Ausgabe 03, 2006.

Das Schönheitsideal in Mauretanien: *Crossing Continents*, Sendung am 26. 04. 2007, 11:02 BBC Radio four, als podcast: news. bbc.co.uk/1/hi/programmes/crossing_continents/6567983.stm.

Siehe zur Regensburger Schönheitsformel: www. sueddeutsche.de/wissen/artikel/602/120450 am 23.07.2007.

5. Perfekt

Susan Sontag beobachtete, dass die Wirklichkeit mehr und mehr zu dem geworden ist, was die Kamera abbildet: *Über Fotografie*, Frankfurt am Main, 2006.

Das viktorianische Fotoatelier beschreibt Henry Mayhew in *London Labour and the London Poor* (darin das Kapitel: Statement of a Photographic Man), Harmondsworth, 1985.

Die *Gala* tat mit dem Aufmacher »Zu schön, um wahr zu sein« so, als enthülle sie »die Geheimnisse der Stars«, Nr. 14, 30. März 2006.

Über das Experiment im Regensburger Einkaufszentrum siehe http://www.beautycheck.de.

Männer, denen Filme mit attraktiven Frauen vorgeführt wurden, hatten anschließend höhere Schönheitserwartungen: Christa Rohde-Dachser: »Im Dienste der Schönheit. Zur Psychodynamik schönheitschirurgischer Körperinszenierungen« in: *Psyche, Zeitschrift für Psychoanalyse und Anwendungen*, LXI. Jahrgang, Heft 2, Feb. 2007, 103.

Martin Gründl sieht Alloris *Venus* als Paradebeispiel einer äußerst reifen Frau in seinem Aufsatz: »Was ist Schönheit«, in: Andrea Hauser und Elke Reichart (Hrsg.), *Bodytalk. Der riskante Kult um Körper und Seele*, München, 2004, 9–33. In diesem Aufsatz definiert Martin Gründl auch, Schönheit sei das, was »in Umfragen eine repräsentative Mehrheit als schön bezeichnet«.

Die Schönheitsmaske von Dr. Stephen Marquardt: siehe seine Homepage www. beautyanalysis.com.

6. Normal

Die niederländische Kulturwissenschaftlerin Anneke Smelik spricht über unseren Umgang mit Körperhaar in einer Radiosendung der BBC. Als podcast: http://www.bbc.co.uk/radio4/factual/thinkingallowed/thinkingallowed_20071010.shtml.

Die typische Klientin, so ergab eine kleine Studie, verschweigt ihre Operation: http://dgaepc.de.

»Der Patient muss nach dem Eingriff unoperiert aussehen«, erklärt der Facharzt Friedrich Pullmann im *Stern, Nummer 36*, 31.08. 2006, 129.

Kathy Davis, *Reshaping the female Body. The Dilemma of Cosmetic Surgery*, London, New York, 1995, 70 und 89.

Sander Gilman, *Making the Body beautiful, A cultural history of aesthetic Surgery*, Princeton und Oxford, 1999, 329 ff.

7. Älter

Christa D'Souza über ihre »Alters-orexie«: »My name is Christa. I'mage-orexic«, http://observer.guardian.co.uk/woman/story/0,,2075571,00.html am 20.05.2007.

Petra Gerster, *Reifeprüfung. Die Frau von 50 Jahren*, Reinbek, 2006.

Alex Kuczynski: *Beauty Junkies, Inside our $ 15 Billion Obsession with Cosmetic Surgery*, 2006, New York, 265 ff.